本书系2020年度上海学校德育理论与决策咨询课题

“区域心理健康教育特色课程建设与推进研究”的阶段性研究成果。

主编
吴增强
吴俊琳

班主任心理辅导

点亮学生心里的一盏灯

BANZHUREN
XINLI FUDAO
DIANLIANG XUESHENG XINLI
DE YIZHANDENG

前　言

当今教育所面临的挑战是前所未有的，一是时代变迁，社会正在发生急剧而深刻的变化，使人的价值观念、思维方式和行为方式发生了巨大的变化；二是当今学生的身心成长需求比过去更趋于多元与多样。在这样的教育背景下我们该怎样做班主任、怎样成为学生的良师益友、怎样帮助每个学生健康成长已成为重要的教育命题。班主任是学生的人生导师，承担着为学生“传道、授业、解惑”的使命。其中，“解惑”不仅是解知识之惑、社会生活之惑，更重要的是解心理之惑、成长之惑。

每个学生在成长中都会遇到挫折和压力。处于成长阶段的中学生，身心急剧变化，他们内心的独立性、成人感与日俱增，渴望得到别人的尊重与理解，他们生命力旺盛、精力充沛，希望了解周围的世界、体验生活的快乐。由于缺少生活经验、缺少磨难，有些学生在遭遇挫折与压力时缺少心理准备和应付能力，由此而产生各种心理困惑，需要得到班主任的指导和帮助，这就需要班主任聆听学生的心声，走进学生的内心世界。

当然，班主任心理辅导的边界是需要明确的。首先，班主任不是心理医生，班主任不处理学生的心理障碍。其次，班主任不是专职心理辅导老师，一般也不对学生进行心理评估或者心理测验。班主任心理辅导最主要的角色是，学生心理健康教育的一级预防员：组织班级心理健康教育活动，了解学生的心理困惑，帮助学生解决成长中的烦恼，对于超过自己专业能力的个案，要及时转介给学校心理辅导老师或相关医疗机构。然而，心理辅导老师遇到的学生的心理困惑也是班主任老师经常遇到的，心理辅导老师所采用的辅导方法与技术也是班主任老师应该学习借鉴的。其实，优秀的班主任在工作中常常会自觉不自觉地运用心理辅导的原理和方法来解决问题。

为了帮助广大班主任老师开展学生心理健康教育促进工作，帮助学生解决成长中的心理困惑，培养学生健康人格。我们工作室特编写了这本书。本书紧紧围绕班主任心理辅导的主要任务展开论述，并且附有生动的案例。具体内容如下：

第一章　班主任心理辅导入门，主要讨论班主任心理辅导的意义、目标和实施策略与技术。

第二章　常见的学生心理问题预防、鉴别与辅导，主要从自我认知、学习心理、人际交往和情绪管理等方面讨论如何对学生进行心理辅导。

第三章　班级心理辅导，主要讨论团体心理辅导概念、方法，如何开展心理主题班会和心理主题活动。

第四章　学生生涯辅导，主要讨论生涯辅导的概念和意义、生涯辅导的目标与内容、生涯辅导的实施途径等。

第五章　家庭心理辅导，主要讨论家庭心理辅导的概念、目标和实施途径。

第六章　学生心理危机的预防与干预，主要讨论学生心理危机的概念、学生心理危机的预防与识别、学生心理危机的干预方法。

第七章　班主任自身心理健康维护，主要讨论班主任工作压力与生活满意度、班主任压力源分析、班主任心理调适。

本书是浦东新区吴增强心理名师工作室成员三年研修的集体成果，也是上海市教委区域心理健康教育特色课程建设的成果。工作室成员都是来自一线从事学校心理健康教育工作的骨干心理老师，大多数成员有 10 年以上的辅导工作经验，具有比较扎实的理论基础和丰富的实践经验，为本书的科学性、实用性和可读性提供了保障。

各章撰写分工如下：

吴俊琳撰写第一章第一节，第三章第一节、第三节

黄振懿撰写第一章第二节

李文君撰写第一章第三节

沈慧撰写第二章第一节

刘丽秋撰写第二章第二节

李雪芹撰写第二章第三节

向翔撰写第二章第四节

徐佳撰写第三章第二节

汪海云撰写第四章第一节、第二节、第三节

盛佳妮撰写第五章第一节、第二节（第三节与何平平合写）

张琪娜撰写第六章第一节、第二节

刘月英撰写第六章第三节

张晓冬撰写第七章第一节、第二节

曹冬梅撰写第七章第三节

全书由吴俊琳统稿、定稿，最后由吴增强审稿。

本书得以出版，我们要感谢工作室各位老师的倾情付出，没有大家对专业理论的专心研习和对实践工作的理性思考，难以写成此书；感谢浦东新区教育总督学张少波，浦东新区教育局德育处处长马春馥、副处长汤韬，浦东新区教育局义务教育处副处长廖静瑜的大力支持，同时也要感谢浦东教育发展研究院李百艳院长、刘文杰副院长、周宁医主任和王伟杰副主任的鼎力相助，感谢出版社董汉玲编辑的细致修改与润色。

本书可作为班主任培训用书，希望大家多提意见，以便今后不断完善。

吴增强

2021 年 4 月于上海

目　录

第一章　班主任心理辅导入门

育人是教育的固有属性，德育是教育的灵魂。教育部《中小学心理健康教育指导纲要（2012 年修订）》提出："心理健康教育的主要任务是全面推进素质教育，增强学校德育工作的针对性、实效性和吸引力，开发学生的心理潜能，提高学生的心理健康水平，促进学生形成健康的心理素质，减少和避免各种不利因素对学生心理健康的影响。"班主任作为学校德育的具体组织者，需要把心理健康教育的原则和技巧融入日常工作中，因势利导地促进班级学生身体、心理全方位的健康成长，提升工作的实效性。本章将从班主任心理辅导的意义、目标和实施三个方面进行阐述。

第一节　班主任心理辅导的意义

一、班主任工作中的挑战

（一）时代变革的挑战

当今世界正处在大发展大变革大调整之中，新一轮科技和工业革命正在孕育，新的增长动能不断积聚。中国特色社会主义进入了新时代，开启了全面建设社会主义现代化国家的新征程。国家 22 部委联合发文《关于加强心理健康服务的指导意见》，强调心理健康是影响经济社会发展的重大公共卫生问题和社会问题。文件要求中小学校要重视学生的心理健康教育，培养积极乐观、健康向上的心理品质，促进学生身心可持续发展。

上海市教委在“十三五”教师培训要求中提出的中小学教师专业（专项）能力提升计划中明确规定：要提高教师育德能力、本体性知识、作业命题、实验、信息技术以及心理辅导等方面的专业（专项）能力。其中教师的心理辅导能力是要求教师能遵循心理健康教育的规律，具有把适合学生特点的心理健康教育内容渗透到日常教育教学活动中的能力，了解学生心理适应不良的表现和性质，并掌握心理辅导的基本方法和技巧。

在传统教育中，班主任是中小学日常思想道德教育和学生管理工作的主要实施者；时代发展的新方位、新征程，又赋予了班主任新的使命，要成为中小学生心理健康教育的主力军。

（二）师生关系的挑战

教育部《中小学班主任工作规定》中对班主任的定位是努力成为中小学生的人生导师。随着互联网、移动通信技术的飞速发展，学生获取信息的方式和渠道也悄然发生了改变。教育教学中的信息交流呈现出双向或多向，教师成为一个信息交换的平台。与传统教学不同，教师不再是绝对的权威，师生关系逐渐转变为一种相对平等的状态。教师在教育活动中承担的是组织者、设计者、指导者与参与者相融合的角色。

在强调学生主体性的师生关系中，班主任所承担的人生导师角色，不仅仅是成为学生的良师，更要成为学生的益友。为此，班主任要与学生一起学习、一起分享、一起成长，通过心理健康教育，了解学生心理状况和个性特点，因材施教。从原来学生学习生活的指导者转变为促进者，改“给学生压力”为“给学生动力”；学习用心理辅导中的激励、赏识等手段激发学生发展的主动性。真正建立民主、平等、相互尊重的师生关系，营造良好的班级氛围，促进学生身心健康发展。

（三）家校协同的挑战

家庭和学校是学生生活的两个主要环境。家庭教育是学校教育的基础。家庭是人生的第一所学校，家长是学生的第一任老师，家庭生活中父母对学生的教育和影响，对其良好行为习惯、思想品德、价值观的形成，以及健全人格培养等都具有基础性作用。当今社会，经济高速增长、城市化快速发展、科学技术创新突破，个体价值观呈现出多元化。这些都会导致学生的家庭环境千差万别，每个家庭的教育理念、教育方式不尽相同。其中就存在家庭教育的误区和问题，导致一些家庭出现了重智轻德、重知轻能、过分宠爱、过高要求等现象，影响了学生的健康成长和全面发展。这些现象的出现提醒我们，学校与家庭教育的沟通与协调具有十分重要的意义。

班主任要认识到，在促进学生健康成长中，家庭和学校是一个共同体。班主任不应该，也不能孤军奋战。当家庭教育出现问题时，班主任要主动建立家校协同教育，通过心理辅导，帮助家长厘清思绪，掌握学生不同年龄段的表现和成长特点，尊重学生的合理需要和个性，创设适合学生成长的必要条件和生活情境，寻找正确科学的教育方式，避免缺教少护、教而不当。

学校和家庭教育的目标是一致的，都是为了孩子健康成长、全面发展。所以，班主任要充分激发家长的能动性，调动家长参与学校教育的热情，获得家长对学校管理和发展的认同，使家庭教育配合学校教育，各负其责、同向而行。

（四）职业发展的挑战

随着教育改革的不断深化，教育观念也在发生着变化。教师作为教学改革实践者，必须不断转变、更新自己的教育观念，提升自己的教育教学能力。班主任是中小学教师中的重要岗位，除了要完成学科教师的教学任务，还要负责管理班级的各项活动及学生日常事务。相比较而言，班主任所面临的工作挑战更纷繁复杂，对他们的沟通表达、组织协调、观察以及学习等能力都提出了更高的要求。但班主任归根到底是一个普通的社会人，在巨大的压力之下，可能会产生不同程度的心理问题。

所以，从职业发展的挑战来看，班主任需要学习、运用心理辅导的知识，提升自我的心理健康维护水平。当班主任拥有了良好的心理素养，就可以增强自身积极的情绪体验，唤醒专业自觉，形成专业自信，进而走向专业自强。同时，班主任在与学生互动时可以充分发挥榜样作用，展现人格魅力，以自身美好的心灵去塑造学生的健康心灵。

二、班主任开展心理辅导的优势

随着社会的不断发展，人们对于心理健康的关注度越来越高。作为素质教育的主阵地，学校积极推进心理健康教育。2013 年，上海启动了学校心理健康教育达标校的建设，在中小学配备专兼职心理教师，开设心理活动课，建立学校心理辅导室等。随着对心理健康认知水平的提高，更多的学生开始关注自身心理状况，在面对学习压力、人际交往等各种困惑时，他们需要得到教师的帮助。在这种情况下，靠学校为数不多的专兼职心理教师的努力，显然已经不能满足广大学生身心发展的需求，迫切需要有更多的教师加入。班主任是班级工作的核心管理者，与学生接触时间最多，关系最为亲密，有更多机会和学生交流，能够敏感地发现学生的需求、准确评价学生发展水平，及时洞察学生的心理问题和心理变化，可以有效地进行疏导。所以，在班主任工作中融合心理辅导，对于学生身心健康发展具有事半功倍的效果。

【案例】

一个周日晚上八点半，同学小 A 打电话给我，说他六点左右发在班级公共邮箱中的语文朗诵作业被删了！我安慰他，也许是哪位同学误操作，将他的作业删了，请他再发一遍。第二天一早，我问同学小 A，语文作业重新发到邮箱了吗？他说，发了。回到办公室语文老师反映依旧没有收到小 A 的作业，因此我估计小 A 的作业又被删了，不是该项作业没有交。

随后，我再单独通知小A，让他将作业用U盘考贝了单独交给语文老师。同时，我将此事告知班级同学，提醒同学们发作业到邮箱中去时，谨慎操作，不要误操作将其他同学的作业删了。第三天一早，小A气愤地告诉我，昨天他故意将作业发到邮箱，但没多久就被删了，于是，他再发了一遍，又被删了，一定是有人恶意地删除他的作业！估计此事在班级中有一定的影响，第四天，班级同学们发在班级邮箱中的作业都被删了！

于是，我展开了一次邮件风波的主题班会。就在同学讨论时，我发现小C同学的表情逐渐紧绷。在同学们发言说到一些严重的后果以及对删信人的鄙视时，小C的脸色开始改变。于是，我推测同学小C就是这次删邮件的人，但我没有马上宣布，而是告知全班同学：其实，我已经知道是谁删了班级邮箱中的作业，通过这次班会，是希望类似事件不要再发生了。

之后几天，邮箱中的作业没有再被删除，但我决定找小C谈一谈。和上学期相比，他的学习状态明显提升，我先表扬了他，他也挺高兴。然后，我话锋一转，说："你的学习状态提升了，为什么要删掉班邮中的作业？"他的脸色瞬间变了几变，动动嘴唇本想辩驳，后就低下了头不说话。我接着说："你是不是有什么委屈，你可以告诉老师。"

他抬头看了看我，然后突然大声地说："他一直来惹我，还拿我的东西，我都跟他说了好几遍，他还是那样，还把我的笔都弄坏了，我恨死他了。"

我说："你恨他所以就删他的邮件吗？你本来是受害者，令人同情，现在成了删人邮件的害人者，而且到最后还删了班级其他同学的邮件。他们没有伤害过你，但却被你伤害了，都变成受害者了。"我说着说着，他的头又低了下去。

其实，这次风波是两位同学在嬉闹过程中，小C对小A的一些言行举止无法容忍到了一定的极限，但又找不到解决问题的办法时的一种爆发。随后，我和小A也进行了及时沟通：和同学相处时，要注意顾及同学的感受，学会换位思考，自己的言行给同学带来的是快乐还是伤害。最后，我对小C说:“老师依然会为你保密。不过你的行为提醒了老师,我们班的邮箱确实存在问题,那就是没有人管理,你愿意管理我们班的邮箱吗?”他不敢相信地瞪大眼睛看着我,然后连忙点点头,说:“愿意!”事后,我先在班级里宣布了邮箱管理员的任命,然后将他和小A同时叫到办公室,协调了他俩在课间活动的纠纷。

虽然,邮件风波在班级告一段落,但是这次事件也让我对小C在人际交往中偏执的性格有些隐隐的担心,也让我意识到需要对他有长期的关注和指导。

上述案例,班主任将班级管理工作与心理辅导相结合,认识到学生的问题不全是思想品质问题。所以,在处理邮箱事件时,这位班主任不仅通过仔细观察“推理”出了事件的真相,还关注到了引发这件事情的心理原因,耐心引导学生理性分析,认识到自己的问题,帮助学生解开心结。由此可见,班主任在对班级学生开展心理辅导中存在着诸多优势。

(一) 发现问题的及时性

跟其他学科相比,学生上心理活动课的时间是极其有限的。以上海为例,根据《上海市中小学心理健康教育达标校评估指标》规定,学校各学段至少有一个年级每班每两周有一节心理活动课,由专兼职心理教师执教。所以,多数学生与学校专兼职心理教师接触的时间少之又少。这导致心理教师对于本校学生的心理问题反应不敏感、不及时,往往是在问题达到了很严重的程度,学生才会去找心理教师,或者由其他老师将学生转介给心理教师。

班主任因为工作内容的设置,相比较心理教师,他们与本班学生接触的时间、对学生情况的掌握都存在着明显的优势。他们比心理教师更容易发现学生的细微变化,在问题刚刚产生之际就能发现苗头,及时跟进,防微杜渐。例如上述案例中,班主任敏锐地抓到了小C同学表情上的异常,准确锁定干预的对象。同样的,对于学生而言,他们与班主任的熟悉度更高,更容易建立信任，更乐于向班主任袒露自己的心声，如小C同学在班主任与他沟通时，也不再逃避问题，而是倾诉了自己的委屈。

(二) 处理方式的灵活性

班主任的工作渗透在学生学习生活的点点滴滴中。班主任可以借助于各种场合、各种形式，对学生进行观察、分析，选择合适的时机展开心理健康教育。例如，在课堂教学中，多用鼓励、赞赏的方式调动学生的学习积极性、主动性；多创设成功的体验，提升学生对学科的学习兴趣。在课间休息、校园活动中有意识地锻炼学生自律、创造力、坚韧、团队精神等积极的心理品质。在班级文化建设中，可以借助黑板报、班团队会等，聚焦学生常见的心理困惑，分享好的解决策略。可以说，班主任的每一项常规工作都能潜移默化地成为心理辅导的良机，具有很大的灵活性。

上述案例中，班主任通过"邮件风波的主题班会"观察学生，寻找"真相"。借助常规的谈心，从学习成绩的提升入手，传达了老师对小C的肯定和期待，为之后小C和盘托出提供了安全感，为他的改变提供了动力。这样的心理辅导很自然、很人性化，在解决问题的同时保护了学生，还化解了学生之间的矛盾。

(三) 心理辅导的系统性

与专兼职心理教师不同，班主任通常会陪伴本班的学生完成整个学段的学习生活。所以，班主任可以开展更为系统的心理辅导，根据学生在各个年级的学习任务、心理特点、共性问题有针对性地设计主题，组织活动，实施个别或者团体心理辅导，具有长程、连贯、循序渐进、高效和长效的优势。

在上述案例中，班主任通过心理辅导，让小C意识到了自己的问题所在。但是辅导并没有结束，邮箱事件解决后，老师安排小C管理班级邮箱，传递了老师对他的鼓励和期待，激发其内在积极向上的力量，强化和巩固之前的辅导效果。最后，这位班主任提到对小C在人际交往中偏执的一面还是会隐隐担心，所以准备对他进行长期的关注和辅导。此外，该案例的事件发生缘起两位学生日常交往的冲突，班主任在辅导小 C 的同时，也与小 A 进行了沟通，提醒他在和同学相处时，要注意顾及同学的感受，学会换位思考，避免对他人造成伤害。通过邮箱事件的处理，班主任帮助两位学生看到和解决了自己的问题。延伸一下，如果这样的人际交往问题在本班是一个比较普遍的现象，那么班主任还可以通过团体辅导的方式辅导更多的学生。

（四）资源整合的多面性

《中小学班主任工作规定》中有这样的描述："班主任要经常与任课教师和其他教职员工沟通，主动与学生家长、学生所在社区联系，努力形成教育合力。"由此可见，班主任不仅是学生成长和发展的负责人，也是本班各任课老师间协同教育的调节者，还是学校教育和家庭教育力量的整合者。所以，班主任开展心理辅导还具有资源丰富，能够最大限度地动员学生身边各种人际支持系统的优势。

班主任通过与任课教师、家长的协同合作，可以分享学生的信息，更全面地了解学生状况；沟通彼此的想法，共商辅导的策略。当班主任、任课教师和家长步调一致、思想一致、行为一致时，心理辅导就有可能实现事半功倍的效果。当然，班级的组成中，学生也是必不可少的，他们也是班主任实施心理健康教育的好帮手。班主任可以充分调动每个学生的积极性，引导学生之间相互学习、相互关心、相互督促、相互帮助，营造友好温馨、积极健康的班级氛围。

上述案例中，班主任迅速解决问题与其能够及时与任课教师、班级学生沟通密不可分。

三、班主任心理辅导的定位

【案例】

七年级的张同学是一位性格有些内向的女孩子，平时在老师面前话语不多，课堂上也不是特别积极，跟同学们相处得还不错。思维敏捷，在数学学习习惯和方法上都是同学们的楷模,只是看起来一向努力认真的小姑娘,英语学习是她最头痛的问题。她总是认为自己已经很努力了,但是结果往往不尽如人意,心里难免会有一些小失落和自卑。七年级的第二学期,突然有一段时间,她早上起来开始找各种借口赖在家里,不是说晚上没睡好,就是说哪里不舒服。家长无奈找到了班主任,希望得到帮助。

班主任了解情况后,建议家长带孩子去医院就诊,排除了身体疾病。然后,班主任联系了学校心理老师,为张同学做心理评估,未见明显异常。在此期间,班主任与家长合作,分别观察张同学在校和在家的表现。结果班主任发现,每次张同学借口不来学校的时间其实是有规律的,那天刚好英语学习有测试。其他时间都好好的,没什么问题。

注意到这个问题以后,班主任与家长进行了沟通。分析张同学拒绝上学的主要原因是担心英语成绩不理想,所以想逃避考试。于是,班主任与本班的英语教师、家长一起进行了讨论,对于这个问题的处理方法达成一致:当孩子提出不愿意上学时,家长不以恐吓方式逼孩子上学,而是温和地鼓励。如果孩子还是不愿意,就不勉强,但和孩子说好,在家还是需要完成英语考试。同步,英语老师会跟进张同学的学习情况,帮助她分析试卷,发现薄弱点,提供相应的学业指导。到了期中考试以后,孩子再也没有以这种借口拒绝到校,而且英语学习也在稳步上升。

从上述案例可以看到,对学生进行心理辅导是有分工的,并非班主任一个人。那么班主任心理辅导在学校心理健康教育中应该如何定位?

(一) 班主任是学校心理健康教育队伍中的骨干力量

教育部关于印发《中小学心理健康教育指导纲要》的通知(教基〔2002〕14 号)中明确提出:"良好的心理素质是人的全面素质中的重要组成部分。心理健康教育是提高中小学生心理素质的教育,是实施素质教育的重要内容。中小学生正处在身心发展的重要时期,随着生理、心理的发育和发展、社会阅历的扩展及思维方式的变化,特别是面对社会竞争的压力,他们在学习、生活、人际交往、升学就业和自我意识等方面，会遇到各种各样的心理困惑或问题。因此，在中小学开展心理健康教育，是学生健康成长的需要，是推进素质教育的必然要求。加强师资队伍建设是搞好心理健康教育工作的关键。学校要逐步建立在校长领导下，以班主任和专兼职心理辅导教师为骨干，全体教师共同参与的心理健康教育工作体制。”由此可见，学校心理健康教育是面向全体学生心智培养的教育活动，班主任在其中占有重要地位。

（二）班主任是学生心理健康教育的一级预防员

根据工作的特定地位和条件，班主任经过指导、培训，完全可以参加心理健康教育的基础工作，成为学生心理健康的一级预防员。班主任通过组织班级心理健康教育活动，帮助学生树立在出现心理行为问题时的求助意识；了解学生的心理困惑，发现学生的情绪和行为问题，及时辅导学生解决成长中的烦恼，维护学生的心理健康；减少和避免对他们心理健康的各种不利影响，促进学生形成健康的心理素质。班主任通过开展心理健康教育，全面推进素质教育，增强学校德育工作的针对性、实效性和主动性，真正实现培养身心健康，具有创新精神和实践能力，有理想、有道德、有文化、有纪律的一代新人的任务。

（三）班主任心理辅导的边界

心理干预分为心理治疗、心理咨询和心理辅导。其中，心理治疗面向的是心理疾病患者，需由专业的精神科和临床心理医生来承担。心理咨询面向的是心理障碍者（即特殊学生），一般由临床心理医生或心理咨询师来处理（学校心理教师因为需要持有心理咨询师资格证书才能上岗，所以有时在处理学生个案时就承担着心理咨询师的角色）。而心理辅导的对象是一般人（即全校学生），主要由学校心理教师和班主任承担。班主任开展学校心理健康教育必须明确工作的边界：班主任不是心理医生，所以不处理学生的心理障碍等问题；班主任也不是专职心理教师，一般也不对学生进行心理评估或者心理测验。对于超出自己专业能力之外的个案，要及时转介给学校心理教师或者医疗机构。当然，心理教师遇到的学生心理困惑，也是班主任常常遇到的，心理教师所采用的辅导方法和技术是班主任可以学习借鉴的。

第二节　班主任心理辅导的目标

一、班主任心理辅导的主要任务

心理辅导是指运用心理学的理论和技术，维护和增进学生的心理健康，促进他们健全成长和发展，以达到良好个性的形成。班主任在学校心理健康教育中的任务主要是要关注到班级的全体学生，以及帮助学生解决在成长中的发展困惑，维持和增进学生个体的心理健康，提高和发挥他们的心理潜能。

（一）面向全体学生的心理预防工作

班主任作为学校心理健康教育的预防员，其心理辅导工作是否等同于专职心理辅导教师？显然，班主任在心理辅导教育中的任务与专职心理教师还是有一定差异的。

学校心理辅导包括发展性心理辅导与矫治性心理辅导，发展性心理辅导是以个体的心理成长目标为主的辅导，矫治性心理辅导是以个体的心理重建目标为主的辅导，两者构成在教育模式下功能互补的学校心理辅导体系，其中前者更强调面向全体学生的教育与发展。班主任心理辅导属于发展性心理辅导的模式，有三个要点：其一，面向全体学生；其二，促进学生的人格发展；其三，促进学生的个体潜能发挥。班主任应该成为具有发展性心理辅导能力的心理辅导员。

在病理学中，“一级预防”指的是在疾病（或伤害）尚未发生时，针对病因或危险因素采取措施，降低有害暴露的水平，增强个体对抗有害暴露的能力，预防疾病（或伤害）的发生或至少推迟疾病的发生。预防工作往往是消灭或消除疾病（或伤害）的根本措施。而对于学校心理工作的开展，“心理预防”可谓非常重要，班主任的心理辅导任务更注重的是建设学生的积极心理品质。

实际上，学生的很多心理问题可以早期发现，而班主任发展性心理辅导对此是可以达成的。在学校中，针对少数心理问题严重的学生，应该由专业心理教师来进行矫治性心理辅导，或者转介到社会上专业心理咨询机构予以矫治。

（二）以解决成长困惑为主

心理处于健康、正常状态，是学生形成良好品德的基础。班主任在进行道德教育的时候，如果忽视了每个受教育学生的心理状态，尤其忽视了对不平衡心理状态的疏导，不能使之处于乐于顺应主流规范的常态，学生往往会出现各种消极情绪，如发呆、走神、沉默甚至抵触。反之，若班主任能及时地对学生进行心理疏导，甚至进行有意识的心理训练，就能培养学生良好的品德。

由埃里克森所提出的人格发展八阶段理论为不同年龄阶段的教育提供了理论依据和教育内容。他认为八个阶段的顺序是由遗传决定的，但能否顺利度过却是由环境决定的，这其中的每个阶段都不可忽视。其中 6—12 岁（即小学阶段的童年期）所要解决的是“勤奋—自卑”的冲突，这一冲突的解决对个体自我效能感的提升有很大的影响。因此，班主任老师可以多关注学生在学习习惯和生活主动性上的养成。爱的关注与鼓励会帮助学生更好地度过这一阶段，而嘲笑或漠不关心则会使学生产生自卑感。而 12—18 岁（即中学阶段的青春期）所要解决的是“自我同一性和角色混乱”的冲突，这个阶段的学生在思考自己与外界的关系。因此，在这一阶段，班主任可以多关注孩子的人际支持网。当然，早期的生活经历会为这一阶段的思考提供“材料”，因此对于青春期孩子的引导也要关注到他的“早期经历”。

班主任在对学生心理辅导的过程中,需要了解学生成长过程中的一些心理特点与成长规律,这样可以更好地帮助解决学生在成长过程中所产生的困惑。

(三) 建设班级文化,渗透心理健康教育

班级文化是班级成员所共有的信念、价值观、态度的综合表现。可以从班级成员的言行倾向、人际环境、班级风气中看出。班级文化可以分为“硬文化”和“软文化”。“硬文化”是一种显性文化,比如班级环境的布置、黑板报等可见的显性文化。“软文化”包括班级形成的制度、观念和学生的精神面貌等隐性文化。而心理健康教育一方面能配合做好班级的德育工作,另一方面对于营造和谐、积极、乐观、向上的班级文化有很大的帮助。

苏霍姆林斯基曾经说:“无论是种植花草树木,还是悬挂图片标语,或是利用墙报,我们都将从审美的高度深入规划,以便挖掘其潜移默化的育人功能,并最终连学校的墙壁也在说话。”教室是学生学习、生活、交际的主要场所,因此教室也就成为影响学生心理事件发生的重要环境。班级是人社会性最初的表现场所,作为集体的一员,会表现出有利于集体和社会发展的特性。因此,班主任对班级的管理就像经营家庭一样。学生如果感受到家庭般的温暖,有做主人的感觉。这样就容易形成上进的、有凝聚力的班集体,而在学生时代,一个好的班集体对人的一生有着重要影响,原因就在于此。班主任可以通过创设班级的环境氛围,将心理健康教育融入环境,在润物细无声中关注学生的个性发展,培养学生积极心态和健康生活情趣。

(四) 在处理偶发事件中关注学生心理状态

偶发事件是指班主任在上课及日常班级工作中所遇到的一些出乎意料的事情。处理偶发事件对于班主任而言是一门艺术,班主任不仅要了解学生的状况,还要分析偶发事件的特点。结合学生心理特点采取教育,往往也会成为教育的一个契机。

首先，班主任对于偶发事件的处理要及时，第一时间到达事件发生现场，可以及时了解事情的来龙去脉，当然及时了解事件，并不是说要马上进行处理，对于某些偶发事件，学生的情绪比较激动或者班主任还没有想到合适的处理方法时，是可以“冷却处理”的，暂时采取淡化的方式，把事件搁置一下。不轻易下结论，尽量减少偶发事件的负面影响，有时候教育时机也需要等待。

其次，冷静对待，就事论事，处理当下事件，不要东拉西扯翻旧账。一些偶发事件往往属于个别现象，不正当的处理，反而会打乱集体正常的秩序。因此，班主任在偶发事件中，控制自己和学生的情绪都是非常重要的。班主任的情绪控制能力不仅对学生的情绪智力有着正向预测，还对班级氛围起调节和中介作用。心理学的研究表明：学生的心理通常是处于相对平衡状态的，偶发事件的爆发会使这种心理平衡被打破。这时，他们对周围信息反应特别敏感，思想也很矛盾。适当地转移学生的注意力，帮助学生回复心理平衡的状态，对解决问题是很有帮助的。

在处理班级偶发事件时，需要关注到学生的心理变化，比如小学生常常不了解处理问题的方法，中学生在偶发事件中的情绪变化激烈。虽然偶发事件的因素是多种多样的，但这是值得班主任去研究与反思的，班主任如果在处理偶发事件时能够善于发现、及时捕捉学生表露的各种情绪因素，注意学生的心理状态，根据学生的个性特点，让学生感受到班主任的关心，运用自己的教育机智妥善解决偶发事件，这在社会实践中也是引导学生社会适应的好机会。

二、小学阶段的班主任心理辅导

小学阶段对儿童来说是一个特殊的阶段，是个性形成的关键期。他们将初次接触正规的学校教育和系统性学习，并需要接受严格的纪律约束和学校管理。同时，其认知能力需要从口语转变成规范的、书面的语言，从形象思维逐步过渡到抽象思维，并需要通过更多的集体活动使其社会化得到进一步发展，能够开始自觉地进行人际交往。

【案例】

阳阳某天从幼儿园回到家中，告诉父母他已经知道天空为什么是蓝色的时候，他的父母很高兴。阳阳还会谈论太阳系、银河系，尽管他还不能正确地说出星系的含义，但他还会谈论星系中各个星球之间的距离和关系。虽然他的解释很粗略(他还不大了解什么是“星系”)，他还是掌握了大体概念，而且他的父母认为，这对他们5岁的孩子来说，已经非常了不起。

很快6年过去了，阳阳现在11岁，他已经花了一个小时努力完成他的家庭作业，在结束了所有作业之后，他开始制作科学小报。他查阅大气对地球和地球上生命作用的相关资料，了解因人类活动而造成的大气污染实例，认识保护大气的重要性，呼吁人们共同树立保护大气的环保意识，宣传一些力所能及的减少空气污染的做法。和当年5岁那个对太阳和地球的概念还很模糊的小家伙相比，阳阳现在的思维发展有了质的飞跃。

(一) 小学生的心理发展特点

1. 小学生的生理发展

在小学阶段，儿童以缓慢而稳定的步伐增长，身高每年平均增长5—7.5厘米，体重增长2.27—3.18公斤。“婴儿肥”的圆圆脸蛋消失了，身体更为强健，力量也逐渐增强。

儿童的运动技能在小学阶段得到充分的发展，可以掌握许多早先不能很好完成的技能。在粗大运动方面，小学阶段的学生开始逐渐呈现鲜明的性别差异。男孩的表现总体好于女孩，但通过定期参加相似的运动训练，可以减小两者之间的差异。在精细运动机能方面，小学生也有了非常大的进步，可以在计算机键盘上打字、用钢笔和铅笔写字，画一些精细的画等。这是因为大脑中髓鞘的数量在6—8岁有了显著的增长，髓鞘数量的增长能够加快神经元之间的电脉传导速度，信息能够较快地达到肌肉，并能更好地控制它们。

部分小学高年级的学生会开始进入青春期，尤其女生可能会面临第二性征的发育，使其呈现出与班级其他学生显著不同的外观与生理状态。

2. 小学生的认知发展

（1）思维能力

小学生的思维能力将得到进一步发展，可以主动、恰当地运用逻辑来看待与解决问题，懂得守恒、可逆的思维概念，并能根据外观、大小等各类特征对不同的事物进行合理分类。孩子开始对客观世界的运行规则有了更为清晰的认识，并能运用这些规则对未来进行一定的预测，尝试规划与调控自己的行为，帮助小学生应对学习、友谊、集体活动或是自我评价等较为复杂的成长问题。

（2）记忆能力

小学阶段的学生在记忆能力方面也有较大发展。短时记忆方面，小学生能够听完一串数字（如1—5—6—3—4）后，以相反的顺序复述它们，而学前阶段只能记住并反向复述约2个数字，到青春期开始能完成平均6个数字的倒数。元认知活动中对自身记忆活动的理解也开始在小学阶段出现并逐渐改善。小学生会意识到不同个体记忆力的差别，产生对记忆活动的好奇并尝试为改善记忆主动尝试一些策略，在不断的摸索中促进元认知的发展。教师和父母如能传达如何使用一个记忆策略以及何时何地使用最有效，那么儿童就能由此获益。

（3）语言技能

小学生在语言技能方面的进步几乎是数量级的。小学上学期间，学生的词汇量快速增长，掌握语法的能力、对于句法的理解以及人际交谈的技能也在不断发展。小学生的元语言意识（metalinguistic awareness）得到增强，能够开始理解并运用一些语言的规则，以便帮助他们理解一些模糊或不完整的信息，例如复杂游戏的指示说明等。在特定的社会环境中，他们能更好地认识情境与他人，在交谈中能真正回应对方的内容，并表现出更多的意见交换。

（4）阅读能力

小学阶段，学生开始逐步形成基础的阅读能力，从尝试阅读，到逐步理解语义，再到能将其作为一种重要的学习方法，需经历多个阶段的发展。在这一过程中，需要有教育工作者的参与及帮助。现有研究更主张教师使用阅读编码教学法（code-based approaches to reading），即通过呈现阅读的基础技能来进行阅读教学，从而帮助学生在阅读学习过程中逐步掌握有助于未来阅读的通用策略。

3. 小学生的社会性与人格发展

（1）人格发展

美国心理学家艾里克森在他的人格理论中提出个体在6—12岁最主要的任务是处理好“勤奋感”与“自卑感”两者之间的矛盾，小学生恰好处于这一阶段。他们在这一阶段需要开始应对父母、同伴、学校以及其他的社会要求。他们学习的各种知识和技能都是为将来走向社会所做的准备。在教师和父母的引导下，他们认真刻苦地完成任务，并获得身边重要成人的认可，从而获得了勤奋感，但也会因为未能获得正确引导，体验到由学业失败带来的自卑感。当勤奋感胜过自卑感时，学生就会形成积极的能力品质，并且不会被自卑所损伤，成为其未来承担社会工作的基础。在此期间，教师是这一阶段影响学生最重要的人物，教师能否向学生有效传授知识、指导学生克服各种不良习惯以适应社会需求，能否及时给予学生必要的称赞与认可都会极大地影响孩子勤奋感的形成与巩固。

（2）自我评价

在小学阶段，学生开始试着了解“自我”，尽管不像青春期的孩子那么迫切，但小学生也会不断思考自己到底是一个怎样的人。他们开始更多从自己内部的心理特质而不仅仅只是外在的身体特征来看待自己，例如有的孩子会形容自己“跑得很快”“擅长画画”。而其中一些表述较他们年幼时更为抽象，且不乏一些可以随时间推移而不断强化的积极品质，如有的孩子会形容自己“好学”“友好”“热心助人”等。

这一阶段的学生也会逐渐将自己与他人进行比较，用以评估自己是否符合社会标准，并确定自己在群体中所处的位置，从而影响其自尊的水平。小学以前，儿童对自己的看法相对简单，如果自尊总体是积极的，他们就会认为自己能做好一切；反之，就会觉得自己大多数事情都做不好。进入小学以后，儿童的自我评价会更加细化，自尊也会在不同领域呈现差异，例如男孩总体的自尊可能由某些领域的积极自尊(感到自己很有艺术才能)和其他领域更加消极的自尊(对自己的运动机能感到不满意)组合而成。同时，受到不同领域中天赋与努力影响程度的差异，学生也会开始初步思考自己未来的发展方向。

(3) 独立意识

小学阶段儿童对于独立性的要求开始逐渐增长，至少在日常行为方面，自己的主动性在增强。儿童由先前完全受父母的控制，到开始尝试控制自己的生活，有时会让父母有些不能适应。这个阶段常被视为父母和儿童共同控制行为的共同约束(coregulation)期：父母需要为儿童提供一般的行为指导，同时儿童也对自己的日常行为加以控制。比如，父母督促孩子在学校将营养午餐吃饱，但孩子可能觉得饭菜不是那么可口，吃得相对较少，放学肚子饿了，便在回家的路上买了一些饼干、巧克力等食品充饥。

(4) 群体关系

小学阶段，孩子对于群体的概念有了更多的认识。大量以班级、小组为单位的集体活动也会加深孩子对于集体概念、规则意识、分工合作等问题的理解。

这一阶段，儿童对友谊的认识也在不断加深。发展心理学家威廉・达蒙(William Damon)认为，小学的友谊核心是相互信任。小学生在交友时会考虑他人的性格、特点以及他人可以提供的回报，若违背信任，友谊无法仅通过玩耍来修复，还要做出正式的解释和道歉才行。

对于小学高年级的孩子来说，他们的友谊可能还会触及亲密和忠诚。他们一般通过相互倾诉分享各自的想法和感受来建立友谊，一些友谊要求朋友必须对自己保持忠诚，甚至会有排外性。通过一段时间的摸索，他们也会开始逐渐思考朋友应该具备的行为和特质。

（5）家庭环境

近几十年来，中国的家庭结构发生了巨大变化，越来越多的父母双方都在外工作、离婚率不断攀升、单亲家庭数量逐渐增长、三孩政策的开放，这些都使 21 世纪儿童的生活环境非常不同于以往的任何一代。

在多子女家庭中，兄弟姐妹会对小学生产生重要的影响，有时可以为他们提供支持、友谊和安全感，但也会带来竞争和冲突。父母如果偏爱其中一个，就会加剧这些冲突，有时还会伤害孩子的自尊。

在一些由离婚而造成的单亲家庭中，小学低年级的孩子会误认为父母关系的破裂是自己的责任，当孩子到达 10 岁，需在父母双方中做出选择时，会感到较大压力。父母刚离婚时，父母和孩子都可能遭遇一段时间的心理失调，持续 6 个月至 2 年，有时伴有焦虑、抑郁、睡眠障碍或恐怖症，小学生的反应会更糟糕。即使是与父母一方同住，小学生仍难以在心理上将父母完全分开，容易造成现有亲子关系质量的下降。但儿童在单亲家庭中成长并不一定总是积极或消极的，还会受到家庭经济状况、亲子相处时间、其他家庭成员等因素的影响。

（二）小学阶段班主任的心理辅导目标

根据小学阶段学生在生理、认知以及社会性等各方面的发展与变化，班主任教师应针对以下几个方面开展心理辅导：

1. 提高学生对学校生活的适应能力

从小学起，个体真正开始了学习生涯，且需要完成至少九年的学业任务，不可谓不漫长。所以，良好的适应力非常重要。学生个体的适应能力在开学阶段或者环境变化初期表现得尤为显现，这也是班主任教师进行针对性观察与开展相应指导的黄金时期。

2. 培养学生规则意识和集体观念

上学可以说是儿童最主要且最正式的社会活动，而在进行社会活动时规则意识是必不可少的。规则意识的培养和集体观念的形成将作为个体社会化程度发展的必要因素。教师通过榜样示范及合作成长的方式可以更好地提升学生的规则意识和集体观念。

3. 培养学生的自主学习兴趣

由于入学后个体的主要活动为学习，学习能力成为衡量学生各方面能力的主要依据。为使学生能顺利度过早期的学习生活并为高年级甚至升学后的学习任务提供持久动力，学习兴趣的培养是极有必要的。在低年级阶段，班主任或其他任课教师对学生的鼓励是培养学习兴趣的有效手段，课程的趣味性和个体的成功体验也是影响学生学习兴趣的重要因素。教师应正确认识小学生的发育特点，合理设置学习任务的难度、教学方法以及互动形式。

4. 培养学生的耐挫力和抗压力

小学生容易受到个体或群体生活事件，乃至区域性或国家性政策的影响。在小学高年级，学业任务难度的相对增大及个体发育阶段的差异会带来一部分“后进生”的出现。同时，五年级的学生还面临着“小升初”的升学压力。所以，小学阶段对耐挫力的培养有助于孩子应对学业或其他挫折而带来的自卑感，并可能在学生往后的成长过程中起到关键作用。班主任可以通过及时的教育辅导，帮助相关个别学生正确认识挫折，或通过一些有助培养耐挫力的团体辅导活动提高群体的耐挫能力。

5. 帮助学生认识青春期

部分学生在小学高年级时已经开始第二性征的发育，而小学阶段在相关健康知识上存在缺失，班主任需要及时弥补以帮助学生顺利度过青春期。

三、初中阶段的班主任心理辅导

初中阶段是青少年生理和心理快速发展的时期。生理方面接近并达到第二性征发育期，性腺的成熟使得性激素开始大量分泌，个体也开始了“青春期的躁动”，并对异性产生一定的行为倾向。初中生的心理情感丰富且脆弱，状态较不稳定，受挫后易烦躁，易消沉。人际交往上呈现一定的自闭性与矛盾性，既希望获得他人的赏识但又不爱主动交友，希望能获得父母的认可但又不愿主动与父母沟通。自我意识不断加强，但是对自身的评价较局限，多以“自我中心”为主。所以，该阶段的青少年在心理与行为上更容易出现危机。

【案例】

期中考试数学分数出来了，莉莉考了70分。由于没能达到自己的预期，于是她想到了对卷子弄虚作假，就偷偷把空白的填空题和没有做出的解答题都填写完整，想以此提高成绩，好对自己、老师和家长有个满意的交代。

班主任在了解情况以后，就找莉莉进行了谈心与教育。班主任告诉莉莉，她能理解莉莉在面对考试分数时的低落和考试过程中试题答不出时遭遇的紧张，并肯定了莉莉平时的学习表现和应有的水平，最后才对试卷的作假行为进行了教育，希望莉莉能够正确认识诚信与努力的价值。莉莉原本很不安，但慢慢平静了下来，她感觉到了老师对自己的信任、鼓励和期盼，也很感谢老师对自己的教育和指点，在认识到自己错误的同时也决定在未来的时间里努力学习，靠自己的真才实学获得理想的成绩。

（一）初中生的心理发展特点

1. 初中生的生理发展

（1）身体机能

青春期作为个体身心高速发展的重要时期，其生理发展之特点堪称“剧变”。初中生身高增长迅速，以每年6—8厘米的速度持续增长2—3年。体重也以每年5—8公斤的速度同步增加。外貌特别是头面部逐渐开始变化，产生一定的面部棱角。肌肉随骨骼增长进一步发展，变得更加坚实而有力。人体内各种器官和组织的各种机能在青春期发育迅速。中枢神经系统中，脑细胞结构和机能逐渐完善，为这一时期个体的认知能力提供了基础。心肺功能已能够支持其从事一些激烈的活动。可以说，青春期的高速身体发育使初中生在物质条件上已接近成人。

（2）性的发育和成熟

在初中阶段，性器官、性功能的发育和成熟同样也是该阶段的重要标志。进入青春期后，男女生的第二性征开始显现：男生的喉结显著突出，声音变粗，胡须、腋毛以及阴毛都先后出现；女生则表现为声音更为高亢、乳房发达、骨盆变宽、臀部变大等。

另一方面，性器官的发育也是青春期重要变化之一。男生睾丸发育最早，其次是阴茎、阴囊。性功能发育表现为遗精，首次遗精一般发生在12岁左右，大多在睡梦中不知不觉发生。首次遗精发生后，男生的体格发育趋势减慢，而性器官却迅速发育，较快接近成人水平。

女生性器官如卵巢、子宫等，在青春期前基本处于静止状态，进入青春期后，在激素的推动下，内外生殖器迅速发育，女生开始经历月经。月经初潮一般发生在10—16岁，以13岁居多，但个体间的差异较大。初潮时，女生的卵巢功能尚不稳定，因此初潮后的月经周期并不规律，大约需要1年的时间才会逐渐转为规律的每月一次。

（3）情绪

初中生的神经活动表现出兴奋过程强而抑制过程弱的不平衡状态，情绪容易激动又难以自制，有时会表现为过度的兴奋、热情，有时则呈现过度的伤感、气愤等。

初中生的情绪有明显的冲动性、爆发性、波动性和两极性，他们对外界刺激反应迅速、敏感而多变，容易受许多成人看来无关痛痒的小事所影响。他们的情绪反应通常较为强烈，以致在语言、神态及动作等方面容易失去自我控制，产生破坏性的行为和后果。同时，他们的情绪又可能会迅速消退，或伴随新的事件而发生改变。

随着初中生社会化程度的提高，受到一定的社会规则和道德规范的影响，一些初中生的情绪也具有一定的封闭性和反差性，他们会将自己的真实情绪隐藏起来，表露出一些与内心体验并非一致，甚至截然相反的情绪状态。

2. 初中生的认知发展

（1）感知觉能力

随着社会实践的增多，初中生对世界的认识又更进一步，其感知事物的能力也有极大的提升。初中生知觉整体性和理解性的加强使他们能够学习更复杂、更偏向抽象理论的内容，并帮助他们把学习到的新知识、新事物与已有的经验进行合理的组合、补充、删减、替代与重构。同时，他们在感知觉稳定性和专注性方面的进步，也使他们可以适应课程持续活动的变长以及每日作业量的增多。

（2）记忆能力

初中生记忆能力的特点主要有：记忆容量日益增大；短时记忆能力显著提升，可以很好地复述一些刚发生的事情或是刚学习的一些知识；对直观形象的材料记忆要优于抽象材料，表现为对图形的记忆要优于文字；有意记忆占主导地位，能主动根据当前任务进行记忆；主要以机械记忆为主，但理解记忆能力开始增长，并逐渐代替机械记忆；以形象记忆居多，但在初中后期抽象记忆开始逐渐替代形象记忆。

（3）逻辑思维能力

初中生的抽象逻辑思维能力迅速发展，并逐渐在思维活动中占据优势，但初中生的抽象逻辑思维是经验型的，需要一些具体的直观感性经验来支持。

他们已具备了建立假设和检验假设的能力，可以在日常活动中进行数论推理、解决科学问题、处理实际困难等活动，但掌握抽象的概念和规则仍常常会遇到困难，一些复杂的推理活动尚无法有效进行。

此外，初中生的思维特征还有独立性和批判性、片面性和表面性以及自我中心性等特点。初中生思维的独立性和批判性体现在他们不轻易接受别人的意见，对他人的见解和主张往往产生过度怀疑和持批判态度。而且他们会捍卫自己的"独立"，用来反对家长和老师种种的控制行为。片面性和表面性表现在他们看问题相对片面，缺乏整体性，容易受事物个别特征而做出结论；做事执着，有时爱钻牛角尖，缺乏变通性。自我中心性则体现在时常夸大自我感受，而容易忽视他人的看法和处境。

3. 初中生的社会性与人格发展

（1）人际交往

初中生的人际交往特点主要表现为人际交往范围的缩小以及对友谊的重新认识。

青春期给许多初中生带来了心理上的困惑和焦虑，他们很希望能有一个交流思想和保守秘密的地方，所以会选择一两个最要好的朋友，选择标准往往是有共同的兴趣爱好、共同的苦闷和烦恼、性格相近、能够"谈得来"，且大部分是同性，较少异性。在这个阶段所建立的友谊相对稳定和持久。

另一方面，随着性的发育和成熟，初中生的性心理也逐渐发展，男女生开始逐渐产生对异性的兴趣。这种兴趣在最初时期表现为对异性同学"漠不关心"，或者在言行中表达一种"轻视"，甚至出现"骚扰"和"攻击"，表面上看起来甚至是相互排斥的。到了初中后期，男女生之间的相处开始逐渐融洽，并可能进一步发展成爱慕关系，但并不会将这种情感公开。随着时间的流逝、个体身心的发展与成熟、彼此价值观的不断变化，一些情感会逐渐淡化，甚至完全消失。

在这一阶段，学生与父母的相处也开始发生变化。观点上，他们不再对父母的许多观点一味接受，而是通过自我的分析和判断，逐渐形成了与父母不同的看法；情感上，由于有了亲密的同伴关系或异性朋友，他们对父母的情感亲密逐渐下降；行为上，由于初中生对独立的渴望较小学阶段更为强烈，更易与父母对自己行为的干涉和控制产生矛盾。而由于初中生对世界的认识进一步扩大，也开始发现父母身上的某些缺点或观点的局限，父母的形象不再权威，开始寻找新的榜样，父母的影响力也不断减弱。

初中生对教师的看法也有其独特的阶段特征，即初中生不再盲目地接受任何一名老师，而是开始形成自我的评价标准，能够接近他们心中"完美"标准的教师才会受到他们的喜爱。初中生往往只有一两位钦佩的教师，并会对这些教师所教的科目努力学习、对这些教师所提出的要求十分认真地执行、对这位教师提出的各种意见会毫不犹豫地接纳。

（2）自我发展

初中阶段的学生由于处在高速生理发展期，其生理、心理和社会性发展都产生了显著变化。这种变化使得个体对自身的认识需要重新探查和审视。

初中生看到自己随着青春期性发育带来的身体变化，产生了"我长大了""我成人了"的感觉。这种自我成人感会让初中生开始尝试独立选择自己喜欢的事情或做一些决定，有时会避开甚至否定别人（特别是父母）的建议与帮助。一些成功的经验会强化其独立性，一些失败的尝试也会让他们重新思考是否要继续坚持自我，还是适当听取他人意见，他们会不断尝试与调整，直至逐渐找到令他们满意的平衡。

初中生对于自我的看法开始摆脱对成人、权威的依赖，并向同龄团体的标准过渡。在和同伴在各个方面的比较中，他们会逐步形成对自己较为全面的评价，并构建一些更为客观的判断标准。部分学生在初中后半阶段能逐渐克服同伴评价的影响，对自我的认知渐趋稳定。

初中生的情绪特点容易影响他们对自我的感受和判断。情绪高涨时，他们会体验到自豪、自负、自满；情绪低落时，他们会体验到自怜、自责、自惭。在这一阶段，他们非常渴望得到他人的正面评价，尤其是亲近的师长、同伴或其他重要他人。积极的评价会令他们产生巨大的满足感和自我认同；反之，则会让他们遭遇极大的挫败感。这种对自尊感的需求非常强烈，所以，大多数家庭中父母对孩子的批评、指责也成为诱发亲子矛盾的重要成因。

初中生的自我调节能力也不断增强。无论是学习、情绪抑或是其他方面的管理，在初中低年级阶段的学生大多仍较为依赖家长、老师等外部因素的帮助和指导。但随着年龄增长、自我意识的觉醒以及各类知识、能力的发展，初二、初三年级的学生开始能够逐渐对自我的各种表现进行观察、反思，并在一些日常的学习与实践中受到启发，进而能够展开更多主动、内在的调节，并持续地尝试、调整与完善。

（3）理想形成

初中阶段，学生已经有了一定的理想和憧憬，部分学生由于学识匮乏，看问题相对片面，对自我的评价不够客观，或对职业的认识因尚未参与社会劳动而较为有限，使得一些理想会不够贴合实际。一些学生具有远大志向，但无法制定具体而明确的目标，需要通过进一步的学习、了解、探索与思考不断修正。

另一方面，大部分初中生在向往美好未来生活的同时，仍缺乏足够的自觉性，无法坚持努力来逐步达成自己的理想，进而产生内心的摇摆，甚至中途放弃，退而求其次，反复遭遇相似困境，始终无法确立理想。

在这一阶段，初中生在通过自我成长，克服困难的同时，显然还需要一些外部的帮助，以便为其提供一些科学、客观的信息资讯以及具体、有效的指导。

（二）初中阶段班主任的心理辅导目标

初中阶段的班主任应以学生在青春期前期的高速身心变化发展为依

据，开始相应的心理辅导目标，具体可以分为：

1. 帮助学生提高情绪的自我控制和调节能力

初中学生的情绪易激惹，同时也易消沉，如果对临近爆发的情绪不加以控制，容易造成无法预料与难以承受的后果。班主任在对学生进行"情商"训练时可以通过案例直观地呈现情绪失控的危害，并通过集体讨论、辅导的方式帮助学生练习调节的方法。

2. 帮助学生建立正确的"自我认知"，开展积极的自我评价，树立个人理想

初中是学生自我意识发展的重要阶段，这一阶段学生的自我意识程度往往较低，对自己的评价多片面与消极。班主任在进行心理辅导时应更多关注学生的心理状态，引导学生发现自身特点与优势，培养他们自尊、自爱、自重、自信的人格品质，并帮助他们初步形成个人理想与长远的发展目标。

3. 为学生提供更多人际交往方面的具体指导

初中学生虽具有强烈的社交需求，但社交经验有限，能力不足。为了帮助其更好地适应社会活动，建立良好的人际关系，班主任教师应鼓励学生与他人积极沟通，与父母平等交流，并提供有关交友、互动方面的知识、技巧，通过情境模拟等方式进行具体指导。

4. 通过班级建设，帮助学生构建同伴支持系统

初中学生由于情绪波动较大、自我调节能力有限、较为重视同伴交往等特点，班主任在培养学生情绪管理能力的同时，也需要加强班级建设，营造尊重、友爱、互助的班级氛围，使学生能够在遭遇情绪困难时，获得来自同伴的关心、帮助与支持。

四、高中阶段的班主任心理辅导

进入高中阶段后，青少年在心理上呈现情绪趋于稳定，意志品质更为成熟，认知与思维能力接近成人水平的状态，并对自我的认识更为全面，开始

认真思索个人发展的问题。但高中生面临的问题也不比初中生少，他们开始在人际交往中寻找更多朋友，其社会交往问题也越多地成为其烦恼。同时他们还面临着升学和择业双重压力，急需人生导师为其排忧解难。

【案例】

小平现在高二了。高一时，由于高中离家较远，和家人商量之后，他决定住进学生宿舍。

他整天和同学们在一起，有了很多接触的机会，先后有了很多好朋友。但也正是由于朝夕相处，他很快发现了同学们身上的一些缺点，甚至会对一些同学的做法看不惯，想不透。小平不想和大家起冲突，有时就索性避开，慢慢和同学们就有些疏远了。这样的关系让小平有些苦恼，一些想法也都积在心中，相当苦闷。初中时，他的成绩一直名列前茅，但高一的第一学期，小平的成绩只能达到中等，父母都非常失望，小平自己也无法相信，他的自信心受到了极大的打击。整个寒假，他都处在痛苦和焦躁户，什么都不想做，甚至开始认为自己什么都不会做。有时，还会头痛欲裂，感觉自己像是得了什么大病……

班主任也观察到小平的变化，于是和他进行了一次长谈。得知小平的顾虑之后，班主任和他交流了许多，帮助小平去重新看待寝室关系、友谊、高中的学业变化以及这些担忧对他身体状态的影响。小平的许多困惑在这次谈话中得到了解答，班主任提到的一些办法也让他深受启发，整个人的状态有了很大的转变，也促使他开始慢慢适应高中的生活。

（一）高中生的心理发展特点

1. 高中生的生理发展

高中正处于青春发育期的末期。在这一阶段，学生生理的发展在经过青春期前期的急骤发育后，开始进入相对稳定的状态，达到发育成熟和定型的阶段，主要表现在外部身体形态、体内各类器官、性生理及性功能的成熟这几个方面。

高中生的身高、体重、骨骼与肌肉仍在迅速增长，但幅度相较初中阶段有所减小，尤其部分学生的骨骼与身高会在高中阶段基本定型。身体机能的健全则主要表现在心血管系统、神经系统和呼吸系统三方面的机能均已基本达到成人水平，意味着高中生已具备了正常生活和参与社会劳动的基础物质条件。

高中阶段，肥胖有时会成为一个“大”问题。因为在初中，个体处于生理的高速发展期，需要极大的能量摄取以满足每天的正常代谢和生长所需，而初中阶段每天的能量消耗恰好能符合这种平衡。但进入高中后，出现了时间紧、学业重的情况，每天的运动量相对初中有所不足，而高能量食品的摄入又成为每天“加油”的必备。所以，班级里就很容易看到一个个“小胖墩”的出现。所幸，高中生的新陈代谢仍处在较好的状态，肥胖对于身体的负面影响尚未完全显现，且高中生的生理状态也仍具有一定的可塑性，如何平衡学习、运动与健康，是高中学生、家长与教师都需要思考的问题。

2. 高中生的认知发展

（1）基础认知功能

相比初中阶段，高中生在记忆力方面，记忆的容量进一步增大，有意记忆和理解性记忆占据主导地位，记忆内容的结构性明显增强；观察力方面，高中生在观察的主动性、多维性和持久性方面表现良好，并能掌握成熟的观察方法；想象力方面，高中生的创造活动较初中能够更多兼顾外部环境条件，具有更强的实用性和现实性。这一阶段，学生总体的智力发展趋势是以先天与生理因素为主的流体智力基本达到高峰，以后天与经验因素为主的晶体智力继续稳步上升。

（2）高级思维能力

与初中生相比，高中生思维能力的发展更能体现出成人的特征，具体体现在：

高中生的抽象逻辑思维逐渐走向成熟。高中生的抽象逻辑思维开始从依赖个别经验进行归纳、类比的阶段向着深度演绎、全面论证，形成理论体系的方向发展。他们对概念、定义的理解与解释更加准确，并能对抽象符号进行复杂推导，从而帮助他们尝试探索更为深奥、困难的问题。

高中生的辩证逻辑思维也得到迅速发展。通过对问题进行不同角度的思考，一定程度上有助于学生将抽象思维与具体思维进行整合，并逐渐加深对“一般与特殊”“理论与实践”等对立统一关系的理解，在分析、解决问题时能以更加全面、深刻、动态的方式进行思考。

高中生的元认知能力进一步完善。学生能够对自己的认知行为及过程有更为清晰的认识，并能检验、评估自己的表现，发现存在的问题，并重新调整与监控自己的认知行为。该能力对于高中生的学习来说非常重要，通过了解自身学习动机、学习方法、学习习惯、学习能力、各学科现有知识结构与知识水平的掌握程度，高中生开始可以对自己的学习行为进行更有效的把控，区分各类事件的先后顺序、妥善安排各类活动、及时地调整方法，提高自律能力，寻求适当帮助等。而自我知识经验的增加、个性的成熟、自我意识的进一步明确也使学习的自控能力更加稳定，有助于降低各种不利因素对于学习的影响。

3. 高中生的社会性与人格发展

高中生的人际交往主要有以下几个特点：

（1）同伴关系

同伴成为高中生人际沟通最主要的对象和角色，高中学生相比初中更为重视同伴关系。随着自身交往能力的提升，一些学生开始拥有更为广泛的社交圈子，包含校外及网络的交流伙伴，不同类型的同伴为他们提供了更多个人需要和娱乐消遣的满足。在社交深度方面，高中生对于友谊的认识更加深刻，也掌握了更多维持友谊的方法，能够接纳朋友的一些不足，更愿对“志同道合”的朋友吐露心事，也能更好地给予回应、理解、支持与帮助。

（2）异性交往

高中生更渴望与异性的交往。高中生性的发育和成熟为性心理的产生提供了基础，他们开始对与异性的深入及亲密交往产生强烈的好奇与向往，思考如何用各种直接或间接的方式接近与吸引异性，关注自身的外在形象、装扮与言谈举止，有意无意地在异性面前显示自己以获得更多关注的目光。即使没有外在的行为表现，有些学生也会通过言情类小说、电视剧、电影、动漫等满足对异性交往的心理需求。

（3）亲子关系

高中生在与父母相处的过程中，由于其自我意识、独立思考及处事能力的不断增强，在心理和行为上会表现出更为强烈的自主性，迫切希望从父母的束缚中走出来。他们对父母的要求是既是良师又是益友，他们要求与父母拥有近乎平等的家庭地位，希望父母尊重、理解和信任他们。由于高中生内心世界活跃但是外部情感表现不明显，容易使亲子沟通出现一定阻碍，但由于高中生的认知和情绪管理能力较初中都有所成长，在一些重大问题上，父母如能注意方式方法，将可以与高中生就部分问题进行深入探讨，寻找能够令双方都更为满意的合理解决方法。随着高中生心理发展的成熟与稳定，这种状态可能会持续较长时间，一直到开始新的人生阶段。

（4）理想与现实

人的理想是社会的产物，它受个体所处社会地位的制约，同时也会受时代背景的影响。高中生理想的发展过程正符合了这一规律，即现实与自我两者矛盾的不断冲突、统一与融合。概括起来主要有以下特征：

高中生的理想具有一定的崇高性。随着高中生学识与个人素养的提升，以及他们对社会现状与世界发展开始逐渐形成自己的看法，他们会想要追求时尚、真理与美好，渴望能从事富有创造性、突破性和革命性的劳动，以实现自己的非凡价值。这些理想较初中，虽更贴近实际，但仍与现实存在一定的距离。

高中生的理想具有一定的形象性。高中生在设定自我理想时，会参考舆论中的成功人士、文化作品中的英雄形象，并将他们作为自己的人生目标，有时也会畅想自己未来的生活状态与画面，从而推动与提高自己的学习与成就动机，但有些形象可能是概括性的，被自己过度美化的，需要在未来继续细化与调整。

高中生的理想更有务实性。到了高中阶段，学生开始可以更加客观地评估理想的现实性，通过将远大的理想逐步分解，高中生可以对比每一阶段自我的现状、环境的条件，并将其与当下的学习、生活紧密结合接受并抛弃一些曾经美好却无法实现的憧憬，更为理性、务实地处理自我理想与社会现实之间的矛盾。

高中生的理想日趋稳定。随着学生世界观的逐步形成、自我意识水平的提高，在对自我理想进行必要修正后，高中生已能形成相对合理、稳定的理想，不再像初中阶段容易受自身近期状态变化或外部因素的影响而摇摆不定。

高中生的理想日益分化。高中生对于社会分工、自我特点的认识不断加深，其理想也会变得更加具体与个性化，涵盖社会的各个领域。部分学生会开始规划自己的生涯发展道路，加上学生对于婚姻与家庭生活的不同设想，使他们的理想更为丰富多样。

（二）高中阶段班主任的心理辅导目标

高中阶段的班主任需要从一个“家长”转变成一位“导师”，将要求和指令转化为启发和指导，该阶段班主任的心理辅导目标包括：

1. 帮助学生确立自身的目标，并根据目标制订相应的学习计划

由于进入高中的基本目的就是参加高考，学生在不了解高考政策的情况下会显得忙乱却又不知所措。班主任应在把握好相关政策的前提下帮助学生尽早确立自身目标，并制订符合自身情况的学习计划，使得高中生能在接下来的学习时间内“有的放矢”。

2. 帮助学生正确面对成长的压力，学会如何调适自身的不平衡状态以达到身心健康

在高中的学习生活中学生将有更多可能面对挫折和失意，但很多学生不愿意向师长主动求助。班主任一方面需要通过主题教育的方式进行引导，同时也应该观察学生日常活动中的情绪和行为表现，通过沟通、鼓励、疏导的方法进行个别化的辅导教育。

3. 指导学生建立更为成熟的人际关系，学会与人相处，与社会相处

高中生正处于青少年向成年的过渡期，其年龄也已经符合法定刑事责任及限制民事责任，可以说高中生的个人行为已经有了法定责任和法定义务。所以，班主任应当通过专题教育的方式指导学生如何与人交往，如何在社会中和人相处。

4. 指导学生改善心理品质，提高学习效率

高中生的生理发展虽已接近成熟，但心理品质方面仍有许多可继续努力的部分，尤其对高中学业来说，良好的认知学习策略以及有助于学习自律的意志品质是保证学习状态与效果的重要基础。班主任可通过主题教育或讨论的方式帮助学生寻找提升相关品质的方法。

5. 帮助学生完善自身个性特点，促进个人发展

高中阶段的学生对自我发展表现出更多个性化的需求，班主任可以结合学生特点作个别指导，也可以提供一些信息渠道与资源推动、鼓励学生参与适合自己的校园活动或社会活动，促进学生个人的自主发展。

第三节　班主任心理辅导的实施

一、班主任心理辅导的技术

班主任在开展班级活动、管理班级学生的同时，常常需要关心学生的心

理需求，给予部分学生调适的指导，也需要通过美化班级环境、广泛开展心理健康宣传、进行有效激励等方法，营建校内班内健康、和谐的心理环境。

通常来说，班主任对于学生的心理辅导可以通过个别辅导，也可以通过团体辅导的方式进行。在对学生开展心理辅导的过程中，班主任可以运用一些心理辅导的技术，比如行为矫正、情绪调节、改变认知、积极暗示等方法。

（一）行为矫正

行为矫正是指通过适当的强化手段，增进学生积极行为的发生，减少并逐渐克服不良行为的一种技术。这种方法是为了帮助学生改变偏差行为，形成良好的学习、生活习惯。通常来说，行为矫正法对于年龄较小的学生效果会比较显著。

班主任可以通过以下一些方法来对学生进行行为矫正方面的辅导：

一是确定目标行为。班主任可以在和学生或家长讨论后，共同确定学生要改变的行为。可以对问题行为进行界定：如学生的确定问题行为是什么，有什么特点。在通过和学生与家长的沟通中了解该生的这种行为是如何习得的，又如何被巩固。

二是确定要达成的目标。在确定要干预的“目标行为”后，班主任可以邀请家长共同配合，观察一段时间（一般在 3 天左右），来看看学生是否可以达到预设的目标，目标是否需要调整。

三是选择强化物（或方法）。行为矫正可以通过强化手段来获得，因此班主任可以选择合适的方法来帮助学生，如正强化（出现积极行为或克服消极行为时，给予奖励）、负强化（减少或免除惩罚）、消退（出现消极行为时，冷淡处理）、惩罚（出现消极行为时，给予让其不舒服的惩罚）等，选择适合学生的强化物（或方法）对于学生的行为矫正是十分重要的。

四是实施行为矫正。根据计划，进行对问题行为的矫正，班主任需要在实施矫正期间，对学生的表现做观察和记录，并可以将学生问题行为的改变与目标行为的达成度进行比较。

五是效果评估与反馈。在结束干预后，班主任可以根据所记录的数据与资料，对学生开展的行为矫正效果进行评估，也可以安排进一步巩固效果的措施。

（二）情绪调节

情绪调节是指个人能够有效地调节和控制自己和他人的情绪，从而对行为产生积极的影响和作用。一般来说，由于处在青春期的学生会有热情高、思维活跃、情感想象力丰富、自我控制能力较差等特点，因此处于这个年龄阶段学生的情绪比较容易波动，情绪不稳定，具有迅猛、激烈、难以抑制的特点，也容易受到外界环境的影响。对于正处于青春期的学生而言，班主任常常需要帮助学生学习情绪方面的调节，使其能在理性、冷静的状态下更好地面对问题、解决问题。

班主任可以通过以下一些方法来对学生进行情绪调节方面的辅导：

一是帮助学生认识、面对和接纳自己的情绪。班主任可以从这样一些方面来引导学生探索自己的情绪。例如，自己当下处于哪种情绪；为什么会有这样的感受；产生这样的情绪会和哪些事件有关；这样的情绪是否在暴露自己的“弱点”。班主任可以通过这些方面与学生共同探讨，引导学生认识和面对自己的情绪，并且能接纳自己的情绪。

二是引导学生用恰当的方式宣泄和表达情绪。学生情绪的爆发或不稳定，往往与他没有能够充分地表达有关。要帮助学生宣泄和表达情绪，认真倾听是非常有必要的，有时候，班主任的倾听、陪伴和理解就是对学生最大的帮助。班主任可以用倾听谈心、和学生一起运动、听音乐或者允许他在你面前哭泣等方式来帮助学生。

三是给学生一些控制和疏导情绪的建议。班主任可以通过个别心理辅导，或以班会这种形式的团体辅导途径，和学生一起探讨用一些恰当的方式来控制与疏导自己的情绪，例如：如何在受到情绪影响时尝试转移注意力；

怎样运用幽默的语言化解情绪困扰;学习一些放松方法;引导学生用情绪升华法等方式来调节自己的情绪。

四是增强积极情绪的体验。快乐的人越快乐,事实上情绪是可以习得的。班主任可以在平时的班级活动或营造班级氛围时,来加强学生对积极情绪的感知体验,引导学生在活动体验中来寻找自己的积极情绪。

（三）改变认知

改变认知是指个人通过对一件事情改变看法,从而改变情绪与行为的一种心理辅导技术。班主任可以通过分析学生的思维活动和应对事情的策略来了解学生对一件事情的认知,并且找出其中错误的认知方式,通过改变认知过程,以及在认知过程中所产生的错误观念,从而来改变学生的情绪和行为。

班主任可以通过以下一些方法来对学生进行改变认知方面的辅导:

一是帮助学生认识情感、行为和认知之间的联系。班主任可以告诉学生,个人对一件事情的认知是会影响到自己的情绪、行为和生理反应的。在对学生进行辅导的过程中,班主任可以通过了解学生的想法,来帮助学生认识到自己的想法对情绪和行为的影响。

二是寻找学生的负性思维、歪曲认知和消极态度。班主任可以通过沟通了解到学生是否具有受到一些负性思维的影响,列举学生一些歪曲认知和极端观念,帮助他们进行假设检验,发现自己的消极态度,改变自己的认知,同时发展更适应的思维方式和内容。

三是将理性思维方式和想法运用在学习和日常生活中。班主任可以帮助学生经常记录分析他们的思维方式,也可以鼓励学生通过周记或作业等方式表达自己的想法,以及巩固积极理性的认知,并逐渐内化成为平时思考的方式。

（四）积极暗示

积极暗示是指用一些有针对性的、积极的语言,对学生的心理活动施加影响。暗示是一种常见的、奇妙的心理现象。积极的心理暗示可以发挥出人的潜能，产生意想不到的效果。不少学生之所以在学习生活上出现问题，常常有可能受到一些消极暗示所导致。

暗示的方法有很多，可以通过语言、文字、表情、手势等。班主任不仅可以通过各种方式给学生以积极的暗示，也可以教给学生，让他们自己学习产生一些积极的自我暗示。暗示语言越简短越有效，因为人的潜意识里并不涉及过多的逻辑，反而简单的内容容易被接受。积极暗示的来源尽可能是有肯定的事实依据，这样也会让学生相信他们的存在。

当然，心理辅导的技术远不止以上所介绍的这些。如果班主任感兴趣，还可以通过参与一些专业培训，来掌握更多更系统的心理辅导方法来辅助自己的班级管理与教育工作，从而更好地引导学生。

二、班主任心理辅导的内容

在学校教育中，对学生开展的心理辅导主要是帮助学生正确认识自己、接纳自己，进而欣赏自己，并克服成长中的障碍，改变自己的不良意识和倾向，发挥个人潜能。对学生进行心理辅导，是班主任的重要职责之一。班主任所要开展的心理辅导内容包括：个别辅导、团体辅导、家长辅导、危机预防与干预、生涯辅导等。

(一) 个别辅导

班主任在进行个别辅导时，可以遵循一些基本步骤进行。这样可以使辅导更有针对性，也可以更好地了解学生的情况以及在辅导过程中做及时的调整和改变。个别辅导的基本步骤一般包括：建立关系、探讨问题、搜集资料、建立目标、实施辅导、及时转介与后续评估等几个阶段。辅导的过程因具体问题的不同有长有短。有些问题可以将以上步骤在一次会谈中完成，但是有的问题比较复杂，在某一个阶段都可能要历经多次会谈才能完成。

1. 建立关系

在辅导初期，班主任要与学生建立起良好的辅导关系。对于大多数学生而言，他们与班主任之间的会谈，一般由班主任所发起。学生一般会比较信任自己的班主任，然而班主任常常担任领导者和教育者的角色，有的学生也会担心班主任对自己的过度关注而不愿袒露心声。因此，在辅导初期，班主任可以通过观察和询问了解学生对谈话的态度以及情绪变化。班主任与学生首先要建立起一种充满信任、理解、真诚、尊重、宽容、接纳的氛围，这对之后共同探讨问题有很大的帮助。

2. 探讨问题

在信任、开放的沟通关系中，班主任可以鼓励学生进行自我检查、自我澄清。在辅导过程中，班主任需要通过多多提问，来知道学生的想法与感受。鼓励学生表达，从而达到情绪宣泄的作用。与学生一起分析问题，可以清楚地认识并厘清具体的困扰是什么。

在这个过程中，班主任需要将重点放在学生身上，并不需要急于去处理问题。班主任的倾听与理解可以帮助学生进行自我探索。班主任可以帮助学生厘清的是：我当下的处境如何；我当前的表现对我有何意义；我真正需要改变的是什么等方面的问题。

3. 搜集资料

搜集资料是进行心理辅导的基础，足够的资料可以帮助班主任进行分析判断，解决问题。班主任要详尽地了解学生，就要在搜集资料时从多方面入手。对于学生资料的搜集包括：身体特征（如体貌特点、健康状况、生理成熟程度、疾病史等）；心理特征（如情绪稳定性、个性性格、智力、学习动机态度、自我评价、社交能力等）；在校表现（如学习成绩、课外活动兴趣、师生关系、同学关系等）；家庭背景（如父母年龄、职业、受教育程度、家庭关系、父母对子女的期望、教育方法、家庭经济情况等）；个人成长史（如从小到大的主要经历、是否遭受过重大事件或创伤性经历等)。班主任可以通过观察谈话、学生自述、与班级科任老师或学生家长沟通等多种方式来对辅导学生进行一个比较全面的了解,为接下去的分析奠定基础。

4. 建立目标

根据对学生情况的了解及分析,班主任可以制定相应的辅导方案。首先要做的就是确立辅导的总体目标和阶段目标。确立辅导目标,首先要注意可行性和有效性。目标恰当,对于之后的辅导有很大的帮助。目标要具体,缩小到具体的范围,最好能够转化为具体可操作的行动。目标的确定应具有可检验性,可以从辅导后学生的表现来判断辅导的有效性。

建立目标后,班主任要根据对学生的了解来选择合适的干预方案。可以从学校、家庭多方面入手,也可以与学生商量,让学生自己作出选择。班主任需要与学生,有时甚至是学生家长进行多次商议,形成家校合作的"契约",这样可以使辅导更顺利地开展。

5. 实施辅导

在确立目标和干预方案后,班主任就可以根据辅导方案进行具体的个别辅导,将构思一步步地付诸实施。在实施辅导的过程中,无论是对学生情绪的引导,还是行为的改变,最关键的是持之以恒、循序渐进,班主任可以将辅导过程记录在案。

辅导往往很少一次成功,有时候学生虽然表面上改变了,但实质问题并没有得到解决,问题可能会反复出现。因此,及时的强化与评估在实施辅导过程中是非常必要的,同时班主任也可以在辅导过程中及时调整辅导目标与干预方案。当然,班主任在实施过程中遇到自己很难解决的问题时,可以及时转介给学校心理辅导老师,共同进行干预。

6. 关于转介

在心理咨询中的"转介"是指在咨询时,咨询师如发现自己与求助者有明显不相适宜之处,或发现自己确实不善处理时,就应以高度的责任感和良好的职业道德，尽快将求助者转介给其他更加合适的咨询师，或及时中止咨询，推荐其去寻找更有效的帮助。

虽然班主任能够在班级事务的处理中及时发现学生的心理困扰或问题，但是对于学生的心理问题，班主任也需要在教育指导的过程中认识自己能力的相对局限性，就有些超出班主任能力范围的心理问题，应及时转介给学校心理老师，或建议家长转介到相关合适的心理咨询或治疗机构，这样会对学生有更有效的帮助。

7. 后续评估

经过一段时间的辅导后，班主任可以和学生一起对整个辅导过程进行回顾与评估，从而判断所实施的心理辅导是否有效。评估的另一大作用就是让学生感受到自己通过一段时间的努力后，达成目标的成就感，这是一种难能可贵的成长经历。

即使辅导获得了比较好的效果，班主任也要随时关注学生，了解一下他们的发展状况，这也有利于对于辅导成果的巩固。同时，班主任也要鼓励学生将辅导中所感受、体会到的应用到学习生活的其他方面，从而促进学生更好地成长。

（二）团体辅导

1. 主题班会

良好的班级文化不是自发形成的，需要班主任有意识地加强引导，积极、主动地去营造建设。主题班会是班级教育活动的形式之一，班主任可以根据教育要求和班级学生的实际情况确立主题、围绕主题开展团体辅导活动。

心理主题班会要结合学生的年龄特点，寓教于形式丰富、生动活泼的活动之中。心理主题班会的形式不拘一格，可以运用游戏活动、案例分析、座谈辩论、心理剧表演等各种方式来开展。班会课的内容可以丰富化、多元化，包括人际交往、学习心理、青春期成长、亲子关系、自我认识、生涯规划等多方面，结合班级情况和学生感兴趣的话题，甚至可以设计一些系列的主题班会。

在班会课之前，班主任可以查阅一些资料，组织学生来一起准备。在班会课的过程中，发挥学生的主体作用，由学生来说说他们的想法，班主任即可以通过班会课了解到学生的想法，也可以运用学生的讨论发言来对他们进行指导。班会课中，班主任可以不断深化主题，以巩固班会课的成果。由于学生的年龄、知识和认识水平方面的原因，他们往往只能看到事物的表面现象，而班主任可以帮助学生进行分辨、提炼和升华。课后，班主任可以进行一些"追踪教育"，或针对个别学生开展个案辅导。

2. 学校主题活动

活动是班级思想文化的载体，组织活动是班级思想文化建设的重要手段。班主任可以利用各种机会组织集体活动，寓德育于丰富多彩的集体文化娱乐活动之中。学校主题活动一般会动员全校学生共同参与，由于参与面较广，学校一般比较重视。班主任可以鼓励学生参与到各种活动中，从而了解班级学生的兴趣爱好，通过活动，也可以从多方面了解学生的性格特点。学校主题活动，一般以班级为单位组织学生参与，班主任也可以通过这些活动来进行班集体建设。

由于如今对心理健康教育的重视程度日益增加，很多学校每年会定期开展心理健康活动主题月/周等类似的主题活动。班主任可以利用心理健康活动主题月/周中所开展的各项活动，动员班级同学，一起宣传心理健康知识，做好心理健康保健。学校心理健康月的活动，通常会有意识地引导学生去营造班级良好的心理氛围。班主任可以利用这样的主题活动和班级的实际情况来辅导教育班级学生，更好地建设班级文化。利用环境氛围影响学生树立积极的心理品质，引导学生全面地发展自我。

（三）家长辅导

1. 协助家长澄清教育观念

班主任在工作中常常要与班级家长接触。原生家庭对一个人的影响是很大的，因此在班主任工作中，不可避免地需要开展一些家长辅导。当今家长的教育观念相对比较多元，班主任与家长沟通，不只是向家长传递教育观念和教导他们教育方法，还要和他们共同探讨家长在家庭中的定位，以及家长对孩子发展的期待。结合孩子的特点，客观地和家长一起分析，协助家长澄清他们自己的教育观念，合作制定引导孩子成长的教育策略。

2. 辅助家长反思教养方式

家长的教养方式对孩子的性格、习惯等方面都会有很大的影响。在一些心理学研究中，将家长的教养方式分为了专制型、放任型和民主型。专制型的家长对孩子的教育较为严厉，对孩子的控制很严，在这样的教养方式下，孩子容易形成自卑、焦虑的心理特点，在进入青春期后也十分容易叛逆、冲动。专制型的另一种表现方式是过度保护，有的父母会什么事情都替孩子包办、代替，孩子会被养成过分依赖父母，这样的孩子会更容易表现出自我中心、敏感的特点，抗挫折能力也相对较差。放任型的家长对孩子的行为与学习关心的比较少，小时候交给祖辈或他人，上学了交给老师管教。这样的孩子通常在校行为规范的表现较差，自控力相对薄弱。民主型的父母会通过引导、分析、鼓励等方法教育孩子，然而由于孩子的认知水平、社会经验等方面存在一定的局限性，民主型的教养也不等于事事协商。班主任可以在与家长的沟通中，了解家长的教养方式，并辅助其进行反思和改变。

3. 指导家长创设家庭氛围

家长常常对孩子学业方面的要求较多，这也是家校沟通中最主要的内容之一。班主任除了就孩子的特点与家长探讨教养观念、方式之外，也可以了解到家长是否为孩子创设了良好的家庭学习氛围。班主任可以通过家访的形式，比较直观地了解到学生的家庭环境情况。对于青春期的孩子而言，班主任也可以指导家长如何给孩子营造一个相对轻松的心理环境，家长与孩子多分享自己所经历的趣事，向孩子多传达一些美好的向往和信息，从而给孩子积极的影响。班主任也可以基于自己对班级学生的了解，指导家长如何缩小与孩子之间的“代沟”，提升家长与孩子之间的沟通水平。

(四) 危机预防与干预

1. 善于发现学生心理危机

班主任是每天与本班学生接触频率最高的教师群体，因此也可以比较直接地观察到学生的表现。当学生的心理压力超过其应对能力时，压力事件存在得越多、持续事件越长，就越容易出现心理危机。当学生出现以下这些情况，尤其是同时符合四条或以上的条目，班主任就要对学生的心理状况进行评估了，给予学生及时的关注并且与学生沟通，了解原因。

（1）学生直接表露自己痛苦、抑郁、无望或无价值感。

（2）易激惹，脾气暴躁，过分依赖他人或某物。

（3）持续不断悲伤或焦虑，常常哭泣，睡眠不良、食欲减退，有胸闷头疼等生理症状。

（4）注意力不集中、成绩下降、经常迟到缺勤。

（5）独来独往，人际交往明显减少。

（6）行为紊乱或古怪。

（7）有自伤表现，或流露出活着没意思的念头。

2. 给予重视与关注

对于处于心理危机状态下的学生，班主任也需要掌握一定的心理危机干预知识，这样也可以对学生进行及时的帮助。班主任可以通过自己的观察表达对学生的关怀，在与学生交谈时多倾听，了解学生的困难。接纳学生的情绪，表达理解。给予学生支持，告诉学生遇到困难时，有老师的帮助。鼓励学生采取积极的行动，当有小的改变时及时鼓动。建议学生适当锻炼、放松。帮助学生获得学校专业心理老师的帮助，在为学生保密的前提下，和其他任课老师进行恰当的沟通，一起重视和关注学生的心理状态。在班级中营造积极正向的班级氛围，以团体动力影响学生个体。在校期间，尽量不要让危机学生独处，保证始终有人陪伴，远离刺激源或转移到安全的地方。

3. 及时上报

学生的心理危机干预工作是一个系统工程，也是一项长期任务。班主任是危机干预中的“非专业”助人者，虽然不像专业的心理医生或心理咨询师那样接受系统的训练，但在危机预防工作中发挥着重要的桥梁作用。当班主任发现班级中的学生处于心理危机的情况时，应及时上报学校心理危机干预领导小组（包括校长、德育领导、年级组长、学校心理老师等），由学校形成一支团队共同关注学生的心理危机，保留相关信息，为学生做好档案记录，主动协助处理。

（五）生涯规划辅导

1. 帮助学生了解职业，了解社会

在当今中高考改革的背景下，对学生进行职业生涯辅导是班主任工作中的新亮点。生涯规划辅导并不是要求学生在中小学阶段就决定将来的道路，而是要引导学生对生涯发展进行思考，学习制订人生各阶段的规划目标。班主任教师可以通过引导学生了解当今社会以及对职业的初步探索，在实践中进行思考，也可以为学生提供一些具体的信息和建议，给学生分析各行各业的特点，让学生对职业有一些初步的概念。班主任也可以通过组织班级学生社会实践的方式，带领学生参观企业，参加相关社会活动，让学生获得职业体验。

2. 帮助学生了解自我，开发潜能

由于学生没有直接接触过职业领域，他们的职业意识来源于书本和身边的人，是一种间接经验。因此，学生更多可以从自身出发，通过对自我的探索来进行生涯初探。班主任可以通过团体活动或个别辅导，引导学生思考自己的兴趣爱好、能力、气质性格和价值观等，帮助学生分析自身的优势和劣势。在升学选择时，班主任也可以给予学生客观的意见，帮助其进行生涯决策。学生可以在了解自我的基础上，结合对自身生涯发展的思考，不断发展和完善自我。

第二章　常见的学生心理问题预防、鉴别与辅导

第一节　自我认知问题

自我是对自己存在的觉察，即自己认识自己的生理状况、心理特征以及自己与他人的关系。自我认知是一个人对自己的认识与评价，包括自我认识、自我体验和自我调控。人正是由于具有自我意识，才能对自己的思想和行为进行自我调控和调节，使自己形成完整的个性。

人的一生就是自我认识、自我发展的过程，一生其实都在探索和回答着这样的一个问题——我是一个什么样的人？我将成为一个什么样的人？随着自我的分化，个体对自己有了重新认识与评价，从而对自己的现实有了一个总体的概念，形成了“现实我”。当然，大多数儿童、青少年并不满足于自我的现实状况，而是对自我的发展充满期待与向往，形成了“理想我”。“理想我”不断地观察、分析、评估客观存在的“现实我”，如果两者存在矛盾与距离，个体就会产生复杂的自我体验。如果处理得好，就会成为个体发展的一种动力，促使其不断超越自我；如果处理得不好，则会导致自我发展的停滞。

一、学生自我认识的常见问题

自我认识在自我意识系统中占据基础地位，是自我意识的认知成分，也

是自我意识的首要成分，更是自我调节控制的心理基础，它又包括自我感觉、自我概念、自我观察、自我分析和自我评价。

正确的自我评价对个人的心理生活及其行为表现有着较大影响。如果个体对自身的认知与社会上其他人对其评价的距离过于悬殊，那么个体与周围人之间的关系就会失去平衡，从而产生矛盾，时间长了，将会形成稳定的心理特征——自大或自卑，这不利于个人心理上的健康成长。

由于受知识经验和生理成熟程度的限制，小学生的自我认识发展水平比较低，尚处于发展变化之中。小学生在观察活动中，易受外来刺激的干扰，观察易受自身的生理状况和个人兴趣等因素的制约，尤其是低年级的学生表现更为明显。小学生的观察缺乏精确性，他们往往只注意事物的主要特征或活动的主要过程，对细小部分则缺乏观察。小学生的观察缺乏顺序性，观察时往往只注意事物突出的特征，这样则导致观察无序，观察的结果缺乏全面性、完整性。小学生的观察缺乏深刻性，他们主要以感性经验为主，缺乏思维活动的参与，使得观察的深刻性不够，只看到事物的表面现象和表面特征，难以抓住事物的本质，只知道"是什么"，缺乏"为什么"的思考，使观察趋于肤浅，难以上升到理性高度并赋予观察更深刻的意义。

进入青春期后，自我意识的发展出现新的特点，他们身心发展的不平衡性加剧，心理过程有明显的矛盾和冲突，自主性显著发展和增强，内心世界丰富却不轻易表露，对未来充满憧憬和向往。中学生会更加在意自己和他人的不同，产生新的需要、新的抱负、新的行为方式，他们对爱的需求更为丰富具体和复杂，归属、独立自主、尊重的需要显得尤为重要，困扰于一些特殊问题的青少年常会出现一些不同"寻常"。

在自我认知的发展过程中，中小学生常会出现的问题有：

(一) 自我认同过低

【案例】

初二的小唐同学，大家觉得他英俊潇洒，学习能力强，又有音乐特长，球场上经常有活跃的身影，颇受同学的喜欢。但是小唐同学被公认为是“过分谦虚”的学生，班里男生中数他最为腼腆，平时除了和个别要好的同学说话聊天外，很少和别人聊天。班级发言时音量过小，还经常会有抓耳摸鼻的小动作；和人说话时眼睛盯着别处，不敢把目光投向对方；有时说话语速过快，吐字含糊不清；有些时候不能清晰地表明自己的特点，班主任找他聊天发现，小唐同学对自己的特点没能全面认清。

【成因分析】

人的自我认知并不是生来就有的，它有一个萌芽、发生和发展的过程。自我认知的发展是个体不断社会化的过程，也是个性特征形成的过程。老师和同学认为小唐同学虽然比较出色，但表现出来的状况却和我们常说的自卑现象有很多相似之处，可能存在某种程度的自我评价过低现象。有些学生产生自我评价过低，可能有以下原因：

1. 性格原因

有的同学性格比较内向，在群体活动中不能展现自己的优势和特点；有的同学比较要求完美，对自己的要求很高，有完美主义的倾向。

2. 过往经验

有的同学可能曾经在某个方面的展示不尽如人意。如小唐同学因为小学时课堂回答问题出现偏差，被同学起哄嘲笑的经验，造成他不敢高声说话，害怕自己词不达意等。

3. 缺乏正面的关注和引导

小唐家人从小就提出很高的要求，不满意的地方都会反复提醒。初中老师虽然看到小唐的很多优点，但是经常在表扬之后，提出一些合理的建议。自我要求很高的小唐，没有感受到表扬，反而觉得老师们是为了给他面子，所以先扬后抑，这让他更加怀疑自己的能力，更觉得自己不行，尽管努力但得不到别人的认可。

自卑心理是因为个体对自己的能力及某方面的心理品质的评价偏低而

产生的不如别人的一种消极的自我信念。实际上,我们每个人都会有自卑的时候,有时自卑可能是激发个体改变境遇的动力。

自卑强烈的学生常常自我评价偏低,总觉得自己一无是处,缺乏进取精神,行为退缩,离群等。他们特别在意自己与别人的差异,爱拿自己和朋友做比较。常常会有内心独白:"我就是个笨蛋,我就是不如别人""我什么也干不好""我做什么都会失败,已经烦透了。"

青少年时期主要的任务是形成自我同一性。埃里克森指出,同一性的形成是青少年人格成熟的重要标志,如果个体在这一时期的同一性危机得不到解决,就会在成长的道路上自我迷离。对于青少年来说,危机的焦点是身份认同的混乱,即"我是谁"的问题。由于青少年的社会角色很难确定,因此常会产生角色混乱。

青少年自我认同感的建立或自卑感的形成,往往和以下因素密切相关:

① 对自己身体外貌的认同;

② 父母(老师、亲友)对自己的期待;

③ 自己以外的成败经验;

④ 对自己目前状况的满意度(如学业成就、人际关系);

⑤ 现实环境的条件和限制(如家庭经济状况);

⑥ 自己对未来的展望。

现实生活中,每个青少年都会面临不同程度的冲突,都会面临不同程度的自我认同上的困惑。当然,大多数青少年可以解决困惑,成功地度过危机。而一小部分缺乏自我认同的青少年,自我怀疑、角色混乱、自我形象不良,将会导致情绪失调、行为越轨,甚至犯罪等。

(二)自我评价过高

【案例】

小凡如愿考入了高中,他满腔热情地参加了学校的各种学生组织,并且同时参加了多个社团,试图大展身手的小凡却没有得到大家的认同。设计的活动方案没有得到同学的认可，组织的活动屡屡落败，社团活动中发现强手如云……他迷惑了，一向优秀的自己为什么总是事与愿违？他也曾怀疑是不是同学嫉妒他？事情到底是怎么了？

【成因分析】

人群中经常会出现一些人，他们让人觉得太过自信，自以为是，这些往往和自我评价高相关。像小凡这样的情况可能是：

1. 没有正视改变

学生群体的变化，周围比较人群的不同，很可能出现才能展示上的区别，一向的优秀可能被山外青山所遮蔽。小凡没有正视环境的变化，以自我为中心，缺乏对别人的了解和自我的客观分析，在优越感占据上风的情况下，受到某些打击后没有静心思考和分析，造成更大的挫败。

2. 过于好强好胜

他们往往过于且容易出现片面的思维方式，这些学生通常是老师、家长心目中的好学生，无论是学习还是社会活动能力都比较强。成人的偏爱容易使学生看不到自己的不足，夸大自己的优点，陷入自我评价的盲区，导致目中无人。他们往往表现出态度任性，只注意自己的存在，不关注别人的想法。他们的内心独白："我说的话是最重要的""我非得把自己的意见讲清楚不可"等。

3. 自我控制水平有待提高

中学生自我控制的愿望较高，但是自我控制的水平有待发展。心理过程有明显的矛盾与冲突，如理想我与现实我之间的矛盾等往往引发强烈的情绪反应。当然，学生自控能力的发展与其性别、气质、性格认知风格及归因方式等有密切关系。

中学生自我评价全面性和深刻性在提高，表现在对自己了解更全面，判断更准确。自我评价能力的增长及对自我分析要求的提高是中学生个性高度发展的重要标志。但是，中学生自我评价水平尚未达到完善的程度，而且中学生在自我评价的发展上表现出个体差异。

自我评价过高的学生往往在一定的环境中自我感觉过于优越，不恰当地夸大自己的长处，无视自己不足的非理性的自我评价和体验，通常我们称这样的学生为“自负”。自负的学生往往还会出现人际关系的紧张，行事偏执，主观武断等现象。

（三）自我评价缺少独立性

【案例】

成为小学生的小禾整日忧心忡忡，她害怕回答问题，害怕和同学交流。在全民超前学习的今天，小禾零起点进入小学，可爱的她面对老师的问题总是慢半拍，最初淡定的家长开始焦虑了。小禾也很久没有听到老师、同学的赞许，敏感的她听到老师表扬其他同学时，她觉得这是变相在批评自己。她总觉得老师、同学不喜欢自己，她不敢表演才艺，且越来越不敢说话，怕被人笑话。

【成因分析】

别人的评价是自己的一面镜子，心理学上叫做“镜中自我”。通过别人对自己的评价来了解自己，是学生认识自我的一个重要参考系。

1. 缺乏合理评价

小学生小禾的自我意识正在发展过程中，她的自我构建基本建立在别人的评价上。零起点入学本身并不是问题，关键在于家长和老师如何帮助她在性格、学习态度、学习方法、人际关系、领导能力等方面对自己有充分的了解和合理的评价。

2. 缺少支持系统

父母、老师和朋友是青少年的重要他人，他们的评价对学生自我评价的形成至关重要。小禾遇到困难时，更需要大家的支持和帮助，父母对她学习的焦虑转介到孩子身上就是否定，老师、同学赞许的缺乏变成对自己的贬低。

自我认知的形成、发展与成熟是一个长期的过程，小学生在自我意识发展时期主要任务是全面了解自己，正确认识自己，形成“我是一个什么样的人”这样的概念。在帮助学生形成正确的自我评价时，可以从具体的事情中，帮助他们从顺从别人的评价发展到有一定独立见解的评价；从比较单一的评价发展到对多方面的优缺点进行评价。

有时候青少年由于对亲近与归属的需要，他们可能会放弃个人的喜好和观点，可能会过分关注别人的想法和看法，只希望得到别人的肯定，导致缺乏对自己的正确评价，缺乏自主性。这些学生会无意识地倾向于以别人的看法来评价自己；或者理所当然地认为别人比自己优秀，比自己有吸引力；缺乏决断力，难以自己做选择和拿主意。

自我意识发展不是直线的、等速的，既有上升时期，也有平稳发展时期。只有认识自身状况，确立完整的自我概念，知道自己在集体生活中的角色，才能使自己的行为适应教育环境的要求，发挥学习的主体性和创造性。

(四) 过度追求完美

【案例】

冰冰一直觉得自己是个强迫症患者。他诉说自己从小学三年级就开始，以前老师要求画等号用直尺，长度规定是多少毫米，他严格遵守。任何小测验中数字写得是否漂亮，是否对称成为眼中钉，一题做完，他会检查改正。学校里，他不轻易发言，一旦要汇报课题等，一定是精心准备。他自我评价：刻板、拘谨，缺乏变通，生活无趣。

【成因分析】

追求完美是一种积极向上、不断进取的品质，它认为人与事物的发展没有终点，没有十全十美。适度地追求完美的人会追求成就，能够从辛勤的付出中获得成功的满足，并能够依据环境及个人条件来设立合理的目标。而过于追求完美则是一种极端化的思维方式，学生往往表现出对自己、对他人、对事物的苛刻要求，他们很害怕失败，很难从成就中获得满足。

大多数心理学家认为完美主义是习得的，主要来自童年期与父母的互动关系。父母从不赞同孩子，或者父母有条件地赞同孩子，往往会导致孩子认为："如果我表现得再完美一些，父母会爱我的，"长大一些后，他们依然努力达到某种完美，以得到奖赏和父母的爱，这些学生有比较严重的自我批评倾向。过度追求完美的学生，容易产生焦虑、愤怒、无助、失望的感觉。

二、班主任辅导策略

心理学家马修·基林斯沃思（Matthew Killingsworth）和丹尼尔·吉尔伯特（Daniel Gilbert）发现，我们几乎有一半时间是在"自动驾驶"或者"无意识"状态，我们的思想在此时此地以外的其他地方。学生成长过程中，不知不觉地被各种认知偏见欺骗，影响他们准确理解自己。根据学生的情况，班主任可以选择一些切实可行的方法帮助他们形成正确的自我认知。

（一）帮助学生全面认识自己

全面的自我认知是培养健全的自我意识的基础。班主任可以通过活动等方式帮助学生从多个角度来审视自我，从而形成对自己比较全面客观的评价。

1. 性格分析法

性格决定命运，气度影响格局。可以对自己进行完整的性格分析，通过性格分析，得出自己的优点与弱点。

对于年龄比较小的学生，可以展示一些描写性格的词语，让他们进行选择。当然，也可以通过做一些性格的测试来帮助学生了解自己的性格。

2. 他人评估法

当局者迷，旁观者清。自我认知除了要对自己进行分析外，还需要借助于外力，收集身边人对自己的客观评价。例如可以运用家庭评估、老师评估和同学评估等方法。

家庭评估：是否能够得到家人的理解和肯定？是否能够得到家人给予的支持和帮助？

老师评价：是否获得老师的认可？是否有明显的缺点？是否获得了长足的进步？各项能力是否都得到了提升？

同学评估：是否获得同学的认可与好评？是否在某些方面树立了榜样？是否存在缺点？

也可以建议学生通过与别人交流和对话中调整对自己的认识。如果更科学的话，还可以通过设计调查问卷，让身边人来填写，通过他们的问卷分析，来客观分析和定位自己。

在评估过程中既要肯定学生的优点，也不回避他们的缺点和问题。全面地认识自己不是一件容易的事，我们认识到的自己往往是冰山一角。

每个人都对自己有良好的期待，谁又会排斥鲜花和掌声呢？班主任要善于发现学生身上的优点，通过赞美和认可，培养学生的自尊心，而且要当面真诚地表扬他，还要学会当着别人的面去表扬他，正像迟毓凯在《学生管理的心理学智慧》一书中所说："当着家长面表扬孩子，家长、教师高兴，孩子更高兴，这是三方共赢的好方法。"

3. 游戏发现法

拿出一张空白的 A4 纸，把你的右手放上去（如果你是左撇子，那就把左手放上去），因为右手是陪伴我们最多的人体器官之一，然而我们真的了解我们的右手吗？

用笔从你的手腕处开始画，把你的右手整个都画下来，当你第一次看到你的右手在纸上呈现出来的时候，你是什么感觉？你是觉得自己的手特别好看？特别难看？没觉得怎样，手就是手呗？

我们可以以一"掌"而知自我认知的状况。自我认知偏高或偏低，没有什么对与错，但是我们不能盲目偏高或盲目偏低。

（二）帮助学生接受自己

在帮助学生建立了全面、客观的自我认知的基础上，班主任还需要引导学生悦纳自我，这是帮助青少年拥有积极的自我体验和有效的自我控制的基础。

悦纳自我首先要接纳自己，喜欢自己，欣赏自己，体会自己的独特性，并体验价值感、幸福感与满足感；其次要客观对待自己的长处与不足，接受某些不可改变的现实，并寻找闪光点，积累优势。

悦纳自己包括悦纳自己的健康状况、身体缺陷等。

1. 背景分析法

认识自己，还要结合社会背景、学校背景、家庭背景（家庭成员、家庭经济状况、养育情况等）以及个人生活背景来分析自己，更好掌控并运用所拥有的资源。

2. 自我激励法

自我激励是一种积极的心理暗示。自我评价偏低或自我评价缺乏独立性的学生往往在内心缺乏自我激励的声音，老师要帮助学生学会发现和赞美自己的长处，肯定自己的价值。而自我评价过高和完美主义倾向的学生则在别人的自我欣赏中进行比较和反省。

丹尼尔·卡尼曼曾说过：我们对经历的感受，与我们记住的经历可能非常不同，并且只有50%的相关性。尽管我们大多数时候可能没有注意到这个差异，但是这个差异将对我们做决定产生重大的影响。因此，班主任可以设计活动让学生自信地介绍自己，通过书面或者面对面交流等多种形式，提醒学生介绍自己时，以爱自己、欣赏自己的心情向他人介绍自己的姓名、个性特点和长处。可以给学生提供一些信息线索，如：

我最欣赏的自己的外表是……

我最欣赏的自己的性格是……

我最欣赏的自己所做的一件事情是……

我最欣赏的自己对朋友的态度是……

我最欣赏的自己的一次成功是……

我最拿手的事情是……

别人最欣赏我的是……

家人常以我为荣的是……

每天醒来时，我的期待是……

(三) 帮助学生学会与自己对话

在快节奏的现代生活中浮躁随处可见，自处难能可贵。真正的自处，是能以平和的心态面对自己，了解自己内心真实的想法，拥有自己的思维方式，调整自己的心态，重新定位自己的目标。一个经常会自己和自己对话的人，是一个懂得思考和自省的人。

1. 自我追问法

每个人来到这个世界上都会有一些天生的能力，这些能力看起来与众不同，有时甚至被人们看成是不合乎常理。只有正确地使用这些与生俱来的能力时，才能将自己的价值发挥得更加彻底。

活动：我是谁？

思考：问自己，你拥有什么样独特的天分、技术和才能？你天生就对哪些方面的知识特别感兴趣？自己的才能是否充分施展？对自己的发展状态是否满意？对自己的学习、生活状态是否满意？

2. 冥想

冥想是让我们接近心理的最佳方式。找个安静的环境，排除一切世俗的喧嚣，闭目冥想，倾听自己内心真实的声音，感知自己与世界的连接方式，感悟生命存在的意义与价值。

3. SWOT 分析法

SWOT 分析法又称为态势分析法，SWOT 四个英文字母分别代表：优势(Strength)、劣势(Weakness)、机会(Opportunity)、威胁(Threat)。所谓 SWOT 分析，就是将与研究对象密切相关的各种主要内部优势、劣势、机会和威胁等，通过调查列举出来，并依照矩阵形式排列，然后用系统分析的思想，把各种因素相互匹配起来加以分析，从中得出相应的结论，而结论通常带有一定的决策性。运用这种方法,可以对研究对象所处的情景进行全面、系统、准确的研究,从而根据研究结果制定相应的发展战略、计划以及对策等。

① 分析环境因素

外部环境因素和内部能力因素属于客观因素,一般归属为社会的、市场的、家庭的、学校的、能力的、竞争的等不同范畴;内部环境因素包括优势因素和弱点因素,它们是个人在其发展中自身存在的积极和消极因素,属主动因素,一般归类为管理的、组织的、经营的、财务的、人力资源的等不同范畴。在调查分析这些因素时,不仅要考虑到个人的背景与现状,而且更要考虑个人的未来发展。

② 构造 SWOT 矩阵

将调查得出的各种因素根据轻重缓急或影响程度等排序,构造 SWOT 矩阵。在此过程中,将那些对个人发展有直接的、重要的、大量的、迫切的、久远的影响因素优先排列出来,而将那些间接的、次要的、少许的、不急的、短暂的影响因素排列在后面。

③ 制订行动计划

在完成环境因素分析和 SWOT 矩阵的构造后,便可以制订出相应的行动计划。制订计划的基本思路是:发挥优势因素,克服弱点因素,利用机会因素,化解威胁因素;考虑过去,立足当前,着眼未来。运用系统分析的综合分析方法,将排列与考虑的各种环境因素相互匹配起来加以组合,得出一系列个人未来发展的可选择对策。

(四) 帮助学生用发展的眼光看自己

个体对自我的觉察,或者说意识的形成来源于个体对外界环境刺激经由记忆和思想的反应。因此,在形成记忆之前的个体是不会有自我意识的。记忆是一切思想的基础,自我认识是个人在思想之上对于环境的反应。当一个人的记忆和思想达到一定程度过后,比如出现了完全来自大脑的思维和想象力，个体的自我意识会更加强烈。这个我存在，我占有，我需要，我想的思想不断地经过思维和想象力加强个体对自我的认知，直到个体有机生命体的结束。故自我认知从大脑的记忆力开始起直到记忆力的消失，都是一个不断发展的过程。

个体对于自我的存在，行为和心理的认知会有一个发展过程。刚开始是比较模糊的，所以小孩子会经常出于好奇心而做一些危险的行为和事情。这个时候他们的自我意识是比较朦胧的。在经过不断地试错和加深记忆以及思考学习后，对于自我肌体的存在就渐渐成熟。随后才会对自己的行为有意识，会区分那些危险和安全的行为，然后决定是否要做。最后才是对于自我心理的认知。一般来说，这需要一个人的思维和想象力达到一定程度后才会具备这种察觉自我心理变化的能力。个体开始区分个人肌体行为和心理行为的差异是自我心理认知的开始。

认识自我，实事求是地评价自己，是自我调节和人格完善的重要前提。可以设计以下活动：

1. 人生历程追忆法

一个人的性格特点、心理素质，以及对世界、对人生的看法，很多都是来源于人生历程。记录自己的人生历程，一方面可以了解自己的性格、价值观，以及对于人生与世界的看法是怎样一步步形成的；另一方面，通过分析过去，为未来的发展提供参考意见。

可以引导学生回忆自己的小学时代、中学时代不同阶段的人生历程，比如喜欢的人是谁、崇拜的人物是谁、自己的理想是什么等分析成败，总结得失。

2. 成语自画像

成语是人们长期以来习得的、简洁精辟的定性词组或短语。成语具有高度的概括力和说服力。每人翻开成语词典，找出 5 个成语，形容自己的长相、性格、最大的优点、最大的缺点和自己的理想。要求有特色，即使是一个不认识的人，看到你找的5个成语，就会产生一个初步的印象。

仔细分析一下这些成语，你是否喜欢？如果不喜欢，请再寻找一些成语来替换，思考一下，你最喜欢替换掉的原因是什么？再仔细思考一下，新的成语是不是能成为你的“形象代言人”？

3. 寻宝练习

每个人真正想要的是什么？很多人经常会在前进的过程中忘记了自己真正想要的东西。

寻找一张白纸，画上四个圆圈，分别代表我的当天、当月、当年和今生。请每个人在每一个圆圈里写上自己想要的东西，可以写1—5项。

生活中，最强大的动力是自己写下的东西，写下的东西越清晰，对未来的把控能力就越强。

2 000年前，古希腊人在帕特农神庙的门柱上刻下“认识你自己”，古希腊人认为“认识自己”，才能富于智慧，得福免祸。

自我认知能力影响学生的心理发展。如果学生缺乏对自己行为的察觉和辨别能力，就不能正确认识自己与他人、他人与他人之间的关系，这类学生往往不懂得与同学融洽相处，校园人际关系恶劣，也容易成为他人嘲弄和欺负的对象。

自我认知能力影响学生的学习效果。良好的自我控制能力是自我认知的一个重要组成部分，直接影响学生的学习效果。它包括儿童及青少年对外显行为的自控，如对冲动行为的控制，还包括对内隐行为的控制，如对学习动机和学习自觉性的控制。自我控制能力差的学生非常容易产生课堂行为问题，甚至破坏纪律，妨碍他人学习。

自我意识在个体发展中具有十分重要的作用，人只有正确地认识自我，才能找准自己的位置，才能适应社会，立足社会。儿童及青少年时期是人生的重要发展时期，帮助学生正确地认识自己，培养健全的人格对其一生的健康发展起着重要的影响和作用。

每个孩子的心里都有一颗种子，那颗种子需要阳光雨露的滋润，它才会生根发芽，慢慢长成一颗幸福树。在成长过程中，他们需要不断地克服困难，需要自我欣赏，也需要别人的赞许与肯定。所以在学生成长的每一个阶段，健康全面的自我定位显得尤其重要。班主任可以进行及时的关注和引导，让每个孩子都能成为那个理想的他，帮助他们遇见最好的自己。

第二节　学习心理辅导

随着时代的进步，人工智能到来，终身学习已成为必然的事实。从婴幼儿学习说话、行走，儿童学习写字、算数，成年人学习求职、做父母，直到老年人学习休闲生活、安度晚年，诚如俗话所说："活到老、学到老。"

对于学生而言，学习使其明智、高尚、成熟。然而，他们在学习中遇到的种种困惑，同样是阻碍他们健康成长的绊脚石。从班主任的角度，可以怎么帮到他们？那就要了解一些学习心理常见的问题，并有相应的辅导策略。

一、学习心理常见问题

（一）学习动机不强

【案例】

小李，男孩，刚升入初中1个月，已经有两次不到学校正常上课。第一次请假是因为早晨起不来，第二次是早自习班主任发现学生没到校，于是联系孩子父母，他们却说孩子已经准时去上学了，后经寻找才发现，原来孩子独自到家中的另一处房子待着。经了解得知，小李家里经济条件好，从小一到假期爸爸妈妈都带着他国内国外玩。父母的想法是增长孩子的阅历与见识，但没有想到的是，从小养尊处优的小李不知道或者是不能理解为什么要那么辛苦读书，觉得生活已经很满足了，没必要一定努力学习。爸妈平日里对孩子也是比较宠溺,现在和他讲道理,小李根本听不进,他们拿小李一点办法也没有。

【成因分析】

学习动机不强的学生常常在学习中无精打采,对学习感到无聊、厌倦、畏惧与敌视。不愿参加班级任何学习活动,很少享受学习带来的快乐。更有甚者,对学习会经常有负面言语,上课注意力差,不能专心听讲与思考;不愿上课、不愿动脑筋、不愿完成作业;学习上拖拉、散漫、怕苦怕累,并经常为自己的行为找借口,在同学中形成不良影响。他们面对新知识,不爱动脑,满足于已有的学习方法与策略,比较难适应变换的学习任务与要求。

导致学习动机不强的原因包括如下两方面:

1. 内部因素

学生对学习的必要性和重要性缺乏主观认识,缺乏自我定位和对自身发展的预期和远见;在认识上往往觉得学习是为别人而学——“为家长学、为老师学”,并没有将学习看作是自己的一种责任与义务。所以在学习中经常会应付了事、得过且过。由于求知欲的不足和对学科知识的反感,厌烦情绪导致学习动机不足;没有明确可行的学习目标,对学习难易的把握不准,容易形成畏惧或者是轻视的心理,而导致学习动机不能持续;自制力不足、自觉性比较差、稳定性欠缺、学习屡遭失败挫折的学生,都容易产生散漫的态度,进而影响学习。

2. 外部因素

任何一种想法、一种行为的背后都离不开社会大环境的影响,学生的学习动机不可避免会受到社会舆论的影响,“读书无用论”对学生的学习势必会产生不良导向。在家庭中,父母营造的和谐、有序的家庭氛围,对子女恰当的期望与定位都有利于形成良好的学习动机,反之则降低学生的学习动机。学校教育中的恶性竞争、教师的有限教学水平与不公正、紧张的同学关系等都会降低学生的学习动机。

（二）学习策略失当

【案例】

小乐是一名初三的学生，对自己学习要求非常高，也非常自律，考上市重点高中应该没什么问题。从进入初三开始就把手机交给父母了，她下定决心要奋战一年，一定要考上全市最好的重点高中，这个难度可不小啊！小乐的努力换来了收获，几门成绩都取得了不小的进步，但遗憾的是，她平日里最看重的数学分数总是不高，在初三第一学期的一模中只考了135分。小乐总结经验，觉得还是自己题目做得少，才会在考试中卡住。基于这种反思，小乐一口气买回5年的初三一模、二模卷，除了数学每周额外补2次课外，她基本保证每天完成学校作业后，再刷一套数学模拟卷。但事与愿违，小乐的数学成绩并没有因为大量做卷子而提高，相反还经常错最基本的计算题，只要一被难题卡住，小乐就心烦意乱，导致后面的大题也频频出错，数学成绩屡屡下降，甚至在二模中只考了130分。离自己心仪的高中越来越远，就连市重点分数线都未必能达到，小乐无法接受这个现实，中考在即，她焦虑不安，不知到底哪里出问题了。

【成因分析】

1. 学习不讲方法

有些学生在学习的过程中不爱动脑筋，懒得使用一些学习方法来帮助学习，总是嫌麻烦，不是死记硬背，就是生搬硬套。当知识比较简单时，还是可以应付自如，但随着知识的难度提升、知识量越来越大时，如果学习方法还是停留在机械记忆与理解上，学生就会越发觉得学习吃力。

2. 学习毫无计划

制订学习计划是对自己学习管理的一项技能。研究发现：53.5％的学习优等生能制订学习计划，而学习困难学生仅为29.75％。有些学生对自己的学习毫无计划，整天忙于被动应付作业和考试，缺乏主动的安排。因此，看什么、做什么、学什么都心中无数。他们总是考虑“老师要我做什么”而不是“我要做什么”。

3. 时间管理不当

时间对每个人都是公平的。有的学生能在有限的时间内把自己的学习、生活安排得从从容容，而有的学生虽然忙忙碌碌，但忙不到点子上，学习效果不佳。

4. 学习不抓重点

学习时“眉毛胡子一把抓”，对于学科知识的侧重知之甚少，也从来不想去了解。更有甚者，不愿动笔去记笔记、画关键词，排斥一切有点麻烦的方法。

5. 不擅自我监测

有些学生不擅于将学习目标、过程、结果前后联系，以确定某种学习策略的有效性。通常当所使用的学习策略效果不明显或者是无效时，也不去改变。对自己学习过程缺乏灵活的监测与评估。

6. 不擅于科学用脑

有些学生在学习时不注意劳逸结合，不擅于转移大脑兴奋中心，使大脑终日昏昏沉沉，影响学习效率。

（三）学习困难

【案例】

小明是一名四年级的学生，从开始读书起，他就是老师眼中的“小捣蛋”。他在课上难以集中注意力，有很多扰乱课堂秩序的行为，不仅坐在椅子上扭来扭去，还会偶尔走下座位经常大呼小叫，动辄就会因为一点小事和同学扭打起来。他做作业也是天天字迹潦草，老师都很难看清楚他写的什么，学习成绩一直不好。随着年级升高，学习难度也加大了，小明在背英语单词上表现出越发吃力。经常要花别人几倍的时间去记住同样的内容；第一天晚上背好的单词，第二天课上默写的时候能记住的寥寥无几。在学校心理老师的建议下，孩子妈妈带孩子去医院诊断，确诊孩子患有多动症，这是小明学习困难非常重要的原因。

【成因分析】

关于学习困难生的界定，由于研究者的定位不同而众说纷纭。世界卫生组织对“学习困难”的定义是：从发育的早期阶段起，儿童获得学习技能的正常方式受损。也就是说，所谓学习困难生，就是其潜能和实际学习成就之间是不对称的，其学业成就明显低于其学习能力，一般表现在：语言接受和表达方面的困难与障碍；阅读方面的困难与障碍；算术方面的困难与障碍；书写方面的困难与障碍；先天性思维方面的困难与障碍。

1. 记忆能力不足

学习困难学生记忆能力不足，记忆时长与容量都明显低于学习优良学生。这种记忆缺陷影响了他们有序组织知识、保持知识、提取知识，也影响他们理解知识以及运用知识解决问题。

2. 认知处理过程异常

学习困难学生严重缺乏有关的策略知识和自我调节的知识和技能。例如，加涅(1981)发现阅读困难学生阅读时是逐字阅读，而不是根据句子的群意来阅读，这种“零碎”加工就不能有效组织文章的信息。

梅斯(Mayes，2000)等人的研究发现，学习困难学生注意力难以集中，儿童ADHD与学习困难密切相关，有一种或多种学习困难的占70%，其中阅读困难为27%，计算困难为31%，书写困难为65%。

3. 学习习惯不佳

不良学习习惯也是学习困难产生的一大诱因。据调查发现，学习困难的学生中有47%平时作业马虎、字迹潦草(学习优等生为4%)；有20%的人从不预习功课(学习优等生为16%)，有21%的人从不复习功课(学习优等生为6%)；有53%的人上课不能认真听教师讲课。

4. 课堂纪律较差

课堂纪律问题严重，相当一部分学习困难学生上课违反纪律，或骚扰邻座，或高声喧闹，或做小动作，甚至严重扰乱课堂秩序，使教师难以进行正常课堂教学。

（四）学习焦虑

【案例】

小张是市重点一名高三学生，从高一开始就是班长，不仅学习成绩好，组织各项活动也是有声有色。但是从高三第一学期的期中考试开始，她的状态出现了问题。那次考试考砸了，导致她的排名跌落到年级200名之后。当很多人都觉得这只是一次失误而已的时候，小张的内心却非常害怕，她担心这样的事情会再次发生。于是她学习得更加认真，课间都很少休息，和同学的交流也少了，把大量的时间都用来做题目。但事与愿违，在接下来的月考中，她错误频出，就连只有小学时出现的计算错误也开始再次发生。考试结果可想而知，当得知自己的名次时，小张情绪几乎要崩溃了。打这之后，她和班主任提出不再担任班长，晚自修已经无法在班级上下去，每天放学像逃兵一样快速逃离班级，在家里也经常大哭大叫。寒窗十二载，自己一直是别人眼中的孩子，但是高考在即，成绩却急转直下，小张焦虑到无法控制。

【成因分析】

过度焦虑的情绪会导致记忆衰退，反应迟钝，思维不清。学习时神情恍惚，眼睛发直，脑子似想非想，出现“盯着书看，却怎么也看不进去，不知道自己在想什么”的情况。在临考前感觉到头脑一片空白，“什么也记不起”。考试时则对试题的专注度不够，无法集中深入思考，思维狭隘，难解问题。

处于这种状态的学生，还可能伴有头疼、头晕、失眠、多梦易醒、神经衰弱、消化不良、食欲不振，惊悸盗汗等躯体反应；产生担心、恐惧、急躁的情绪，进而自我否定、不自信。

形成焦虑的原因主要是来自各种压力，其来源可以归纳为两方面：一是内部因素，二是外部因素。

1. 内部因素

学业和考试等方面固然造成了很大的压力，但是同样的压力，各人所感受到的压力程度却不同，这与各人的个性特质有关。

① 个人成就目标要求过高

在正常情况下，成就目标是配合自己的能力和环境条件来制订的，有达成的机会。但自我成就要求高的人，常常不切实际，而且对事情的得失成败很在乎，得失心重，因此觉得压力很大。

② 自我概念差

自我概念差的人，自我肯定不足，因为他的自我全靠别人来肯定，他的喜怒哀乐受制于别人对他的赞赏或贬损，喜欢和别人比，遇到挫折常常自责，这样的人生活得非常痛苦，容易产生挫折感。

2. 外部因素

① 来自考试的压力

我国的考试制度以考分作为升学依据，从高分到低分的录取政策促使学校和学生追求考分，学生把分数看成是学习的根本，过分地追求分数，使学生不可避免地产生焦虑心理。

② 来自过重的学习负担

学生学习负担过重突出表现在学习要求过高、作业量过大、考试过于频繁。一部分学生无法完成学习任务而形成学习负担。学校为了使这些"潜力生"提高学习成绩，又不断地加大学习量，使作业越来越多。

③ 来自同学竞争压力

"有人超过自己怎么办?"有些学生总十分担心别的同学超过他，这种心理突出表现在一些学习成绩名列前茅的优秀学生身上，这是一种来自同学的竞争压力。压力过大时就产生了严重的紧张情绪，焦虑过度，影响正常的学习。

④ 来自家长的压力

"望子成龙，望女成凤"，这是大多数家长的心情。家长为孩子创造优越的家庭环境，父母为孩子买来各种参考书，规定孩子的任务就是学习，家务事家长包办，因怕影响孩子的学习，父母的行动总是小心翼翼，这反而造成了孩子更大的心理压力。这类学生把满足家长的期望当作自己的奋斗目标，唯恐辜负家长的期望，生怕自己成绩不好，对不起父母，稍有不顺，便忧心忡忡、焦虑不安。

二、班主任辅导策略

（一）帮助学生培养与激发学习动机

学习动机不足、厌学情绪是存在于当今学生中一个不争的事实。在曾对于初中学习困难学生进行分类研究中，发现动力型障碍竟占到57%。有关调查也发现：我国有46%的学生对学习缺乏兴趣，33%的学生对学习表现出明显的厌恶。尽管素质教育已经倡导多年，一轮轮课改不断进行，但是面对当前激烈的竞争形式、繁重的学习任务、灌输式的课堂，如何培养与激发学生的学习动机是班主任老师心理辅导的重要策略之一。

关于学习动机的概念有多种界定，本书将学习动机解释为：激发个体进行学习活动、维持已引起的学习活动，并导致行为朝向一定的学习目标的一种内在过程或内部心理状态。

学生的学习动机大致可以概括如下：对学习活动感兴趣；希望得到别人的认同鼓励或避免责备；对集体的荣誉感、责任感；为了个人将来有好工作、好前途、名誉和地位；实现家长的要求；为了实现自我价值，社会人的使命感，等等。

学生学习动机激发与培养有多种途径，概括起来大致可分为外部动机激发和内部动机激发两种。外部动机激发着眼于创设各种外部条件（如获得奖赏、父母称赞、老师表扬或取得好成绩等）激发学习动机。学习活动中，外部动机激发与内部动机激发的作用有所不同。外部学习动机产生的激励效应维持时间较短，依赖于情境刺激。一旦情境消失，人的心理感应也随之消退。而内部学习动机的激励效应维持时间较长，当学生对学习感到有兴趣、有信心、有责任时，就会为学习付出努力、坚持的代价。当然，外部学习动机在一定条件下可以转化为内部学习动机。面对小李的情况，班主任可以试试以下方法：

(1) 鼓励他积极参加各种学科活动。

(2) 尽量增加他在学习中获得成功体验的机会，提升兴趣与信心。

(3) 创设更多使他与学习动机强的同学合作的机会，使他们相互督促和提醒，充分发挥同伴影响的作用。

(4) 平等对待学生，不分成绩优劣、关系亲疏，都一视同仁。合理奖罚，赏识学生，允许学生有不同的见解，这样容易形成良好的师生关系与互动环境。

(5) 改进课堂教学，尽量调动学生的学习兴趣，激发学生的求知欲。

(二) 帮助学生掌握一定的学习策略

当今社会，新事物层出不穷，瞬息万变。如果能明白这个道理，我们就应该懂得仅靠学校里获得的有限知识是远远不够的，不善于学习的人就要落伍。许多研究表明，学习优秀学生与学习困难学生的一个重要差别是，前者拥有有效的学习策略，而后者缺乏适当的学习策略。班主任老师作为学生在校学习生活最重要的接触与引领者，引导学生掌握恰当、有效的学习策略，不仅可以明显改善学生学习状况，还可以启发学生将这种学习策略与能力迁移到生活各方面，成为一种学习能力。所以，引导学生学会学习是班主任心理辅导的又一主要策略。

何谓学习策略？关于学习策略的界定众说纷纭。我们可以认为，学习策略是指学习者为了完成一定的学习任务与目标，所采用的有效的认知活动。学习策略由三部分组成：认知加工策略、学习管理策略和自我调控策略。

认知加工策略，是指学习者对学习材料认知加工的策略，它包括复述策略、组织策略和精制加工策略。复述策略训练可以通过逐步重复、画线和概括等方法进行;组织策略训练可以通过运用轮廓和地图法等;精制加工策略训练可以运用位置法、关键词法、辅助词法。

学习管理策略是指学生学习活动的管理,包括学习计划与时间管理、预习与复习、听课与记笔记等,一般又称为学习习惯,学生学习习惯的养成需要持之以恒,潜移默化。

自我调控策略,是指学习者在学习过程中如何有意识地、系统地监测、评估、调节自己的思维、感知、情绪、动机与行为,以达成其目标的一种心理活动。一般有三个要素:(1)自定目标与计划,指导学生分析学习任务,设置具体的学习目标及规划,或者改善为达到目标所选用的策略;(2)指导学生进行自我监测、自我评价,学生根据对先前表现和结果的观察与记录,判断自己学习的效能,即评价个体在某一学习任务上的现有能力水平;(3)自我激励、自我调整,是指学生把注意力集中于学习结果和策略过程两者之间的关系上,以确定某种策略的有效性。

对于案例中的小乐来说,可以从以下几方面入手,去调整自己的学习策略:

1. 调整学习目标

原本考取市重点高中是她的能力可以达到的水平,但当她把目标调到全市最好的市重点高中时,这已经超出了她的能力范围。太高的定位,让她原有的学习能力都发挥不出来。所以,学习目标要注意适当、明确、具体。适当,是指适合学生自身能力;明确,是指不要含糊其词,笼而统之,如"今后要努力学习,争取更大进步"这一目标就不明确,若改为"本学期英语成绩争取达到 140 分以上"就明确了;具体,是指将目标细化便于操作,如"使自己英语水平达到班级中上水平",可以细化为:"每天熟记 10 个单词,朗读短文一篇等。"

2. 惯用策略学习

不管知识难易与否,养成采用多种策略解决问题的习惯,不能将刷题作为提分诀窍，平时就要有意去培养。

3. 巧排学习时间

时间安排要做到全面、合理、高效，全面安排时间时既要考虑学习，也要考虑休息和娱乐；既要考虑课内学习，也要考虑课外学习，以及不同学科的学习时间搭配。合理充分利用每天学习的最佳时间。如有的同学早晨头脑清醒，学习效果较佳；有的则在晚上学习效果更佳。要在最佳时间里完成较难、较重要的学习任务。高效就是要根据事情的轻重缓急来安排时间，一般来说，把重要的或困难的任务放在前面完成，因为这个时候精力充沛，而把比较容易的功课放到后面去做。

4. 做好课前预习

这就意味着在你认真投入学习之前，先把要学习的内容快速浏览一遍，了解新知识的大致内容及结构，以便能及时理解和消化学习内容。当然，你要注意轻重详略，在不太重要的地方你可以花少点时间，在重要的地方，你可以稍微放慢学习进程。

5. 充分利用课堂

学习成绩好的学生很大程度上得益于在课堂上充分利用时间，这也意味着在课后少花些工夫。课堂上要及时配合老师，认真做好笔记来帮助自己记住老师讲授的内容，尤其重要的是，要积极地独立思考，跟得上老师的思路。

6. 课后及时复习

课堂上做的笔记要在课后及时回顾，不仅要复习老师在课堂上讲授的重要内容，还要复习那些你仍感模糊的知识。如果你坚持定期复习笔记和课本，并做一些相关的习题，你定能更深刻地理解这些内容，你的记忆也会保持更久。

7. 创设学习环境

选择某个地方做你学习之处，这一点很重要。它可以是你的单间书房或教室，还可以是图书馆，但它必须是舒适、安静的。当你开始学习时，你应该全神贯注于你的功课。不能在情绪波动的时候学习。科学研究表明，在学习数学等理工学科的时候注意力非常难集中，所以在学习之前不宜和他人争吵，或者兴奋的剧烈运动等。否则一时间无法集中注意力，难以进入学习状态。所以在学习之前要平静心态，集中注意力，才可以达到事半功倍的效果。

8. 加强自我调整

针对一段时间的学习要及时总结，找出策略和结果之间的关联，对于自我的学习进行自我反思与调整。

(三) 创设有效的教学模式

根据学生身心发展特点，开展有针对性的教学，不仅可以提升学生的学习动机，对于学习困难学生也很有帮助。学习困难学生的矫治是一项长期的工作。由于学习困难的形成具有多种复杂的因素，因而对学习困难学生实施的教育心理干预也应该从多方面入手。在实际的教育中，教师应充分关注与了解学习困难学生的心理特点，在尊重与了解的基础上，关爱学生，让学生真诚地感受到教师的关爱，这样各种的辅导措施才能事半功倍，收到更大的成效。

正如之前患有儿童多动症的小明，除了遵医嘱确定是否进行药物干预外，老师为孩子创设恰切的学习模式，也可以帮到他。老师可以从以下几方面做工作：

1. 增强成功学习的体验

课堂上提一些适合他们学习基础的问题，布置一些他们经过努力能够完成的学习任务。同时要及时发现这类学生的“闪光点”，并创造条件让这些“闪光点”发挥积极作用，使其认识到自己的价值。同时改变学习困难学生的认知观念，使他们有一种“任何人只要努力学习，都能取得进步，并得到肯定和赞许”。教师必须对学习困难学生反复出现的惰性和逃避学习的做法，给予耐心的辅导与关怀，切不可操之过急。

2. 培养克服困难的品质

教学中要给学生提供独立活动克服困难的机会，教师积极启发诱导，通过学生自己的努力，独立探索克服困难的方法和途径。同时注重培养学生的自我控制能力。学生思想不稳定，爱好轻易转移，上课轻易分心，在课堂上不断以目光、表情、手势以及声音的变化或者作必要的停顿来警示他们，使其感到自己始终置身于老师的关注之下，从而自觉控制自己的注意力。

3. 开展多种教学方式

针对差异性将全班学生按发展水平的高、中、低不同建组，实施分层教学，让学生体验成功合作学习，激励学生主动参与学习，小组合作学习给学生提供了积极主动参与的机会，增强了学习困难学生的自尊、自信、集体荣誉感、责任感，以及与他人的交际能力、合作协调能力。

4. 提升学生自我效能感

大多数学习困难的学生自我效能感水平低下，面对简单的学习任务时，他们也认为自己不能完成。因而必须提高学习困难学生的自我效能感水平。在家庭生活里，建议家长在日常生活中多发掘孩子的优点，尝试让孩子独立做好、做完一件符合他心意的事情。学习困难的学生由于对自己的能力缺乏信心，常将成功归因于运气、任务容易等外在因素，而将失败归因于能力不足等不可控因素。所以教师应该积极与家长沟通，引导学生正确理解学业成败的真正原因，共同以正面指导来纠正孩子的挫败心理，正确认识学业成绩与自己的能力和努力的关系，引导他们将成功归因于自己的能力，将失败归因于自己努力不够。只有这样，他们才能从失败中吸取教训，加倍努力，争取下一次成功，从而提高他们的自我效能感。

（四）帮助学生缓解学习焦虑

当前，日益激烈的求学、就业形势，给学生的心理带来前所未有的压力。

很多孩子从小就游走于各种辅导班之间，为一纸竞赛获奖证书、一个名校录取名额，不惜花上几年的时间做准备，恨不得全家总动员。在这样的大背景下，学生做到淡定应考谈何容易。同时，尽管目前学校课程更加丰富，评价方式趋于多元，但对于考试成绩的要求却始终未变。不少学生经受着大量来自环境的紧张压力，进取与竞争使他们的精神常处于紧张状态，对现实难以把握、对未来恐惧不安，很容易转变为学习焦虑。

学习焦虑持续或频繁发生会导致学生身体不适、食欲减退、睡眠不良和过度疲劳；情况严重时会自认无能，注意力涣散，记忆力减退，思想慌乱，无所适从等。当学习焦虑太长时间无法解决时，学生对自己的能力与现状会出现怀疑与否定，易产生极端念头，顾虑重重，灰心丧气，甚至绝望。

作为班主任，及时发现并帮助学生缓解学习带来的焦虑，不仅对学生的学习有益，也会培养学生应对压力与挫折的能力，促进个人形成良好的心理品质。对于前面案例中深深陷入学习焦虑的小张而言，班主任可以尝试从以下一些方面入手：

1. 帮助学生正确了解心理自我

让学生了解自己的心理成熟程度，了解自己的注意力、记忆力、观察力和思维的敏捷性，了解自己的进取心、考试焦虑程度、意志状况，了解自己学习的习惯和方法，等等。

2.“心病还要心药治”

要细心观察学生原有焦虑水平的差异，搭准学生的思想脉搏，具体分析某个学生学习焦虑异常的因素，就能做到对症下药，辨证施治。同时还需要做到个别辅导和全体辅导相结合。

3. 进行心理谈心

教师特别是班主任应经常找学生谈心，经常与学生沟通心灵，引导学生有效控制自己的情绪，合理地宣泄自己的情绪，使过度焦虑的学生宣泄渠道得以畅通，以减轻心理压力，达到心理平衡的目的。

4. 开展丰富多彩的课外活动

使学生从焦虑异常的情境中解放出来，摆脱烦恼，正确认识自己、评价自己、调整自己。强化焦虑的正面效应，促进学业进步。

(五) 善用资源

注重学校、家庭、社会“三结合”教育，教师与家长在教育过程中加强沟通，全面了解学生的身体、心理、学习、交往等方面的情况，争取做到动态助力学生身心健康成长。

班主任能够及时将学校教育教学特色与专长向学生及家长宣传到位，并尽可能将市、区心理支持平台给到家长。这样既可以促进家长对学生心理健康的关注，也可以使需要帮助的学生获得专业支持。班主任还可以通过班级家委会策划相应活动，如“志愿者服务”“职业体验”“一封家书”“饕餮大餐”等，将家长资源进行整合，大家齐心协力营造良好的班级氛围，既可增强班集体凝聚力，又可以促进班级个体互相学习、互相帮助氛围的形成。

第三节　人际交往问题

心理学将人际关系定义为人与人在交往中建立的直接的心理上的联系。人是社会动物，每个个体均有其独特之思想、背景、态度、个性、行为模式及价值观，然而人际关系对每个人的情绪、生活、工作有很大的影响。对于儿童与青少年来讲，人际关系更是影响深远。临床心理发现，那些出现较严重心理问题的学生，绝大部分都存在人际关系不良，甚至被群体孤立的现象。所以，本节主要阐述儿童及青少年面对的亲子关系、师生关系、同伴关系和异性同伴等四种常见的人际关系相处过程中经常遇到的问题和困惑，并给班主任提供一些参考建议。

一、人际交往常见问题

(一) 亲子关系的对抗和冲突

【案例】

强是一个初二男孩,有次他对我说:“老师,你知道吗,在家里我就是一个演员。”我问他这是何意,他说:“反正无论父母说什么,我都嗯嗯点头,其实根本没听见他们说什么,也从不在乎他们的想法。”我细问究竟,原来,以前他也曾尝试把自己的想法与父母沟通,但每次自己刚张嘴,父母就立即打断,说自己太幼稚,什么都不懂,或者自己的想法如何不好。自己要是辩解,那就更麻烦,自己说一句父母每次都有八句十句等着自己。反正自己无论说什么、做什么都是错的,无论自己怎么努力父母总是不满意,把父母惹恼了就会加作业、没收所有电子设备,总之都是自己吃亏,所以久而久之就学会了阳奉阴违,就是软对抗。

而壮壮是同班的另外一个男生,他则忍不下这口气,每次父母对自己唠叨没完,他就情绪爆发,对父母大吼大叫,事后又后悔,可是,下次依旧,周而反复……

【成因分析】

2018 年,笔者在一次课堂上就亲子关系曾做过一个非正式调查。粗略统计发现,有近 2/3 的学生对自己的亲子关系不满意。与父母经常闹矛盾的原因位居前几位的分别是:

(1) 学习成绩。包括学习态度不端正,学习不专心,做作业拖拉,作业质量差,是否上补习班等。

(2) 生活琐事。主要包括赖床,吃饭少、慢,或不吃饭,做事拖拉,房间乱等,而通常这些琐事也经常和学习有直接、间接的关系。

(3) 玩电子设备。如不能自我控制,玩时间太久,成绩不好或作业没有完成,被禁用电子设备等。

（4）唠叨。父母对孩子的学习生活大小事唠叨不断。

简而言之，父母要求孩子做作业必须要专心、完成必须要及时，考试必须要有好成绩，电子设备必须要控制……而孩子则可能会抵制、对立、执拗、不服从、任性、顶嘴、无礼，总之就是对抗。究其原因主要有：

（1）孩子的气质和性格特点。有些孩子本身就属于脾气急、易爆发的类型。

（2）亲子间特定的交往方式。相处久了，每个孩子对自己的父母都有一个信息储存库：他和妈妈或爸爸相处能得寸进尺到什么程度，什么时候做什么能得到父母什么反应。如果有时候他们的对抗行为能短时间内回避去做不想做的任何事，那么对抗行为出现的可能性就会变大。比如，如果某次哭闹让一个琴童可以拖延甚至逃掉弹琴，那么下次父母让其去练琴时他哭闹的可能性就会增大。

（3）家长的性格。有的爸妈性格比较暴躁，非常容易激发孩子的对抗行为。

（4）家庭环境中的其他细节。每一种行为都可能导致恶性循环。如单身父母常因背负着抚养孩子的重担而疲惫不堪。他们可能还对分居或离婚感到内疚，因此在对孩子的纪律约束方面就没那么坚定；婚姻不和睦是另一个常见的问题，对孩子承担主要抚养责任的一方，对孩子提出的要求更多，因此引发违抗的机会也会多；孩子和家长的行为也相互影响，造成亲子间的冲突逐步升级。

（二）师生关系中的胆怯与回避

【案例】

莉是一个四年级女生，性格内向，平常很少主动回答老师的问题。有次历史公开课，听课教师坐满了教室。全班同学摩拳擦掌，力争给老师们留下好印象。

上课提问，老师见没人举手，就把莉叫起来回答。莉当时就懵了，只是傻傻地愣在那里。班里开始躁动起来，下课后同学们纷纷小声议论莉给全班同学丢了脸。从此以后，莉更不敢回答老师的问题了，每次老师一提问，她就心跳加速，脸绯红，紧张得不得了。

再后来，她课下对老师也能躲就躲，不能躲就低着头。老师们看到她的样子都直摇头，她与老师们的关系也进入了死胡同。

【成因分析】

很多同学都有过对老师提问回答不出、回答错的经历，但并不是每一位同学都会产生像莉一样的反应。有些同学之所以会把有些难堪放大，甚至产生夸大的“回避”行为，可能存在以下原因：

（1）性格原因。有的同学性格内向，不善于表达，的确不太擅长公开发言。

（2）生理原因。如有的同学口吃，被点到名字就会更结巴。同学们的笑声则会令他们更紧张。

（3）挫败经验。有的同学可能刚入学时是喜欢举手回答问题的，如果由于声音小、回答错误等被老师批评或被同学嘲笑，时间久了便不愿意发言。

（4）老师缺乏耐心正向回应。如果莉的老师能在莉回答不出问题时幽默一下或有耐心地给予一些引导或鼓励，或者哪怕只是在课堂结束后对莉进行一下安抚，很可能就会有不同的结果。

（三）同伴关系中的排斥与嫉妒

【案例】

红和彤是好朋友。高中第一次期中考试，红考得很差，心情特别沮丧，可是彤考得特别好，进步很大，超过了红。初中三年她们一直都在同一个班，原来红一直都排名在彤的前边的，每次考试结束红总是主动去关心彤，劝她不要气馁，继续加油，并主动辅导她感到困难的数学。

可是这次，自己考差了。彤安慰红说：“一次考不好代表不了什么，下次继续努力就行了。”可是红听着心里却总闪现刺眼的成绩排名，觉得彤特别虚伪，完全无法接受自己的排名在彤的后面。她也知道：作为好朋友，自己应该为彤感到高兴。只是自己一丝苦笑都挤不出，觉得眼前的彤好像再也不是那个她喜欢的好朋友了。

神情恍惚间，往昔考后的情境放电影般涌现出来：以前每次考好高兴的同时也会有忧虑，因为班里的万人迷芬每次在自己考试超过她时就会联合其他好几个跟她关系好的女生孤立她，不让她们与自己讲话。那几个女生虽不情愿，也总是服从。每次只有彤不顾别人的眼光，依旧和自己亲近。而自己竟……

想到这里，红觉得更惭愧了。

【成因分析】

嫉妒是个体与别人认知比较时，感到受到威胁，进而产生的一种消极且带有敌意的情绪。①

大多数的班主任都有可能遇到好嫉妒的学生。嫉妒不但破坏自己的情绪，还会使人心态失衡，失去正常的判断力，破坏人际关系。

形成嫉妒的原因有很多种：

1. 与马太效应冲突

心理学上的马太效应是一种普遍的社会心态，指强者愈强、弱者愈弱、坏的愈坏、好的愈好、多的愈多、少的愈少的现象。红一贯是一个优秀的学生，在她心目中，自己每一次都能考好甚至越来越好是正常的，而这次她考差了，自己“由好变坏”，而她的好友彤却“由差变好”，因而产生了嫉妒心。

2. 自我中心

有的同学气量小，比较“自我中心”，很难欣赏甚至不能容纳别人的“好”。现在很多孩子都是独生子女，在家里得到的关注和夸奖特别多，整个

① 姚刚、李华：《小学生嫉妒心理案例分析及矫正对策》，《教学与管理》2018 年 11 月 15 日。

家庭都围着他们转，所以从小就比较自我中心。一旦身边的同学得到的夸奖和关注超过自己就很不舒服，产生嫉妒心理。

3. 父母影响

有的学生受父母的影响，潜移默化形成了嫉妒心理。很多父母都比较习惯于将自己家的孩子与别人家的孩子作比较，特别恐怖的是，拿自己家孩子的缺点与别人家孩子的优点比，使他人的“好和成功”变成了自己被贬损和打压的原因。久而久之，使学生形成“他人的成功就是自己的失败”的歪曲认识，不能接受别人优于自己。

4. 好胜心

有的同学好胜心强，不能容忍别人超过自己，因为他们害怕丧失自己的优势地位。

（四）异性关系中的冲动与纠结

【案例】

静是一个初一女孩。长相甜美可爱，性格腼腆。从六年级开始，就开始有男生向她表白，说喜欢她。静都红着脸走开了。她对那个男生没有什么感觉，就觉得这个事儿挺尴尬的。所以以后遇到男生想私底下给她说话，她都找借口紧急走开了。

初一下学期学校运动会，她运动能力差，什么项目都没参加，就和同桌在会场四处溜达当观众。看到跳高时，有个男生长得白净高挑，谈笑风生中几轮下来轻松夺冠。静一下子看呆了，比赛结束了同桌拽她走，她才发现自己不知不觉盯着那个男生看了好久。从那以后，那个男生就像“长”在她心里一样，白天、黑夜都挥之不去。后来，有次食堂碰到才知道是初二的学长，还是班长。静从此以后一发不可收，打听学长用餐时间，自己总是紧急吃几口就躲在学长必经的楼道口来回散步装路过，就是为了或远或近地看学长几眼，听听学长的声音。每次碰到时静小脸绯红，心怦怦乱跳，回到班里还将情境回放一遍又一遍。

紧接下来的月考，静的成绩大幅下滑。

想到自己的目标和父母、老师的期待，知道自己应该认真学习，可是……静的心里好痛苦好纠结。

【成因分析】

进入青春期的中学生，随着性生理发育、性意识萌动，他们对异性充满了好奇心和神秘感，渴望和异性相处。有的学生对异性开始产生爱慕之情，开始有自己喜欢的人并愿意相互靠近。少男少女之间会产生"一见钟情"的爱，这种两性之间以自然吸引为基础而产生的情感，是性爱心理发展的原始阶段，是一种朦胧的对异性的眷恋和向往。

而这种异性间的吸引往往比较强烈，所以会分散学生的注意力，当这些学生发现自己的学习受到比较大的负面冲击时，就会与"应该努力达成学习目标"的自我要求相冲突，觉得痛苦而纠结。

二、班主任辅导策略

（一）交往原则

1. 互相尊重

师生、亲子之间相处时互相尊重能帮助拆除很多藩篱。

首先，班主任要尊重学生，尤其是青春期的学生。有任何事情，不要直接替代学生做决定，而是像朋友一样平等协商和讨论。让学生有表达自己看法的权利，可以减少很多对抗和冲突。当遭遇学生的对抗时对老师是一个挑战。老师不要在第一时间就急着下判断，而应尽量在私下耐心听学生诉说背后的原因，然后根据情况酌情处理。这样学生感受到老师对自己的尊重后也比较容易配合老师的处理。

其次，班主任引导家长对孩子的无条件关注和尊重往往能产生神奇的效果。对于亲子关系不良的家庭，即使每天只花 15 分钟时间全身心地、不带批评色彩地去关注孩子，也会产生近乎魔性般的效果。可以重建孩子对家长的信任和感情，并且打破隔阂促进亲子感情升温。

再次，要教导学生尊重父母的意见和感受。“在亲子相处中，无论自己有多么对立的观点，也要耐心听父母把话讲完。对父母的想法表示尊重，也许你真的会发现有些建议能够帮助到自己。”当父母感受到来自孩子的尊重，也往往会平息情绪，理性解决问题。

案例中强的父母对孩子比较爱唠叨，不太尊重孩子。班主任在对父母做工作时就要叮嘱家长多尊重孩子，多用心聆听孩子的想法，哪怕孩子的想法是幼稚的、不现实的。当孩子讲话时不插话，对孩子说的内容要好奇，说不准真的能从孩子的想法中看到可取之处，对于孩子的教育也不要长篇累牍，而应真诚简单，让孩子感觉父母对自己的重视和关注，从而也能赢得孩子对自己的尊重。

2. 客观公正

所谓金无足赤，人无完人。对于学生，教师要冷静下来客观评价每个学生的优点和不足。学生不好的地方要客观公正且真诚地指出，并以“我希望你能做到……”“我相信……”等句型表达对学生真诚正向的引导。对于学生好的方面要不吝夸赞，大加肯定。对班级全体学生更要公平对待，不要特别偏向某一个或某些学生。这样学生自然就比较容易接受。

3. 宽容以对

教师要铭记，学生毕竟是学生，他们是还没有长大的孩子，他们有权利犯错误，尝试失败。教师要宽容对待他们做得不足或错误之处，正向地多引导，对既往错误要大方放下，更多关注孩子的未来。用一颗宽容的心去感化学生，让学生体会到老师的博大胸怀和榜样的力量。[①]

4. 积极关注

学生一般都特别重视班主任对自己的评价，尤其很多学生自信心不足，

---

① 参见吴增强：《班主任心理辅导实务》，华东师范大学出版社2010年版。

甚至比较自卑，班主任要积极正向看待他们的言行，牢牢抓住他们偶尔表现好的时候公开表扬夸赞，给他们更多地引导和等待时间。这类学生因为各方面历练不足，反应可能也会比较慢，所以老师在跟他们接触和引导时要更有耐心。

案例中的莉本身就性格比较内向，在回答问题卡住时老师应给予更多的正向引导，让莉有机会表达，其实表达的不一定要是标准答案。在其他学生有埋怨嘲笑时及时教育，为莉说话，让莉及时得到安抚。

同样的一个学前班优秀老师在上数学公开课时，提问一个迅速举手的小朋友速算题。“3＋4＝?”小朋友回答“6”。很多小朋友都起哄大声说，“错了错了!”并恳求老师让自己回答，有的小朋友索性小屁股离开板凳站了起来，希望老师快点叫自己。

而老师反倒一点儿也不着急，她先让所有小朋友都安静下来，把举起的手放下。然后，她重新微笑着看向那个被提问的小朋友：

“嗯，很棒，已经很接近了。你再想一想。”

“7!”被提问的小朋友大声说。

老师带头给这个小朋友鼓掌。夸赞这个小朋友遇到困难很有耐心，爱思考。

被鼓励的小朋友小脸激动的红扑扑的，小胸膛也挺得直直的。

学生本身回答“错”了，一般的老师很可能会急躁或恼羞成怒，而这位老师反而从数的相邻角度进行积极正向引导和鼓励，也给孩子更多的思考时间和答对的机会，陪孩子一起探索答案，更关键的是保护了孩子的自尊心，并让孩子在全班同学面前体验到了满满的成就感。

（二）交往技巧

1. 巧用奖惩

“奖惩”经常要和“表扬、批评”连接在一起。批评要就事论事并维护学生的自尊。有的教师情绪上来就很容易被情绪控制，口不择言，由当前的问题上升到否定学生的整个人，甚至演化成对学生人格的侮辱。这样既达不到教育的效果，也很容易激化对抗行为。奖惩措施都要具体，且要在行为发生后第一时间立即落实，才能达到比较好的效果。

2. 慎用禁令

尤其是对青春期的学生。青春期的孩子第二性征得到较为充分的发展，随着生理上的成熟，他们会产生强烈的成人感，心理上也同时进入了“第二断乳期”，他们再一次心理上希望离开父母，成为自己。这个阶段，父母和老师在他们心中不再是完美的，他们看到了以前作为权威者的老师或父母本身的局限，甚至缺陷。他们希望成人能够尊重自己，希望能有自己的声音，自己的诸多事情也能够自己做主。所以，如果班主任或父母的教育、教养方式没有转变，仍然对他们勒令禁止，就很容易引起他们的强烈反抗。

3. 表达沟通

不管师生关系还是亲子关系，我们都应该真诚表达自己的需求与感受，并说出渴望的程度及能否获得满足时，自己的情绪感受是什么。“你一直和同桌说话，我提问时你甚至都不知道我讲到第几页，我真的为你的学习感到担心，也因为你不尊重我而感到很生气。我希望你上课能够认真做笔记，好好听我说。可以吗？”而不是用指责的语气强调对方的错误，这样比较容易获得对方的理解和配合。

4. 学会示弱

班主任在与学生接触时，偶尔示弱，在某些方面邀请部分同学帮忙或分担压力，有时候能取得特别好的效果。“明数学差，我分不出时间，你帮我带带他。好吗？”“讲台上的粉笔盒总是很乱，让我很烦心。你帮老师每天整理好，可以吗？”学生一般都会欣然接受老师的请求，甚至有时自制力很差的学生都能很好地完成老师交代的任务，并在过程中得到成长，习得良好的品质。这种方法在亲子相处中也往往适用，也可以传授给有需要的家长。

对于案例中容易被别人嫉妒的同学，班主任也可以教会他们学会示弱；

适度显出自己的缺点；也更多让对方看到自己成功背后的非一般的刻苦和艰辛并学会关心和鼓励他人。如果对方还是恶意揣测，要学会适度保持沉默，要相信清者自清，时间是最好的缓和剂。

5. 善用同伴

班主任要善用同伴帮扶。不管在日常学习、人际相处，还是生活管理等任何方面，班级总会有各种各样有困难的学生。班主任可以利用班里人际关系良好的、学习成绩优异的、独立自主能力强的同学对他们进行人际帮扶。班主任可以私底下悄悄和这些同学就帮扶办法做讨论，然后以尽量自然的方式实施。用各方面优秀学生的影响力和榜样示范作用带动这些暂时有困难或落后的孩子，往往能起到意想不到的效果。

四年级男生青由于自己的特殊成长环境，从小被过分照顾和呵护，也几乎很少有与同伴相处的经验，再加上自己的创伤经历，就索性把自己封闭了起来。要打开他的内心还是比较困难的。班主任作为学生比较重视的人际关系圈的一员，可以先从自己开始，通过慢慢打招呼，私下和青多聊天，关心他的情绪、家庭和学习生活状态。如果一开始比较僵，"兴趣爱好"往往是一个不错的打开话题。慢慢打开心扉后，了解青对班级里哪个同学相对比较有好感，悄悄地安排该生对青做些人际帮扶。当然，平常班主任有意识地多对青表扬认可，在班级塑造他的正面良好形象，也是做这一切工作的重要氛围和基础。

另外，人际帮扶千万不要着急，要真诚地和被帮扶的同学形成前进同盟，长期下来，这些同学的内心就会慢慢被浸润、影响和改变。

（三）积极引导

1. 适度放手

班主任应时常提醒自己和家长，对学生适度放手，给孩子自主权，给孩子成长的空间。但"放手"并不是"放任"，在实施过程中孩子松懈时可以适时给他们加油或提醒，也不定期对孩子的落实效果进行监督。

适度放手要把握好放手和监护的平衡。班主任要叮嘱父母：孩子长大进入青春期后，要适度有意识地从孩子的学习、生活中抽离，让他们有更多自由成长的机会。小事儿可以完全放手让孩子自己当家做主，大事儿亲子坐下来沟通协商。但也不是商定出结果就完了，家长要告诉孩子："我们鼓励你面对困难，但需要时别忘记父母任何时候都是你坚强的后盾，愿意给你提供任何帮助。"

2. 行为自制

面对情丝懵懂的学生，班主任可以利用心理主题班会课等形式对学生做青春期教育。通过一些案例，给孩子们提供畅所欲言的班级氛围，让孩子们各抒心声，引导青春期的学生们行为自制，为美好的青春保驾护航。①

班主任也可以联合家长通过恰当方式合理满足青春期异性交往的需求。教师可以有意识地安排一些团体活动，也可以让家长组织一些大型的同学聚会，邀请男生和女生一起接触和交流。在这些聚会时家长准备好后最好就离开，给孩子们自由独立的群体接触空间。

班主任更可以引导学生充实自己的生活内容，转移注意力。引导青春期学生把自己业余生活充实起来，学校里多组织丰富多彩的各类活动竞赛等，让学生们在各个舞台上大放异彩。学生们旺盛的精力得到疏解，个性得到张扬，才华得到展现，自然也达到了行为自制的效果。

3. 促进感情升华

班主任要充分理解青春期的情感，严令禁止或棍棒教育只会让结果更糟。可以尝试和家长一起支持他们的情感，但是引导他们现在这个年龄把主要精力放在学习上，好好维护彼此的情感，等到大学后如果彼此能考入同一个城市或同一所学校再更多谈论感情。男生女生在父母老师的支持下升华了彼此的朦胧爱意，把精力主要放在学习上，把对彼此的爱意升华为浓浓

① 参见吴增强主编：《学生心声细聆听——班主任与每一个学生》，教育科学出版社2009年版。

的学习热情。

案例中的静对学长想入非非不在状态时，细心的班主任一般很可能会有所察觉。当你察觉之后可以私下找孩子聊一聊。这样的问题直接问，学生一般对班主任还是会有所顾虑。您可以以一种非常关心和包容的态度来问，并给孩子保证无论是什么事情自己都会保密，绝不在她不同意的情况下告诉他人。让孩子放心倾诉，得知情况后给孩子讲述青春期朦胧情感产生的原因，充分理解和接纳孩子的情愫，甚至可以分享自己年少时的经历、自己是如何对待的，以及产生了什么结果，让孩子们借鉴。这样孩子们才比较容易把自己的情感倾诉给你听，你才更有机会做正向的引导和升华。

第四节　情绪管理辅导

情绪健康是心理健康的显著标志，学校心理辅导的一项重要任务，是处理学生的情绪健康问题。情绪包括生理成分、表情与行为成分、主观体验成分。而个体对外部事物和内部需要的主观体验，是情绪的核心。[①]我们通常把情绪分为积极情绪和消极情绪。当人们的身心需要未能达成时，会体验到负向的情绪反应，即消极情绪，它包括愤怒、敌意、焦虑、抑郁、恐惧、悲伤、厌恶、蔑视、孤独、尴尬、羞愧、内疚等。

有时候，班主任会发现某个学生总是处在害怕、不安、闷闷不乐或其他与所处环境不太匹配的情绪状态中。此时如果能够大致识别出不同的情绪问题，我们也就可以采取相应的方法去帮助学生走出困境。从过去出现过的考试"晕场"现象，到近年来备受关注的未成年人抑郁话题，再到后疫情时期激增的"拒学"现象，这些事件的主人公都面临着情绪问题的困扰。我们

---

① 朱仲敏:《青少年情绪管理初探——积极心理学与发展心理学的视角》,2016 年 11 月 17 日讲座材料。

以焦虑、抑郁、恐惧、强迫为例，向大家阐明学生中常见的情绪问题。

一、情绪常见问题

（一）焦虑

【案例】

愉快的周末过去了，班里的同学精神饱满地来到学校上学。在某校读预备班的12岁小东却显得有些忧心忡忡、烦躁不安。原来，小东的作业一直有些拖拉，到了周末更是玩得不亦乐乎，作业都是在周日晚上匆匆完成，周日也睡不上一个好觉。所以每个周一是小东最难熬的时候，无论是上新课、做练习，还是他喜欢的体育课，他都顶着黑眼圈，一副提心吊胆、心不在焉的样子，生怕老师突然出现，让他订正堆积如山的错题。毫无疑问，他这一天的课堂学习和作业质量都受到影响。

【成因分析】①

据报道，普通人群中10%—20%的青少年患有焦虑障碍。广泛性焦虑障碍、社交恐惧症、分离焦虑障碍、特定恐惧症、强迫症和创伤后应激障碍等都会在青少年中出现。

在日常生活中，普通人也会对非常重要的事件（如第一次离开父母、大庭广众下发言、中考、高考等）发生焦虑反应，这是一种正常的反应状态。但这种情境很少反复出现，或者能通过不断的适应，逐渐感到习惯而减少焦虑强度，最终消除焦虑。因此，当学生出现以下某种或几种现象时，班主任需要关注其是否有过度焦虑的可能性：

（1）该生经常感到紧张不安或烦躁，却没有明显原因和对象；

（2）该生经常提心吊胆会发生某种不幸，但又说不出是什么具体不幸；

（3）该生经常处于高度警觉状态，如临大敌；

① 吴增强：《班主任心理辅导实务（中学版）》，华东师范大学出版社2009年出版，第69—70页。

(4) 该生时常坐立不安、往返走动、唉声叹气；

(5) 该生时常表情紧张、双眉紧锁、皮肤苍白、出汗、心悸、胸闷头晕等。

如果这种焦虑的情绪状态没有合理的原因可以解释，经过一段时间的调整和放松都没有好转，甚至恶化，则需要尽快寻求专业人员支持或前往医院进行诊断和治疗。

焦虑情绪的形成与个体的素质、所处的环境均有密切关系。

(1) 气质特征。具有行为抑制气质特征者从小就对新奇或不熟悉的情境表现出显著的害羞、害怕和退缩倾向，这种气质特征是有遗传基础的。有研究显示，有行为抑制气质的儿童发生焦虑或抑郁的风险较高。

(2) 遗传因素。学生焦虑有家族聚集性。父母患有焦虑障碍、抑郁障碍、社交恐惧症、广场恐惧症的，其子女发生率是父母正常子女的两倍。有研究表明，5-羟色胺转运体基因与儿童焦虑、抑郁、退缩的行为问题有关。

(3) 家庭教养方式。不良的教养方式也是儿童青少年焦虑的病因之一。如父母经常约束孩子的自主性，对孩子的理解、接纳不够，而对孩子的指导、强制和否定较多都会导致孩子出现焦虑障碍，甚至在遇到需要抉择的问题时，父母也采取包办代替的方式，对孩子保护过度，这导致孩子感到世界是危险的，从而减弱孩子探索的主动性和能力。另外，焦虑倾向与儿童早期的依恋模式有关。如果婴儿期的依恋模式为不安全型依恋，则在儿童青少年时期容易发生焦虑障碍。

(4) 应激事件。焦虑发作常与应激事件有关，如考试失败、父母生病等。其实，这些应激因素在正常儿童中也很常见，不是焦虑障碍发生的必然因素，应激因素仅仅是在上述易感气质基础上起了促发作用而已。

(二) 抑郁

【案例】

13 岁的小敏今年读初二，老师和同学都注意到，最近一个月小敏不大爱讲话了，时而表现出烦躁的情绪。她变得很爱睡觉，下课总是趴在课桌上，精力下降，也没什么胃口，常常把“没什么开心的事，也没什么不开心的事”挂在嘴边。小敏曾热衷于漫画的收藏与交流，可如今也对此提不起什么兴趣。过去学习名列前茅的她，成绩也突然下降。对于突如其来的变化，小敏的父母也十分担忧。根据当地医疗机构的诊断，小敏处于中度抑郁状态。

【成因分析】

据一项1998年的研究显示，抑郁在儿童中的患病率为1%—2%，在青少年中为3%—8%。儿童抑郁症多发于8岁以上的童年和青少年期，以抑郁情绪为主要表现，抑郁发作会使社会功能受损，影响正常生活、学习和人际交往，感到痛苦而又无法摆脱。当学生出现以下某种或几种现象时，班主任需要关注其是否有抑郁的可能性：

(1) 该生情绪低落，无愉快感；

(2) 该生在此情绪影响下自我评价低，自认为笨、丑，自暴自弃；

(3) 对玩耍和日常活动丧失兴趣，精力减退、疲倦；

(4) 出现死亡的念头和企图或行为；

(5) 情绪低落有晨重夕轻的变化；

(6) 有失眠、头痛、头昏、胃痛、胸闷、气促、遗尿、食欲下降、体重减轻等躯体症状；

(7) 有多动、反抗、冲动、不守纪律、捣乱、打架、逃学、与同学关系差、成绩下降等行为问题。①

如果日常观察有学生同时满足上述指标5条以上，并且至少已持续2周，班主任应该建议学生去医院就诊。

一般认为，抑郁产生的原因与以下因素有关：②

1. 生物性因素

一是遗传因素。家族史中患情感性障碍的，产生抑郁的比例比较高。

---

① 傅安球：《实用心理异常诊断矫治手册》，上海教育出版社2006年出版，第235页。

② 吴增强：《班主任心理辅导实务（中学版）》，华东师范大学出版社2009年出版，第80—81页。

2003 年的一项双生子研究发现，如果双生子之一患有某种心境障碍，那么同卵双生子患某种心境障碍的概率要比异卵双生子高 2—3 倍。一项对于女性双生子大样本调查显示，估计重度抑郁障碍的遗传概率为 41%—46%。

抑郁症的遗传存在性别差异，女性为 40%，而男性要低得多。

二是神经递质系统。研究表明，在抑郁症患者体内 5-羟色胺水平比较低，但只是和其他神经递质相比而言。5-羟色胺最基本的作用是调节我们的情感反应。当我们体内 5-羟色胺水平比较低的时候，我们会更加冲动，情绪也很容易波动。当 5-羟色胺水平比较低的时候，其他神经递质变化范围就比较大，处于失调状态，从而导致心境的不稳定，包括抑郁状态。

2. 社会心理因素

60%—80%的抑郁症形成因素可以归结于心理体验，而且大部分这样的体验对于不同的患者来说是不一样的。

一是应激性生活事件。在所有的心理障碍产生过程中，应激和创伤都是最重要的心理因素之一。通过对随机人群样本的调查发现，严重的生活事件与抑郁症发病有显著的关系。重大的生活应激总是在所有类型的抑郁症之前发生，如人际关系紧张、学习困难、工作压力、家庭变故、意外事故、躯体疾病等不良生活事件等，都有可能引发抑郁。相关调查还发现，与青少年学生抑郁相关的因素有：睡眠没有规律、学习生活不满意、生活事件多、健康自评差、体育活动少等；近一年的生活事件和抑郁情绪的发生成正比，依次为人际关系、学习压力、家庭事件等。

二是性格因素。如性格内向、过于自卑，或者不良的认知模式、非理性思维，都会对抑郁发生作用。

（三）恐惧

【案例】

小柱是一位小学五年级的男生。寒假结束开学后，他频频出现迟到和旷课的现象。父母将他送到学校门口，他与家长僵持了半小时也不愿进校，口中喃喃道“不想上学、害怕上学”，并出现头疼、肚子疼等状况。经了解，小柱在学校并未与老师和同学发生过冲突，也没有遭受过批评或欺凌；父母带他去医院进行头部、腹部等相关检查，结论是小柱的身体非常健康，没有什么问题。小柱在家时自得其乐，只是每天早晨起床时怎么也拖不起来，只要把他带到学校大门口就会出现头疼、肚子疼、干呕等问题。

【成因分析①】

恐惧症是一种以过分和不合理地惧怕外界客体或处境为主的神经症。病人明知道没有必要，但仍不能防止恐惧发作，恐惧发作时往往伴有显著的焦虑和自主神经症状。病人极力回避所害怕的客体或处境，或是带着畏惧去忍受。②学校恐惧症的临床表现主要是对到学校上学存在持久的恐惧、焦虑情绪和回避行为，以及对学校环境感到痛苦、不适、哭闹、不语或退出。例如该去上学时不去上学，或者提出苛刻的条件，或者诉说头痛、头晕、腹痛、腹泻、恶心、呕吐等不适。如果强制患儿上学，或者处在学校环境，则会出现焦虑不安、痛苦、喊叫、吵闹等强烈的情感反应。任何保证、安抚或许以物质奖励均不能吸引患儿去上学，甚至宁愿在家受打骂也不愿去学校。而不在学校环境或不去上学，则一切表现正常。

学校恐惧症引发的原因包括：

(1) 小学低年级学生出现拒绝上学问题，多与入学时与父母分离产生的焦虑有关，或者是由于对新环境的不适应。

(2) 学校恐惧的直接诱因之一是校园环境中存在社交困难或社交失败，如在学校遭到某些挫折和侮辱，或者师生关系、同学关系紧张。在上述小柱的案例中，排除了这一诱因。

(3) 学校恐惧的另一直接诱因是学习困难或失败，造成学生的“学业习

① 傅安球：《实用心理异常诊断矫治手册》，上海教育出版社 2006 年出版，第 232 页。

② 吴增强：《野百合也有春天——学生心理辅导案例精选》(第二集)，上海教育出版社 2011 年出版，第 277 页。

得性无能”。习得性无能指个人经历了失败与挫折后，面临问题时产生的无能为力的心理状态。上述案例中小柱在小学阶段英语与其他学科相比较为薄弱，因此老师、家长对其英语学习更为关注。起初云见成效，在有了微弱好转后他病假了几天，落下了一些功课，从此认定自己再也无法赶上其他人，从而逃避，甚至害怕上学。

(4) 家庭发生某些变故也可能成为部分学生产生学校恐惧症的原因。

(四) 强迫

【案例】

小吴是一名高三男生。一次在路上偶遇一位选了同一门大课的女生，想要打招呼，又觉得打完招呼后大家就更熟识了，接下来就要一起走到教室，相邻而坐，坐在位子上可能要聊几句，如果自己聊的她不感兴趣，或者她聊的自己接不上话会很尴尬；以及大家认识了以后上课是不是要帮忙占个座，如果没有帮忙成功的话会不会很丢脸。他觉得这一系列发展太麻烦，所以与女生擦肩而过没有打招呼。但接下来他脑海里又开始浮现对方一定认出自己是大课同学的想法，不知道自己没有搭理对方会不会给他人留下不好的印象等。他的脑海里开始奔涌出各种无法停止的想法，平时尽力控制住，但受到这个因素的影响情绪一直不好。之后他偶然在一份文献中了解到有些精神病始发于15—25岁，有思维涌现以及被动、生活懒散、兴趣丧失等与自己相似的一些表现，他对号入座，开始怀疑自己是不是会得精神病，会不会精神分裂。这样的想法一再出现在脑海中，挥之不去，一方面觉得自己很有可能得病了，另一方面又不愿意去想这件事，觉得不去想的话就一切正常了。可是越不想想，越是不断地在脑海中思考自己是不是精神病。他想摆脱这种想法却没有办法，这种情况分散了他学习的注意力，懒散与发呆影响了他的社交活动，晚上想到这个事情也会睡不着觉。

【成因分析】

强迫症的临床表现主要是难以克制、无法摆脱的强迫观念、强迫情绪、强迫意向和强迫行为。其中强迫观念是强迫症的核心症状，在儿童和青少年期主要有强迫怀疑、强迫回忆和强迫对立观念①。强迫怀疑是对自己刚做过的事产生怀疑，比如，反复怀疑自己走的时候有没有锁好门，关好水龙头；老怀疑别人杀鸡时鸡毛会沾在自己身上，于是不断折回家检查是否锁好门，不断返回水龙头查看是否以及将其关好，不断换洗自己的衣服、洗澡以避免飞扬起来的细小鸡毛上的细菌沾在自己身上。强迫回忆是对经历过的事件反复回想，头脑中老是回想别人说过的话、看到过的情景、听到过的声音等。回想时往往表情呆滞，如果回想被突然打断或者自己认为想得不对，还要从头再回想一遍。强迫对立观念是头脑中经常出现与现实相对立的不良观念。比如老想骂脏话、作弄老师等有违道德准则的事情，并伴随紧张、恐惧和不安。此外在青少年时期，还会出现强迫性穷思竭虑症状，头脑中反复思考并无实际意义的问题。

强迫情绪的具体表现主要是强迫性恐惧和厌恶，如不必要地担心自己和家人可能会出车祸、会生重病；不合情理地厌恶某种颜色、某种形状等。其中恐惧严重时，还会害怕自己会发疯。②

强迫情绪是强迫症的一种表现症状。强迫症是一种以源于自我且又违反自我意愿而重复出现缺乏现实意义的、不合情理的观念、情绪、意向或行为等强迫症状为主，具有有意识的自我强迫和反强迫并存且冲突强烈，虽力图克制但又无力摆脱特点的神经症。③它的形成与遗传因素、人格特质、心理压力等有关。负性情绪和生活事件常常是强迫症状产生的导火索。

二、班主任辅导策略

对于在一线接触形形色色孩子和家庭的班主任而言，懂得一些安抚、纾解消极情绪、引导、激发积极情绪的方法和策略，能够防微杜渐、减少隐患；

---

①②③ 傅安球：《实用心理异常诊断矫治手册》，上海教育出版社 2006 年出版，第 233、109、108 页。

对于确诊情绪障碍、经过治疗需要重返校园生活的学生，一位能够有效应对的班主任可以帮助孩子尽快回归同龄人的世界，在集体的温暖中健康成长。在此，有如下策略供大家选用：

（一）创设宽松的环境，减少心理压力

班主任可以把握全面多元的评价维度，克服唯成绩论的单一评价观，建立多元评价的观念，发现不同学生的优势。避免人为制造紧张气氛给学生带来过重的学习压力。

同时，班主任需要指导家长不把自己不切实际的期望和要求强加于孩子身上。过高的期望可能会使孩子产生无助、沮丧、焦虑的感觉。首先，父母要尊重孩子的意愿和能力，尽量不要在学习成绩、课外补习和兴趣培养方面提出过分的、主观的要求。前述案例中的小东，实际学业水平与父母期望值有一定差距，小东不想辜负父母，却又没有办法达到他们的要求。而父母对于孩子学习状态的担忧和焦虑，却真真切切地传递到了孩子身上。其次，父母要注意营造温馨、融洽的家庭气氛，开展良好的亲子沟通，给孩子更多的心理安全感。对于小东作业习惯较差的问题，父母需要付出更多的耐心帮助他纠正，表现出对孩子的信任和支持，才能帮孩子走出焦虑，回到正确作息的良性循环中。

（二）培养学生适应能力，提高其应付水平

减少外部压力源仅仅是一个外部措施，这对学生来说是比较被动的。每个人在日常生活、学习和工作中都会遇到压力，帮助学生学会面对和处理压力的方法和技能，提高其适应环境的能力，是更积极主动的辅导策略。对于小东而言，引导他树立放学回家后先学业后休闲的时间观念，指导他作业过程中提高专注度的小窍门，或者在班级里开一次以“科学安排周末时光”为主题的班会，都能帮助小东更好地适应初中学习生活。

（三）帮助学生降低焦虑水平

对于焦虑情绪干预，直接降低焦虑水平以恢复情绪的平衡，是最为直接

和有效的策略，它至少可以在短期内减少个体的痛苦体验和不安心境。常用的方法有：

1. 支持性辅导

学生焦虑情绪的一个重要原因是对已经发生事情的危害过于担心，对将要发生事情的不利方面过分担忧。如在集体事件中过分自责，或无视自己的充分准备而认定自己会考砸等。针对这类担忧心理，班主任可以帮助学生进行分析和解释，提供情绪支持和鼓励，以消除或者减少他们的担忧，增强学生的信心和勇气，从而降低焦虑情绪。

2. 认知改变

青少年的认知发展水平还不成熟，对事情的认识不全面、不完整，尤其是对于某些和自己密切相关事件的认识，往往比较片面或极端，对自己的应付能力也容易估计过低。针对这类问题，可以应用理性情绪法，帮助他们找到自己的思维盲点，克服非理性想法。

3. 松弛训练

这种方法运用比较广泛，它是利用身心相互影响、相互作用的原理，直接针对焦虑症状和表现而实施的。紧张情绪往往与躯体反应紧密联系，如果身体放松了，情绪也会自然而然得到放松，这样就可以降低焦虑水平。松弛训练可以通过心理暗示、主观想象、肌肉放松等手段达到身体的放松，从而缓解焦虑情绪。如果需要这一训练，可以请学校心理老师来协助完成。

(四) 指导学生建立良好的社会支持系统①

亲子关系、同伴关系和师生关系是青少年主要的人际关系。良好的人际关系可以在青少年面临压力事件时，为其提供不同的支持、安慰，有效地避免抑郁情绪的发生。

对于表现出抑郁情绪的学生，或者已被医院确诊为抑郁症的学生，班主

---

① 吴增强：《班主任心理辅导实务(中学版)》，华东师范大学出版社 2009 年出版，第 82 页。

任可以多一些关心和照顾，给他们以更多的温暖，尽量创设一个康复的良好环境。如果学生有明显的自杀观念，则应当住院治疗。

（五）引导学生客观地评价事实

在相同的情境下，有的人情绪平静，有的人抑郁沮丧，这可能就是应对情境的不同评价造成的。班主任要帮助青少年客观地评价自我、评价别人、评价生活中发生的事件，尤其要纠正非理性想法。

对于有抑郁情绪的孩子，班主任可以告诉孩子他低落的情绪可能跟某些不合理的想法有关，然后询问孩子一些温和的问题，引导他识别出想法中的不合理处。一般而言，让青少年问自己这些问题会很有用：

（1）证据是什么？

（2）我的想法里有什么错误？

（3）可能发生的最好和最坏的结果是什么？

（4）最现实的担忧是什么？

（5）我这么想的结果是什么？

（6）其他替代性的想法是什么？

（六）调整个体的期望

过高的期望会引起较高的压力，由此容易使人产生抑郁情绪。这就不仅要求教师和家长对青少年抱有适当的、与之能力相适应的期望，而且也要求青少年本人对自己要有适当的期望。

（七）鼓励学生参加活动

通过与学生、家长的沟通，帮助学生列出10个自己喜欢参加的活动，这些活动必须是安全、便宜并且合法的。要求学生增加每天花在这些活动上的时间，努力体验活动带来的愉悦感或成就感。如果学生的日程表很满，可以和家长商量腾出一些时间留给那些孩子认为愉悦的活动。

如果学生说自己懒得去参与，可以告诉他不是要等到情绪改善了才能参加愉快的活动，增加花在这些活动上的时间，本身就会导致情绪的改善。

（八）指导社交技能

有抑郁情绪的学生，许多都在努力建立和维系友谊，却又缺乏恰当的社交技能，并且对于批评过度敏感，以致进一步社交孤立，加重抑郁心境。因此，班主任可以教给孩子一些开始和维持谈话的基本技术，如问候、适当眼神接触、积极倾听等，帮助他们维持社交，避免恶性循环。

（九）保持良好的心态

经常保持愉悦、平和、乐观的心态，会使人变得积极开朗、挫折承受力得到增强，这将减少青少年抑郁的产生。

（十）调整家庭教养方式

降低孩子对父母过分依赖，降低父母对孩子学业过高期望。对于有学校恐惧情绪的学生，不宜过分催促，更不宜打骂、斥责、体罚和用强迫手段送入学校。[①]平时要多听孩子叙述，各方面的话题都要耐心倾听。对孩子进行疏导、安慰和保证，鼓励孩子重新返校；孩子选择待在家，要分配给他一定量的家务，保持一定的劳动量，也增强责任感。起床、吃饭、入睡要强调按时进行。班主任可帮助家长分析自己的个性特征和行为方式对孩子可能产生的不良影响，也可与孩子商定在家学习进度，尝试简单的家庭作业。对于待在家中的孩子，父母要常打电话回家问候，侧面了解孩子在家干什么，但不做过多干涉。休闲时也可陪孩子外出散步或购物。征得孩子同意后领孩子到学校附近走走，听孩子讲在学校发生的事。当孩子接受可以回学校时，家长可以先陪着去几趟。父母要避免在孩子面前说有关学校、教师和同学的消极方面的话，平时注意保持自己快乐、安详的情绪，避免将家长的不良情绪或表情传递给孩子，引发其焦虑与不安。

对症状严重的学生，为减轻其症状要及时将学生转介给学校心理老师，或当地教育部门提供的心理咨询中心、相关医疗机构等专业人士。如上述

---

① 吴增强：《班主任心理辅导实务（中学版）》，华东师范大学出版社 2009 年出版，第 97 页。

案例小吴的班主任发现了他的问题，应及时寻求学校心理老师帮助，或联系小吴家长带他到相关医疗机构心理门诊就诊，遵医嘱进行必要的治疗和用药，不可拖延，以免延误病情。

在这位学生接受专业人士辅导或治疗的同时，班主任可从帮助他增加积极情绪、减少消极情绪、积极应对压力入手，让他感受到来自老师和集体的温暖，早日驱散阴霾，迎接康复的灿烂曙光。

第三章　班级心理辅导

第一节　团体心理辅导活动概述

一、团体心理辅导概念

团体一般具有以下特征：

（一）有序的组织

对于大多数的团队来说，成员之间的关系是比较稳定和有序的。这表现在三个方面：成员的角色、团队的规范和成员之间的关系。每一个成员在团体里都扮演着一定的角色。例如，在班级团队里，有人是学习能手，有人是文艺能手，有人是宣传能手等。团队规范指的是团体中成员需要遵守的行为准则，用以保证团体目标和利益的实现。成员之间的关系有紧密型或者松散型，权威型或者民主型等。这对团体的运作效能有很大的影响。

（二）一定的目标

团体通常是因为一定的目标而组成的，即成员们聚集在一起来完成他们独立时所不能完成的目标。在团体中，成员们群策群力，共同解决问题，沟通观念、切磋技艺、创作生产、寻找乐趣，甚至获取安全感、自尊和爱的力量。因为有共同的目标，所以实现团队目标的同时，也就满足了个人的心理需求。

（三）团体的意识

每一位成员都能意识到自己是团体中的一员，也能意识到其他成员的存在，由此建立起相互依存的关系和情感，发生相互的影响。

（四）紧密的互动

成员之间可以通过语言和非语言方式，相互交流，彼此分享感受，互相启迪。这是团体达到目标的重要条件，它能促使个人对自己和他人的觉知，并从中得到支持和反馈，从而得到成长。

根据以上对团体的讨论，我们可以为团体心理辅导做一个描述性的界定：团体心理辅导是在团体的情境下，借助于团体的力量和各种心理辅导的技术，通过团体内人际互动，使团体成员自知并自助，进行分享、体验、感受，从而达到消除症状、改善适应、发展健康人格的目的。团体心理辅导在我国也被称为团体咨询、团体训练、小组工作。

二、团体心理辅导的功能

（一）消除顾虑

由于心理健康知识的普及力度还不够，国内很多人对心理辅导仍然有着异样的理解和偏见，不少人对此有防御心理，生怕别人认为自己有问题。而团体式的心理辅导在很大程度上消除了个体的顾虑，既然大家都来到这里，谁也别笑话谁。

（二）产生“和别人一样”的体验

在团体辅导活动之前，参与者往往认为自身所遇到的事情是无法解决的、独特的，觉得自己的命运很悲惨。但是在团体中，当成员们聚集在一起谈论问题时，他们往往会发现自己并不是独一无二的，很多人有着跟他们相似的担忧、想法、情感和体验，这种“和别人一样”的体验让他们感到自己不再孤单，消除了顾虑，更愿意开放自我。这种团队的归属感使成员更愿意靠近对方、彼此支持和关心，有助于缓解团体的消极情绪，从而促进成员重新审视自己，更快地改变自我评价。

（三）多元价值观和信息的冲击

个别辅导时，辅导师一个人的理论及经验是有限的，缺少多样的观点和信息的冲击，个体较难意识到自己的封闭，缺少改变自己的动力，当然就无法解决自己成长的问题。团体辅导中，尽管参与的成员所遇问题相似，但是他们的背景、人格、经验都有所不同，自然而然提供了多角度分析、观察他人的氛围。可以说，这是团体辅导的丰富资源，开启了成员的思路。但多元价值的冲击也要在一定的范围内，太过开放，难以达成共识，也会影响辅导的效果。

（四）认识自己和他人

团体辅导是一个多向沟通的过程，成员之间的互动能够提供非常丰富的参照背景。每个成员可以在团体中同时学习模仿多个其他成员的适应行为，从多个角度洞察自己。成员在这样的分享交流中扩大了自己对世界的认识，提高了敏感性，且对自己与他人的行为有了更现实、更全面的认识。

（五）反馈

团体是社会的缩影或反射，所以有人将之称作“微型社会”。团体辅导较真实地复制了现实生活，它可以作为社区、家庭或组织的临时替代物。成员在团体辅导进行的整个时期，可以呈现出自己对问题的表述及应对的方法，能够有更多的机会听到别人对自己的看法。团体反馈比之个别情境的反馈更有冲击力，能有效地改变成员原来的想法。

（六）提高人际交往能力

团体心理辅导是利用团体的力量，通过游戏活动后成员的分享和交流来加强对自我和他人的理解，减轻了人际敏感。在团体辅导中，成员能够学习到新的人际交往方式，以改变自身不良交往方式，建立更好的人际交往模式，从而提高人际交往的能力。

（七）提高服务效率

在学校，虽然个别心理辅导能够比较深入细致，但是效率太低。因为辅导教师的人数往往难以应对需要辅导的学生人数。所以，将有共同需求的学生集合起来进行团体辅导，可以通过成员之间互相支持、集思广益，共同探寻解决问题的办法来减少对心理教师的依赖。这样既省时间，又省人力，提高了学校心理服务效率。

三、团体心理辅导的分类

学校中的团体心理辅导模式基本有三种，即小组辅导，一般 6—12 人；班级辅导和心理辅导活动课程，后两种是以班级为单位的集体辅导活动，是团体辅导的两种变式。三种形式的异同点可见表 3-1：

表 3-1　学校中的团体辅导模式

	小组辅导	班级辅导	心理辅导活动课程
成员性质	同质或者异质	异质	异质
辅导取向	矫治性或者发展性	发展性	发展性
规　模	规模小	规模大	规模大
活动结构	结构性	非结构	结构性
承担者	专职辅导教师	班主任或者辅导教师	班主任或者辅导教师

本章讨论的团体心理辅导模式是班级辅导，班主任可以通过主题班会和主题活动等形式展开。

第二节　心理主题班会

一、心理主题班会的定义

《中小学德育工作指南》在实施途径和要求中提出活动育人，要精心设计、组织开展主题鲜明、内容丰富、形式多样、吸引力强的教育活动，以鲜明正确的价值导向引导学生，促进学生形成良好的思想品德和行为习惯。主题班会课是班主任结合本班学生的实际情况，运用班集体对学生进行教育和开展工作的有效形式。

主题班会课有两种形式，分别是主题教育课和主题班队会。主题教育课就是一种以学生为主体，以班主任为主导，围绕某一个教育主题，通过课程形态，有计划、有目的地开展的情景化的道德认知教育，引导学生在认知冲突和思想对话中进行道德交往，激发道德反应，获得道德体验，促进道德发展的集体教育活动。主题班队会是选择一个教育主题，在班主任的指导下，由学生自己组织、自己主持、全班同学共同参加的班级会务活动。心理主题班会课属于主题班会的内容之一，当然也包括了主题教育课和主题班队会两种形式。本章主要讨论的是以班主任为主导的心理主题班会课。

心理主题班会和心理活动课有许多相似点，例如：主题选择都是取自学生实际学习及生活中突出的、共性的心理问题；都需要根据不同年龄的学生特点设计活动；都注重学生在活动中的体验和感悟。两者不同点在于：心理活动课作为学校三级预防的第一级，是由学校心理老师授课，主要普及心理健康知识，指导学生正确认识情绪，完善自我认识等。心理活动课实施的过程中，有一定的结构性和较强的专业性。而心理主题班会是由班主任组织实施的，其结构性和专业理论知识要求没有那么高。班主任可以根据班级实际需要来选择主题，侧重解决班级中出现的关于心理方面的实际问题，给予学生明确的指导。

二、心理主题班会的实施

心理主题班会是班级心理辅导的重要环节。有一个著名的“木桶理论”：一个由木板组成的木桶，其盛水量的多少不是取决于最长的那块木板，而是取决于最短的那块木板，以及这个木桶是否有坚实的底板，木板与木板间的结合是否紧密。“木板长短”好比我们同学的参差不齐，“木板之间的缝隙连接”好比同学之间的凝聚力。那么对于班级这个大集体，能装多少水呢?

每个学生都有自己特定的思维模式,从而决定了他的行为模式,不同思维模式的人碰到一起,总是不可避免地要面临冲突,当冲突出现的时候,也许正视问题、互相尊重才是更好的解决问题的方法。通过心理主题班会,在合作和沟通的过程中,根据彼此的特点进行调整,最终,构成一个更好的班级团队。

(一) 基本步骤

心理主题班会课设计策略是指围绕某个心理现象或问题,教师在课前、课中、课后可采用的具体方法。它可分为以下几个基本步骤:

1. 课前准备

第一步,发现问题。从学生的成长需要、生活实际出发,发现存在的心理问题,做出初步的设想。第二步,分析问题。考虑班会的主题是否符合学生年龄层次、心理需求,能否在活动中引发学生的兴趣。第三步,确定主题。通过前两步的构思,确定班会主题的名称和具体内容。第四步,撰写主题班会教案,可分为:设计背景、教育目标、活动准备、实施过程等。

2. 课中实施

整个班会的实施过程是在师生互动中逐步开展的,是探究实际问题、提高认知能力和思想觉悟的一种重要的实践活动形式。活动过程强调有效的引领,不同层次的引导应该有不同的策略,班主任要在活动开展的过程中认真观察,及时发现问题,因势利导,通过沟通和交流,把负面因素转化为新的教育情境,力求给予学生正确的导向。

实施过程中可以采用行为训练法、案例分析法、讨论交流法、榜样示范法、活动引导法等达到主题教育的目的。

3. 课后评价

在实施环节结束后,班主任要与学生一起进行评价总结,班会结束并不代表教育的结束。同时,班主任还需要做好一定的反思。

（二）主题选择

主题是整个活动的本源，也是贯穿整个活动的主线，影响着整个班会课的实效性，因此主题的选择要根据学生成长与发展的身心特点或班级中存在的问题，或是当下的热点话题等。心理班会的主题应该依据不同年龄段的心理特点以及学生在这一阶段出现的心理健康问题、认知水平差异进行选择，突出针对性。

在《中小学德育工作指南》的德育内容中就包含心理健康教育。开展认识自我、尊重生命、学会学习、人际交往、情绪调适、升学择业、人生规划以及适应社会生活等方面的教育，引导学生增强调控心理、自主自助、应对挫折、适应环境的能力，培养学生健全的人格、积极的心态和良好的个性心理品质。这些都可作为主题提炼的方向。

主题教育的德育目标是分阶段性的，其中对于学生的心理特点和培育目标也是分阶段性的，我们可以根据不同年级学生心理、生理发展的差异，从实际出发，选择适切的主题。

小学低年级：教育和引导学生养成基本的文明行为习惯，形成自信向上、诚实勇敢、有责任心等良好品质，例如：你好，新伙伴；好习惯养成记等。

小学中高年级：教育和引导学生初步形成规则意识和民主法治观念，养成良好生活和行为习惯，形成诚实守信、友爱宽容、自尊自律、乐观向上等良好品质，例如：快乐宝典；小升初准备等。

初中学段：教育和引导学生掌握促进身心健康发展的途径和方法，养成热爱劳动、自主自立、意志坚强的生活态度，形成尊重他人、乐于助人、善于合作、勇于创新等良好品质，例如：认识自我；享受合作等。

高中学段：教育和引导学生学习运用马克思主义基本观点和方法观察问题、分析问题和解决问题，学会正确选择人生发展道路的相关知识，具备自主、自立、自强的态度和能力，初步形成正确的世界观、人生观和价值观，例如：情绪的主人；我的未来不是梦等。

（三）注意事项

（1）活动开展要以学生为活动主体，充分发挥学生的主动性和积极性，有意识地培养学生自我探究和调节情绪的能力。

（2）心理主题班会不等同于心理课，形式和内容要相统一。

（3）活动资源的准备。在教学中所学的课件，活动中情景表演、游戏的安排，准备。课前安排要注意保密性、简洁性。不影响学生学习。选择场地，可以在教室。根据内容设计的需要摆放课桌椅。

（4）师生的心理准备。在开始开展心理主题班会课、改变传统主题班会课的模式时，一些学生需要适应。由于学生适应了传统班会，个别学生会认为“没有受到教育”，而不愿参与其中。可以向学生宣讲心理主题班会课的意义，让学生转变观念。这种角色的转变非常重要。教师要变，学生也要变。

（5）由热身环节—展开主题环节—体验探索环节—总结深化环节依次展开。

三、心理主题班会案例

【小学案例】心理主题教育课——快乐宝典

【活动目标】

（1）帮助学生认识情绪是可以调节的，健康向上的乐观态度会转变消极情绪（烦恼）。

（2）引导学生找到调节消极情绪（烦恼）的几种方法，增强对自己情绪的调控能力，培养学生健康、积极向上的乐观情绪。

【活动过程】

（1）导入：感受情绪是可以调节的

首先，出示喜怒哀乐的四幅图。

师：同学们，你们看这四幅图，画的是什么表情？

生:喜怒哀乐。

师:多有意思啊,其实表情是人们心情的外在体现,而人的心情又是多种多样的,不止这四种,比如你们面对这么多听课的老师,现在是什么心情?

生:激动、兴奋、紧张……

其次,慢慢导入。

师:好,现在让咱们一块来作呼吸,请你闭上眼睛用鼻子深深地吸气,再慢慢地呼出这些气,而且轻轻地说声放松,请睁开你的眼睛,现在你有什么感受?

生:心里好像平静了许多,不那么紧张了。

师:看来大多数同学的心情都是比较轻松的。就让我们再来做一个大西瓜小西瓜的游戏吧。

再次,做一个大西瓜小西瓜的游戏。

提问:现在你的心情怎么样?

师:你们看,我们的心情由开始的紧张到放松,又到现在的高兴,看来咱们的心情是可以改变的。

下面咱们再来做一个小比赛。

(2) 引导学生初步感受积极乐观的态度能转变消极情绪

首先,做猜拳游戏:要求两人一组,三局两胜。

其次,采访获胜的同学,请问你的心情——高兴,采访失败的同学,你能说说你此时的心情吗?(生:不高兴)没错,老师很理解你,(你有什么打算?)打算下课再猜几局,相信我一定会赢的。(那你的心情如何)你还不高兴吗?(生:不了)其他同学是这样吗?

再次,老师引导:你们看,这些同学面对自己的失利,都很乐观,没有让自己不高兴的情绪影响自己,反而能积极地想办法,调整自己,老师为你们乐观的心态而高兴。

(3) 引导学生了解控制和调节烦恼的几种方法

导入:现在有一个同学遇到了烦恼,你们愿意用你们乐观的心态去开导她吗？（出示学生的一封信，道出同学的烦恼。）

亲爱的阳阳姐姐：

你好，最近一段时间，我真是进步了，我上课认真听讲，按时完成作业，可爱学习了，老师、家长都表扬我。可是有一些同学总是不信任我，一天数学考试我得了“优”，有几名同学一块说我：“这怎么可能呢？你准是抄的。”一听这话我特别生气、委屈，现在一想起这事我就心烦。哎！你说我现在该怎么办？

老师要引导学生了解排解烦恼的几种方法。

师：听了这封信你有什么感受？

生：真是不快乐，挺苦恼的。

师：但情绪是可以调节的，如果换成是我，我们将以什么样的方法调整自己的情绪，让自己不烦恼呢？

老师请同学们交流自己的方法。

老师捕捉：以积极乐观的态度去面对这件事。

老师捕捉：学生发言中解除烦恼的方法。（方法一）

（方法二：学生答不出来时，教师的导）

让我们再来看看这封信，先来看看什么令她烦恼呢——生（同学不信任她的话使她烦恼。）那我们能不能从这里作一个突破口安慰一下她呢？

老师可以请同学思考回答。

A. 积极的心理暗示法

生：我认为你现在根本没有必要想同学的话，因为他们说的话不对，你是通过自己的努力取得的优异的成绩，不是抄的，你要相信你自己，相信自己是对的，所以你就不会把他们的话放在心上了。

师：你说得真对，谁同意他的观点？你们说当她想起同学说的让她不高兴的话时，应该对自己默默地说些什么呢？你能表演一下吗？

生：默默地对自己说：你们说的都不对，我是好学生，我是经过努力获得

的成绩。(可以再说一遍)

师:你们运用的这种方法其实是一种积极的心理暗示法,当你做的事情正确时,通过对自己的肯定,减轻烦恼给你带来的负面影响,是很好的排解烦恼的方法。投影板书——积极的心理暗示。

B. 注意力转移

师:刚才同学们运用积极的心理暗示使她对自己充满自信,其实帮助她克服烦恼的方法还有很多,咱们还能不能想想其他的办法让她不想这件事了?

生:想起这件事,不是自己的原因造成的,想也没用,只能平添烦恼,不如不想,可以看看书,听听音乐,出去做游戏。(点明开始做的游戏)

生:可以和朋友聊聊天,可以看看报纸,翻翻画册,看看电影、电视。

生:可以回忆一下自己最幸福、最高兴的时刻。

师:可以积累快乐,把快乐的事写在纸上,放在自己的花瓶中……

师:这样就可以把消极情绪转移到积极情绪上去,冲淡以至忘却烦恼,使情绪逐步好转起来。这种调节情绪的好方法叫——注意力转移法。

C. 深呼吸放松法

师:还记得同学们刚进来的时候咱们一块做的深呼吸吗?你有什么体会?

生:紧张的心情一下就平静下来。(你准备怎样帮助她?可结合积极的心理暗示)

生:介绍当面对同学对你的不理解时,有时你真是气愤之至,此时调整心态最好的方法就是深呼吸法,它可以缓和即将爆发出来的情绪反应,只要几秒钟的动作你就可以很快冷静下来,来调整和放松心理上的紧张、气愤、委屈等的状态,使不良情绪得到缓解。(生说不全,师引申)

师:还有什么方法可以帮助她?

生:自由交流,教师捕捉换位思考的方法

D. 换位思考

师：信中的小女孩听到同学说她的话非常生气，但他们毕竟是同班同学，能以后不理同学了吗？你们怎样开导一下小女孩，让她既理解同学的行为，又能赢得同学的信任呢？

生：一定要站在同学的角度上想想同学为什么会这样说你，要站在公正的立场上面对这件事，思考过去我一定有许多不足给同学留下的印象一时难以弥补，还需要我继续努力，我一定会通过自己的努力让全体同学都佩服我。

师：可以再结合积极的心理暗示为自己增添信心，使自己进步更快。

投影：换位思考

师：其实小女孩本身用书信道出自己烦恼的方法也是排解烦恼的一种方法，叫做合理宣泄法，你还有什么宣泄的途径吗？

生：和家长聊聊自己的烦恼，可以和学校开心果乐园，也可以和老师、班里的心理调节员说说这件事，听听大家对你怎么说。

师总结：你看咱们用了这么多的方法（比如……）帮助同学排解烦恼，她一定会逐渐快乐起来的。

其实我们每一个人的心情就像天气一样是随时变化的，有快乐，也有烦恼，当我们不开心时，我们就可以运用上面的方法进行自我情绪调节，逐步帮我们改变心情。

你看老师这有一首童谣，让咱们一块读读吧，看看你发现了几种排解烦恼的方法：

心情就像七彩虹，有喜有忧也有愁。

排解烦恼有妙招，乐观开朗最重要。

深深呼吸好放松，积极暗示我能行。

合理倾诉道烦恼，转移注意愁云消。

换位思考消隔阂，我的心情我做主，

快乐生活每一天，快乐生活每一天！

上面的方法我们可以独立运用，也可以综合运用。

(4) 开展快乐天使的互助活动，尝试用以上办法解决实际问题：(三组题)

师：在课前，我们调查了一下同学们心中还有不少小的烦恼，我们抽取其中具有普遍性的内容，你们愿意用今天学过的方法帮同学们解决吗？

案例一：考试的时候我总是很紧张，心跳加快。(积极的心理暗示、深呼吸)

案例二：我想要的漂亮文具大人不给买。(注意力转移、换位思考、积极的心理暗示)

案例三：我的好朋友和我闹矛盾了，我很烦。(合理宣泄、换位思考、注意力转移)

① 以小组为单位，选取个案，分组解决。

② 交流汇报。

(5) 运用以上方法解决自己的烦恼，进行自我调适

① 听音乐想想自己在生活中有哪些烦恼，运用适当的方法解决进行自我调适

师：同学们，看来你们已经能灵活应用一些调节烦恼的方法，老师为你们高兴，老师也了解到同学们在生活中也曾遇到一些烦恼(出示烦恼箱)，请你猜猜这个带有笑脸的小箱子是做什么的？(收集烦恼的)请你拿出自己没有解决的烦恼，在音乐的伴奏下，静静地打开自己心灵的大门，结合今天学到的方法，试着解决它，然后放在烦恼箱中，永久封存，让我们在快乐中生活。

也许有一些同学还没有解决自己的烦恼，这也是正常的，相信你在同学的帮助下，一定会把烦恼全部解决，这个可爱的收集烦恼的小木箱也将随着我们回到我们的集体继续收集同学们的烦恼，让烦恼不再影响我们的心情。

② 师赠送笑脸图案

师：每一名同学都收到了老师送出的笑脸图案，让我们用今天学到的知识乐观地面对烦恼，做自己心情的主人，让阳光永远照耀着我们的心灵，像这个小笑脸一样，快乐生活每一天。

【初中案例】心理主题教育课——初三生活苦乐说

执教者：董雪梅　临港实验学校

【活动设计背景】

进入初三，学习内容越来越多，学习难度越来越大，学习标准也越来越高。家长对学生有要求，教师对学生有要求，学生对自己也有要求，这一切都变成了压力。所以老师、学生和家长都要及时调整心态，选择合适的目标，降低焦虑情绪，用轻松快乐的学习状态迎接中考。

不少学生用“紧张”“焦虑”“不安”等词语来形容他们刚迈入初三时的情绪感受；在学生作文中出现了“感觉自己快要发疯了”和“能不能让自己死得快一些”等比较极端的个案。

所以有必要以“初三生活苦乐说”为话题，做学生的心理辅导员，帮助他们消除不良情绪，让他们在轻松愉快的气氛中感受学习的快乐和生活的美好！

【活动目的】

(1) 知：在压力面前应及时调整心态、优化情绪。

(2) 情：同窗情、父母情、师生情，这一切都是那么美好。

(3) 意：领悟人生“苦乐参半”“苦尽甘来”“以苦为乐”的道理。

(4) 行：写下自己的美好心愿或人生格言，鼓舞鞭策自己快乐前行。

【活动准备】

(1) 教室布置成 6×6 的组合式。

(2) 彩印笑脸、哭脸 50 份。

(3) PPT 一份。

(4) 核桃、花生、大米、盐、糖、辣椒、花瓣等。

【活动实施】

一、导入

都说:“书山有路勤为径,学海无涯苦作舟”“吃得苦中苦,方为人上人”。

且看:某小学学生,在艰苦的环境中学习;某校高三学生,边打点滴边听课学习;哈佛大学图书馆,凌晨三四点还灯火通明。

介绍:“你说这样苦不苦”的博客

假如请你在“你说这样苦不苦”的博客下留言,你会说些什么?

引出:初三生活真的很苦很累,毫无快乐可言吗?

二、初三生活苦与乐,每人一句大家说

(1) 交流互动:初三生活是苦是乐,我们畅所欲言。

(2) 情绪反馈:把彩印纸张沿直线折成笑脸和哭脸,结合你对初三生活的具体感受,用图片的形式显示出你目前的情绪状态。(统计结果)

(3) 教师小结:苦乐参半,是生活的常态!

三、旁观别人的故事,领悟人生的哲理

过渡语:初三的学生很苦,初三的老师很累,每当我觉得很苦很累的时候,我会想到我的偶像——

(1) 猜猜:他是谁?(了解这几年来多多的成长经历。)

(2) 合作探究:“裸跑弟”传奇经历的背后是什么?

(3) 补充:父亲如此“狠毒”,引来骂声一片。(你觉得这位父亲该不该骂?)

(4) 视频:4 岁“裸跑弟”飞天圆梦

(5) 角色换位:假如你是多多家的邻居,你想对“鹰爸”说些什么?

假如多多是你的亲弟弟,你会对弟弟说些什么?

(6) 教师小结:苦尽甘来是良训,一分辛劳一分才!

四、变被动为主动,以苦为乐是境界

过渡语:有没有一种比较高明的办法,能让我们“身在苦中不觉苦”呢?

（1）我们有请台湾著名作家刘墉先生，让他来告诉你“快乐读书”的秘诀，大家掌声欢迎！

视频：《世说心语》之“超越读书苦”

（2）拓展：关于“快乐学习”，你有什么好方法可以一起分享？

（3）教师小结：只要调整心态、方法得当，我们还是可以乐在其中的！

五、分享快乐分担愁，互帮互助乐悠悠

（1）分享：集体照片，记住我们在一起时的精彩瞬间。

（2）互助：刚才举哭脸的同学中，有谁愿意让我们一起分担你的忧愁和苦闷？

（分担压力，给某同学一个拥抱；收获支持，同学之间握手鼓励。）

（3）教师小结：携手共进，我们永远在一起！

六、快快乐乐一辈子，学会选择是关键

（1）小游戏：玩一玩　乐一乐

材料：一杯子、核桃、花生、大米、盐、糖、辣椒、花瓣等。

寓意：一辈子、信念、成果、知识、苦、乐、叛逆、兴趣等。

活动过程：小组成员之间互出点子，共同商议出我们的“一辈子”中哪些是必不可少的东西？哪些是可有可无的东西？

（2）思考：你从这个小游戏中得到了怎样的启示？

（3）教师小结：有笑有泪、有花有果、有香有色，这就是我们的生活！

七、初三生活苦与乐，追逐梦想盼远航（再次统计结果）

（1）心语心愿：学生在笑脸的下方写下自己的心语心愿或人生格言！

（2）互相分享，交流发言。

（3）教师总结：苦乐参半，是生活的常态；苦尽甘来，是生存的姿态；以苦为乐，是胜利的心态。愿我们在成长的体验中不断丰富生命，丰盈思想，丰满人生！

八、结束语(集体诵读)

骏马是跑出来的,人才是熬出来的;

不苦不累不成器,变苦为乐是法宝;

唱一首生命赞歌,昂首阔步向前进;

待到灿烂六月时,人人都进凯旋门!

【高中案例】主题教育班会——抗逆生长

执教者:李荣滨　上海师范大学附属中学

【活动背景】

心想事成是我们的本愿,但在人生的旅途中,必然有起有伏,每个人都会遇到顺心的事,也会遇到不如意的事——有人选择逃避、有人坚强面对、有人选择放弃、有人破釜沉舟,这取决于个人的"抗逆力",即一个人处于逆境时的心理协调和适应能力。

在周记与平时交流中,同学们不同程度地流露出自我抑制、动力受阻的感受,在学业、生活、情感各个方面有着很多的烦恼,因此带来了压力。回避压力是不可能的,但我们能够在一个立体、动态、建构的环境中调整心理、开发潜能、弹性应对、主动适用。过去一帆风顺,现实犀利骨感。只有明白顺境和逆境都是生活的常态,在逆境便不会感到绝望,在顺境也能谦逊淡然,进而能为迎接逆境做好准备。

【活动目标】

(1) 感知体验不确定与意料之外的事对自己的影响;

(2) 面对不确定性,学会整合与协调,积极应对困境;

(3) 提升效能感,提高对学习生活的积极认知。

【活动准备】

(1) 课前调查《应对方式问卷》,数据分析(学生完成)

(2) 常规周记、心理周记、个别访谈等

(3) A4 纸(1 张/人)、彩笔多支

（4）讨论素材：学生周记中的相对共性问题

【活动实施】

一、热身活动：掌声响起来

设计意图：放松、投入，觉察潜能，为提升自我效能感做铺垫。

二、主题活动：我的未来我做主?!

学生个人分享。

设计意图：在本人作画及相互作画的过程中，体验不确定、意料之外及不合心意的事对自己的影响；学会整合与协调，积极应对困境。

三、针对班级同学的现状分析

设计意图：学生积极进行课前调查，通过专业的应对方式问卷进行数据收集，了解同学在面对逆境时通常采取的应对模式，并以直观化的方式进行呈现。

四、主题探讨：如何更好地面对逆境?

学生按小组分享。

设计意图：所选主题都来自学生周记中，从中选择了学业、家庭等方面比较有代表性的当前困境。引导学生推演主题活动环节的收获来进行实际生活困境的讨论。

五、教师总结

第三节　心理主题活动

一、心理主题活动的定义

心理主题活动是一种以活动为主要载体，使学生的内心在自然、安全、开放、尊重的氛围中得到开展，最终达到自我教育效果的一种团体心理辅导形式。

其核心概念是活动、感悟、分享与转化。“活动”是指能够引发学生亲身体验或亲“心”体验的活动；“感悟”是指在体验基础上形成的领悟；“分享”是指分享彼此的感受、经验和信息；“转化”是指将活动主题上学到的东西转化运用到实际生活中去。通过心理主题活动可以培养学生合作、坚强、勇敢、乐观、进取、耐挫等良好心理品质，以达到提高学生心理素质、健全学生人格的目的。

心理主题活动实施的条件与门槛不高，能在所有学校开展，能面向全体学生实施，组织者可以是心理老师，也可以是班主任、学科教师等。所以，班主任可以充分借助心理主题活动的形式，对班级学生开展团体心理辅导，提高班级心育效率。

心理主题活动可以是班级团体活动，例如由班主任组织班级学生参加学校每年 5 月的心理健康活动月，排演心理剧、录制心情故事等。也可以是家长与学生的亲子心理活动，例如，班主任组织家长和学生共同参与亲子话题的讨论会，共同完成心理主题的作品等。还可以是与校外基地合作的社会实践活动，例如，班主任组织学生走出校园，走进社会实践基地，在与各行各业的工作人员学习、合作中，开启自己的生涯探索。心理主题活动的形式多样，包括心理绘画、音乐心理活动、心情故事创作、心理手语操、校园心理剧、生涯规划与体验等。班主任可以根据主题的需要，由内容的特点决定最适当的活动方式，兼有理论知识的融入和穿插。

二、心理主题活动的实施

（一）基本步骤

1. 活动准备

开展心理主题活动并非易事。首先，班主任要认真准备，明确本次活动的目的、要求以及重点活动项目等。其次，班主任要提前向学生讲明活动要求和应做好的准备工作。最后，班主任要提前布置好活动的环境，环境条件

(如空间大小、场地设施等)会对活动的效果产生潜在的影响,不仅会对学生的心理发展产生暗示作用,学生也可以通过环境来投射和表达自己的情绪体验。此外,对学生在活动中可能出现的超出常规的认识和行为,教师如何处理也应做到有所准备和预见。

2. 宣传发动

心理主题活动想提高学生的参与性,需要加强宣传与发动。为了尽可能让所有学生获得体验,心理主题活动往往是以小组为单位进行分工合作。小组的组织形式直接影响活动效果。分组一般采取自愿结合的形式,这样学生参与的主动性比较高,原则上不要由班主任强行分组。每个小组可以选一个组长,其职责是维护组内秩序、承接活动环节、带头表露或接纳。

3. 活动开展

班主任根据方案开展活动。虽然心理主题活动的内容往往是与学生的实际生活相联系,但要使活动的内容与学生的兴趣之间建立直接联系,还需要班主任设置一些有吸引力的情境,调动学生参与的积极性。

4. 回顾升华

心理主题活动的结束阶段,班主任要加强总结,引领大家一起回顾在活动中经历过的心情体验,让学生在自己的心理发展和情绪体验之间建立起紧密的联系。在活动之后,班主任对活动的目的、意义和结果进行总结,从活动的目标和意义上进行提升,对活动的影响给予方向性的、符合社会主流价值观的正面引导。

(二) 基本方法

1. 小组讨论

小组讨论是心理健康教育活动中最常见的方法。班主任可以将学生分组,然后就某一主题在组内发表自己的看法和意见,进行研讨,共同成长。运用小组讨论时,班主任要注意做好引导工作,对学生的发言不予以价值判断。

2. 游戏活动

游戏活动既是中小学生课余时间最熟悉、最喜欢的一种发展身心的活动方式，也是将学生的内心世界投射出来的一种心理教育方法。班主任在传统的校园游戏中，如果加入心理健康教育的元素，并积极引导，就能够促进学生人格的完善，加强合作与竞争精神的培养，发挥心理活动的教育功能。

3. 角色扮演

角色扮演是指通过让学生扮演或模仿一些特定的角色，将学生暂时置于他人的位置，通过学生对角色的模仿、想象、感受和体验，使学生增进对他人社会角色及自身原有角色的理解，从而学会更有效地履行自己的社会角色。角色扮演活动能够起到澄清问题、疏解情绪和塑造行为等重要作用。

4. 讲故事法

故事本质上并不是对事件的客观描述，而是投射了大量的描述者和理解者的主观态度、感情、期望和经验的文本。让学生述说自己的故事，可以起到宣泄情绪、表达自我的作用。

5. 实践活动

心理主题实践活动主要包括社会活动（春游、秋游等活动）、社会考察（参观、访问和社会调查）、社会服务（公益劳动、志愿者服务）和社会实践（军训、学农）等形式，其主要目的在于让学生认识自己所生活的环境，寻找自己的社会定位以及体验不同的生存和生活方式等，社会实践活动是促进个体社会性发展的有效方式。

（三）注意事项

相比较学校其他活动，班主任在开展心理主题活动时需要注意以下几点：

1. 侧重内在体验

心理主题活动通过学生的参与和互动，让其获得内在体验，产生感悟。

这些内在体验是学生珍贵的心理资本，成为他们在应对现实生活中类似冲突或压力时，可灵活运用或作为决策的参考依据。让 50 个学生参与相同的心理主题活动，可能会获得 50 种不同的启发和感悟，这些独特又珍贵的自我启发与生硬的理论教学相比较，学生吸收的效果肯定更好，能在他们心中留下更深刻的印象。换句话说，心理主题活动是提供一种平台和机会，让学生透过活动体验进行自我教育，在活动过程中学生也能理解心理健康教育的宗旨就是助人及自助。

2. 鼓励分享支持

心理主题活动的设计中有分享的环节，目的是让学生认识到自己和他人的差异性，学会尊重和包容。同时，也使学生释放内心的压力和焦虑，宣泄负面情绪，学习接纳自己，并获得团队同伴们的共情和支持。

3. 强调尊重接纳

心理主题活动的指导者同时扮演了两种角色，一是活动的引导者，负责引导主题活动的进行，二是支持者，通过无条件接纳、尊重，给学生安全感和心理支持。这有助于营造安全的活动氛围，帮助学生卸下防备，体验和接纳自己当下的感受。

4. 促进沟通交流

心理主题活动不是教师的单向传递信息，而是在教师的组织下，以学生之间的互动交流为主，注重学生与学生、学生与老师之间的双向交流和沟通。研究发现，双向的心理辅导可以有效地促进健康人格品质的形成。所以，心理主题活动更受学生欢迎，效果较为显著。

三、心理主题活动案例

（一）心理绘画

心理绘画是一种开放性的活动，注重的是学生将绘画聚焦在自己的心理事件和心理感受，尤其是在积极心理学理念的引导下，通过积极心理学的一些方法引导学生从积极乐观的角度来面对和处理生活事件，这与一般的绘画活动是有区别的，因此，在开展心理绘画活动之前，班主任可以先确定好主题，明确活动要求，不要过分强调绘画技巧，避免打击学生参与活动的热情与积极性，真正引导学生通过绘画活动达到心理疏导、提升心理健康水平的效果。

【案例】

《与家人乐游辰山公园》

这是以“阳光家庭，美好生活”为主题的心理绘画活动。这幅画获得了浦东新区心理绘画大赛一等奖，作者是四年级张姓同学。小作者在绘画中描述了和爸爸妈妈一起游玩辰山公园的点点滴滴，有“好不容易能和爸爸妈妈一起出来玩”的快乐，有看到各种各样植物的兴奋与好奇，有爬上辰山的劳累，有站到山顶的成就感，也有穿越浮桥时的担心恐惧。

整个画面和谐生动，色彩饱满，人物亲切可爱。远处的高楼大厦和车水马龙，近处的绿树成荫和鸟语花香，都包围着一脸微笑的三口人。通过这样的心理绘画，真实地表达了小作者能与爸爸妈妈一起外出游玩时幸福与快乐的感受，传达了对于父母之爱的内心需求与渴望。

(二) 心理手语操

心理手语操，是一种将身体运动和心理体验相结合的心理主题活动形式。它既能丰富学生的动作语汇，体会到生命的节奏，增进对身体自我的觉察；还能在支持性的气氛中，坦然面对动作经验中的内在历程，从而提升审美、促进放松、进行减压、接纳自我、建立自尊、适应环境。此外，通过心理手语操的集体表现形式，对于学校班级建设、团队建设、人际关系等具有积极的促进作用。在具体实施中，班主任需要先明确主题，有一条清晰的主线，重点突出，避免学生把心理手语操单纯地当成一项娱乐，导致心理健康教育的目标难以达成。只有把握主题，呈现背景并深度挖掘，这样的心理教育才会深入人心。

例如，针对学生冷漠、不会感恩的现象，制定“铭记温暖，学会感恩”主题；根据空难事故背景，制定“将爱心传播，为生命祈祷”主题，主题确定后，选曲围绕主题展开，表演要求突出主题。实践证明，这样的活动贴近学生生活，意义深刻。

【案例】

上海市建平实验学校刘丽秋老师辅导的心理手语操《挥着翅膀的女孩》在浦东新区 2013 年心理健康活动月“阳光校园，积极人生”初中生心理手语操比赛中荣获一等奖，活动记录如下：

心理主题活动——《挥着翅膀的女孩》心理手语操

活动准备	活动目的：通过美妙的音乐、形象的手语、真诚的感受、飘逸的服装，来表现女孩们阳光、积极的心态。 活动对象：班级女生 活动场地：学校体育馆 活动服装：校服 指导老师：刘丽秋老师、学校音乐老师

（续表）

宣传发动	制定参赛口号：女孩们！勇敢吧！坚持吧！ 确定表演曲目：《挥着翅膀的女孩》是一首深受学生喜爱的歌曲，歌曲表达了女孩要勇敢、坚持的励志心态，其歌词励志，旋律朗朗上口。 手语操编排分工：……
活动实施	5月5日前，每天中午12:00—12:50，集中练习 5月10日前，完成手语操拍摄和光盘录制 5月16日前，送光盘参加初赛，争取参加全区决赛。
回顾升华	感受生命的力量。学生在优美的手语表现形式中，能尝试去感受乐观向上的无声力量，这种力量，无疑会给他们带去心灵的震撼，内心的触动更会激发他们去总结、反思、完善自我，在感激、感动的过程中，更多的是自我激励，充满正能量助其更健康地成长。在实际体验的过程中，感受生命的价值、生命的力量、团队合作的力量。 培育创新能力。将手语操运用于心理健康教育，开展各式各类手语操比赛、手语操展演，这些活动，要求除手语展示外，还要纳入各种形式的辅助表演，要求节目整体出效果，富有感染力，这就要求参加活动的学生充分考虑，调动各方资源，进行全面创新的编排，这实际是为学生的创新思维、创新能力提供锻炼的机会。学生在参与心理手语操设计、排练、调整、表演的过程中，不断发挥其创造能力。 发挥同伴教育影响力。歌曲的选择、节目的编排，完全由学生自己去完成，这是发挥同伴教育的作用。参赛学生还得用心去思考：什么是打动自己的？什么能打动别人？进而根据学生自己的体悟，去发掘同龄人的心理需求，学会换位思考，并通过自己的表现，去实现对同龄人的感染，这无疑能充分发挥同伴教育的优势。 创设平台让更多学生参与、体验。心理手语操能给更多学生提供参与的机会，反响热烈，在师生中口碑好。从实践经验看，手语操在学校心理健康教育中是一项叫好叫座的活动。师生对于此项活动的形式及意义给予充分肯定。相对于其他一些活动，手语操可以给更多的同学，甚至是所有同学提供参与的机会，它能让尽可能多的学生因为置身其中而获得归属感、安全感。同时，手语是学生日常不会接触到的一种语言，因为好奇和兴趣，学生往往一改面对其他活动时的冷漠和疲态，积极热情地投入其中。它已然成为很多师生记忆中学校心理健康教育的特色符号。

（三）校园心理剧

校园心理剧是在心理剧的理论基础上，兼具教育性和治疗性，把学生遇到的心理问题进行分类提炼，先写出剧本，经过反复修改，使它反映具有普遍性和典型性的校园心理问题，并演绎出解决问题的方法。剧本确定后，就搬上校园舞台，让学生自己表演、自己观看、自己体悟，从而使表演者和观看者得到启发。学生从校园心理剧中能体验心理的细微变化，进而达到宣泄、释压和领悟的效果。通过学生“自己演，演自己”，把大道理用心理剧的形式表现出来，既能够让学生从中受到心灵上的启迪，又能使学生感受到现实生活的美好，还能增进互动交流，促进学生间的感情和友谊，得到正确的认识自我和成长的机会。校园心理剧以其参与性、自创性、体验性、直观性、启发性和回味性的特点，深受学生喜爱。

【案例】

进才中学校园心理剧《触碰》讲的是与同学们紧密相关的家庭事件。主人公小池和夏方远在家庭上有着类似的矛盾和纠葛，这促使两个人通过写信的方式寻求到了倾诉之法。但问题并未就此打住，这两个孩子都恰巧离家出走，着急的父母在寻找中遇到了一起，相互倾吐了对孩子教育上、沟通上的不足。而小池和夏方远也被父母所打动，走出来与父母拥抱，最终和好。

故事触碰了现在家庭中普遍存在的家庭教育问题。父亲母亲的严厉、打骂并不能正确地引导孩子，而孩子的逆反、暴躁亦不可取。沟通是座通向心灵的桥梁，仅靠父亲母亲、儿子女儿的字眼联系感情还不够，唯有相互了解才能彼此更近。

出演该心理剧的演员、幕后、后勤都为此作出了极大的努力，终于在进才中学校园心理剧竞赛中摘得头彩。最佳团体，最佳男主角、男配角、女配角都收入囊中。每个人都在剧中有可喜的表现，表达自然，情感充沛，尤其是与父母矛盾激化的两幕十分轰动。导演的指导、老师的客串都锦上添花，尤为特别。以下是该剧的片段节选：

校园心理剧——《触碰》

人物：小池、夏方远、邮局工作者、小池母、夏方远父、小池独白、夏方远独白、同学甲乙

……

第三幕：

ppt：夏方远的信让小池体会到了他的思绪……

（小池踱步，看信）

夏方远独白：很高兴可以向你用这种独特的方式倾诉。对不起，想把你当作垃圾桶倾倒我内心的不满。

从小，我就觉得自己缺乏父爱，父亲一直是一个严厉的角色，打我、骂我，从不犹豫。都听别人说，打是亲，骂是爱，可是他为什么一句关心的话也没有呢？我恨透了别人对我身上的瘀青指指点点，每次借口说是打篮球弄的，他们说这很帅，但是他们却不知道这其实是我父亲给我留下的他所谓的父爱。我再也不想这样了！我多希望他给我的不是一堆钱，不是一顿打，更不是什么棍棒下出孝子的破理论，而是一些关心的话。哪怕只有几个温暖的字眼，我也就知足了……

你能理解吗？

（小池坐下，作思索状。）

ppt：

（夏站起来，踱步拍打篮球几下。）

小池独白：我曾经不止一次地写信给不知身在何处的爸爸，可是他离我太远了，我感觉不到他的存在。看到那些没有地址的信，觉得寂寞。现在，我能够写信给你，我感到欣慰。

我的妈妈根本就是个悍妇，无理又自以为是，教训我的口气永远改不了。我曾经用了很长时间与她保持沉默，即使这样她还是常把我当作教训的对象。她总觉得自己为我做的一切应该是我最值得感激的事，但是我们之间的感情却稀疏得像一根拉到极限的线，再一拉就会断得体无完肤。我该感激她这种紧绷的爱吗？试问，我们连好好交流的机会都没有了，还谈什么爱？她带刺的话，总是把我刺得遍体鳞伤。

我说的，你懂吗？

（夏坐下来，提起笔写）

［第四幕］

ppt：（两人同时离家出走。）

（舞台上小池和夏方远分别从舞台两边走出）

夏：你怎么会在这里？

池：那你呢？怎么又会在这儿。

夏：我……

池：原来我们一样。

（他俩找个地方坐下了。他们开始交流。）

夏：你又和你妈吵架了吧！

池点头。

夏：我的妈妈也会有过错，可是比起我爸爸，我更爱她，所以我可以容忍，毕竟她生我养我，还一直爱着我，每个母亲都爱着自己的孩子，你的母亲也不例外。

池：可她总是不了解我，把气撒在我身上。

夏：她一定还把你当作孩子，不放心你，自己工作上压力无处宣泄，脾气才会比较暴躁。

池：如果她能够好好和我说句话，我也不至于离家出走。（停顿一下）但是，我这一次的离家出走，又给她带来了多大的烦恼。我讨厌她的教训、她对我的居高临下，但又能够怎么样呢？血浓于水，父亲的离开有多久，妈妈的辛苦就有多久，她对我虽然凶悍，但她在我作出些成绩时那种不愿说出口却又看我的奖状偷笑的样子，又难免让我对自己的态度感到难过。

夏：……（沉默2秒）

池：其实我很羡慕你啊，有一个近在咫尺的爸爸，尽管他不是一个最好的父亲，但至少他能陪你度过童年。

夏：是啊，小时候的爸爸那么谦和，我看他对我笑，我也笑得很甜。他的严厉随着我年龄的增长愈加明显，我抵触，我逆反，就是要和他的老旧观念抗衡，可当我平静下来，却看得到他在我学业上的操心写进了他额头上的皱纹里，心里又是一阵酸，可是谁也拉不下脸，就这么一直僵持着。我们是不是应该试着去了解体谅他们的苦心呢？

池：我们的确也有不对的地方。

（池母和夏父出场，焦急地寻找着。）

池母：小池！小池！你在哪啊……

（同时）小池和夏听到了他们父母的呼唤，忙躲到了椅子后面。

夏父：夏方远你个臭小子，快给我出来。

池母：这俩孩子能上哪儿去呢？

（夏父无奈地坐在路边的椅子上，池母坐在他身边。）

……

夏父：夏方远这个孩子，就是爱玩，我每次看见他打篮球就来气。当我挥手要打他时，他满脸的叛逆。我想想以前中考前的日子里，他有多么乖啊，一头扎进书堆里就不出来了。我到现在还是很怀念那段时光。一进高中，我就对他更加严苛了，我知道他不喜欢，可我还是要他给我争口气啊。这次我打了他，他头也不回地冲出家门，没想到深夜都不回来，我才知道，我做得有多过分，我没好好的想过他是否能接受这样的父亲，他也是有感情的，一味地打骂也不是个办法啊。

你的女儿呢？听夏方远说她一向的好成绩，为什么也……？

池母：这也不是第一次了，但没想到她这回连手机也关了。说起我家那孩子，就是和我一样，脾气倔，宁愿看着书，也不要看我这张黄脸。我常常拿大人的道道来压她，结果，她就要我尝尝担心的滋味。我也知道，她成绩优异，不要我为她多操心，可是我还是对她管头管尾地呵斥她，她就不开心了。

我该多夸夸她的，她有多想听听我的夸奖、我的赞美，也许就只是笑一笑也好，可我连这样简单的事情都做得完完全全不够。她曾说过，我的体谅对她来说就像遥不可及的星辰，我那时说她又搬出书里的东西了，但现在，我明白自己有多么愚蠢。

夏父：看起来我们和孩子都有错，都应该改一改。

池母：可是他们在哪呢？他们能听到我们的心声吗？

夏父池母：哎……

（这时，夏和池同时站了起来。慢慢地走向他们的父母，他们的父母也惊讶得站起来。）

池：妈！

池母：小池！

池：（一把抱住妈妈）我们都听到了！

池母：回来就好……

夏：爸！

夏父：儿子！（捶他一拳。）

两位随家人回家……

［暗场……］

［幕启］

ppt：敞开心里的窗

阳光正在弥漫

孩子要学会触碰外表坚强、内心柔软的亲人

父母要学会触碰一直爱你却倔脾气的孩子

触碰温暖

触碰爱

……

ppt：全剧终

第四章　学生生涯辅导

当代社会存在着一些功利主义、享乐主义和物质主义的倾向，由此带来的弊端是弱化人们对于自身存在价值和意义的思考，弱化人们对有意义的生活的向往和追求。这导致不少学生学习动力不足、目标模糊，不了解社会的需求和自身的需求，不知道如何规划人生以实现个人价值。开展生涯辅导，旨在培养学生的综合素养和能力，促进学生对自我和人生发展的认识和理解，以帮助学生更好地规划人生，实现生命的真正意义。

第一节　生涯辅导概述

一、生涯辅导的含义

“生涯”一词由来已久，但是不同学者对生涯的理解有所差异，目前大多数学者所接受的生涯定义是来自舒伯(Super)的观点：生涯是生活中各种事件的演进方向和历程，它统合了人一生中的各种职业和生活角色，由此表现出个人独特的自我发展形态。

生涯也是人自青春期以至退休后，一连串有酬或无酬职位的综合。除了职业之外，还包括任何与工作有关的角色，如学生、退休者，甚至包含了家庭和公民的角色。所以，“生涯”在一定程度上可以看成是整个人生命成长的历程，也可以理解为介于“生命”和“职业”之间的概念，它的外延并未大到与“生命”等同，但也未小到与“职业”同义，其内容是比较宽泛的，具有丰富的内涵和特性。①

“生涯辅导”是运用系统方法，指导学生增强对自我和人生发展的认识与理解，促进学生在成长过程中学会选择、主动适应变化和开展生涯规划的发展性教育活动。生涯辅导的前身是职业辅导。职业辅导最初以职业选择、准备、就业和适应为重心，从20世纪70年代起，逐渐转变为自我了解、自我接受和自我发展为主的生涯辅导。生涯辅导的范围比职业辅导更为宽广，通过对学生的生涯认知、生涯导向、生涯试探、生涯选择、生涯安置、生涯进展等开展一系列有步骤、有阶段的活动，帮助学生充分了解自己的兴趣、能力、个性特点，了解大学、专业、职业、家庭期望、社会需要，分析评估自己的学习位置、学习优势与问题、发展能力，为未来的生活作准备，使自己成为生活的设计师。

二、生涯辅导的理论

生涯辅导理论是进行生涯辅导的依据，为生涯辅导工作提供了具体可操作的指导原则和方法，其作用非常重要。生涯辅导理论众多，其中比较有代表性的是舒伯生涯发展理论和霍兰德职业兴趣理论。

(一) 舒伯生涯发展理论

美国职业发展理论代表人物舒伯以差异心理学、发展心理学、职业社会学、人格发展理论等为基础，经过长期的研究，系统地提出了有关生涯发展的观点。②

1. 生涯发展理论

舒伯根据自己“生涯发展型态研究”的结果，将生涯发展划分为成长、探索、建立、维持与衰退五个阶段。具体分述如下：

---

①② 沈之菲编著：《生涯心理辅导》，上海教育出版社2000年版，第3、56—62页。

(1) 成长阶段:由出生至14岁

该阶段孩童开始发展自我概念,开始以各种不同的方式来表达自己的需要,且经过对现实世界不断地尝试,修饰自己的角色。这个阶段发展的任务是:发展自我形象,发展对工作世界的正确态度,并了解工作的意义。这个阶段共包括三个时期:一是幻想期(4—10岁),它以"需要"为主要考虑因素,在这个时期幻想中的角色扮演很重要;二是兴趣期(11—12岁),它以"喜好"为主要考虑因素,喜好是个体抱负与活动的主要决定因素;三是能力期(13—14岁):它以"能力"为主要考虑因素,能力逐渐具有重要作用。

(2) 探索阶段:15—24岁

该阶段的青少年,通过学校的活动、社团休闲活动、打零工等机会,对自我能力及角色、职业作了一番探索,因此选择职业时有较大弹性。这个阶段发展的任务是:使职业偏好逐渐具体化、特定化并实现职业偏好。这个阶段共包括三个时期:一是试探期(15—17岁),考虑需要、兴趣、能力及机会,作暂时的决定,并在幻想、讨论、课业及工作中加以尝试;二是过渡期(18—21岁),进入就业市场或专业训练,更重视现实,并力图实现自我观念,将一般性的选择转为特定的选择;三是试验并稍作承诺期(22—24岁),生涯初步确定并试验其成为长期职业生活的可能性,若不适合则可能再经历上述各时期以确定方向。

(3) 建立阶段:25—44岁

由于经过上一阶段的尝试,不合适者会谋求变迁或作其他探索,因此该阶段较能确定在整个事业生涯中属于自己的"位子",并在31—40岁开始考虑如何保住这个"位子",并固定下来。这个阶段发展的任务是统整、稳固并求上进。这个阶段细分又可包括两个时期:一是试验—承诺稳定期(25—30岁),个体寻求安定,也可能因生活或工作上若干变动而尚未感到满意;二是建立期(31—44岁),个体致力于工作上的稳固,大部分人处于最具创意时期，由于资深往往业绩优良。

(4) 维持阶段：45—65 岁

个体仍希望继续维持属于他的工作"位子"，同时会面对新人员的挑战。这一阶段发展的任务是维持既有成就与地位。

(5) 衰退阶段：65 岁以上

由于生理及心理机能日渐衰退，个体不得不面对现实，从积极参与到隐退。这一阶段往往注重发展新的角色，寻求不同方式以替代和满足需求。

2. 一生生涯彩虹图

舒伯在原有的发展阶段理论中加入了角色理论，并将生涯发展阶段与角色彼此间交互影响的状况，描绘出一个多重角色生涯发展的综合图形。这个生活广度、生活空间的生涯发展图形，舒伯将之命名为"一生生涯彩虹图"，见图 4-1。

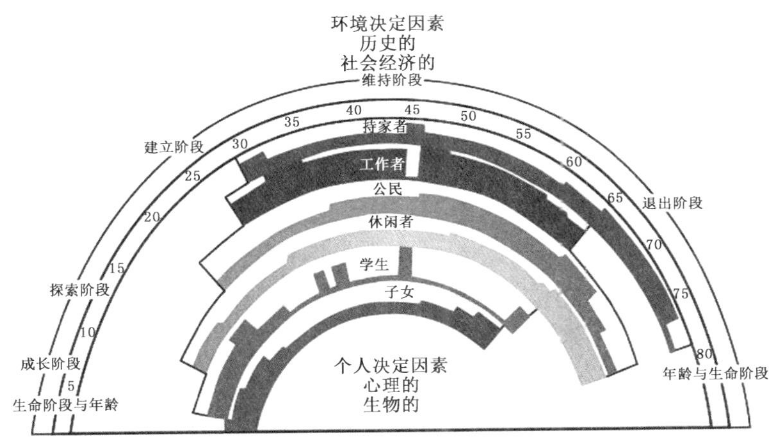

图 4-1 一生生涯彩虹图

(1) 横贯一生的彩虹——生活广度

在一生生涯的彩虹图中，横向层面代表的是横跨一生的生活广度。彩虹的外层显示人生主要的发展阶段和大致估算的年龄：成长阶段（约相当于儿童期)、探索阶段(约相当于青春期)、建立阶段(约相当于成人前期)、维持阶段(约相当于中年期)以及衰退阶段(即退出阶段,约相当于老年期)。在这五个主要的人生发展阶段内,各个阶段还有小的阶段,舒伯特别强调各个时期的年龄划分有相当大的弹性,应依据个体的不同情况而定。

(2) 纵贯上下的彩虹——生活空间

在一生生涯的彩虹图中,纵向层面代表的是纵贯上下的生活空间,由一组职位和角色所组成。舒伯认为人在一生当中必须扮演九种主要的角色,依次是:子女、学生、休闲者、公民、工作者、夫妻、家长、父母和退休者。在图中,夫妻、家长、父母这三个角色归为“持家者”,“退休者”角色未列入。各种角色之间是相互作用的,一个角色的成功,特别是早期的角色如果发展得比较好,将会为其他角色提供良好的关系基础。但是,在一个角色上投入过多的精力,而没有平衡协调各角色的关系,则会导致其他角色的失败。在每一个阶段对每一个角色投入程度可以用颜色来表示,颜色面积越多表示该角色投入的程度越多,空白越多表示该角色投入的程度越少。图中可见一个人一生中工作、家庭、休闲、学习研究以及社会活动对个人的重要程度,以及个体不同发展阶段所具有的特殊意义。

每个人的生涯彩虹图都是不同的,班主任在生涯辅导过程中,通过让学生完成其自身的生涯彩虹图,可以帮助学生对自己未来的各阶段进行调配,做出各种角色的计划和安排,使学生成为自己生涯的设计师。

(二) 霍兰德职业兴趣理论

美国职业指导专家约翰·霍兰德在其理论中将人格类型分为六种:现实型(Realistic Type,简称 R)、研究型(Investigative Type,简称 I)、艺术型(Artistic Type,简称 A)、社会型(Social Type,简称 S)、企业型(Enterprising Type,简称 E)和常规型(Conventional Type,简称 C)。这六

种类型可以按照固定的六角形顺序排列，见图 4-2。

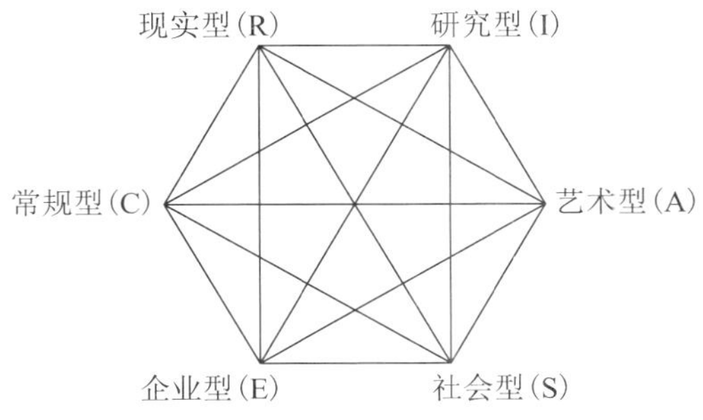

图 4-2　人格类型的六角模型

各类型之间的一致性(即心理上一致的程度)可以用六角形上的距离表示。位置是临近的，其一致性高，例如 RI、RC、IR、IA 等。位置是相隔的，其一致性中等，例如 RE、RA、IC、IS 等。位置是相对的，其一致性低，例如 RS、CA、IE。

霍兰德将人所处的职业环境也分为六种类型：现实型、研究型、艺术型、社会型、企业型和常规型。霍兰德认为不同类型的人需要不同的职业环境，个人的人格与职业环境之间的适配和对应是职业满意度、职业稳定性与职业成就的基础。具体人格类型和职业环境的适配见表 4-1①。

表 4-1　人格类型与职业环境的适配(霍兰德)

类　型	人　格　倾　向	典型职业
现实型(R)	此种类型的人具有顺从、坦率、谦虚、自然、坚毅、实际、有礼、害羞、稳健、节俭的特征，其行为表现为： A. 喜欢实用性的职业或情境，以从事所喜好的活动，避免社会性的职业或情境。 B. 以具体实际的能力解决工作及其他方面的问题，较缺乏人际关系方面的能力。 C. 重视具体的事物或个人明确的特性，如金钱、权利、地位等。	一般劳工、工匠、农夫、机械员

① 邱美华、董华欣：《生涯发展与辅导》，台北心理出版社 1997 年版。

（续表）

类　型	人　格　倾　向	典型职业
研究型(I)	此种类型的人具有分析、谨慎、批评、好奇、独立、聪明、内向、条理、谦逊、精确、理性、保守的特征，其行为表现为： A. 喜欢研究性的职业或情境，避免企业型的职业或情境。 B. 以研究的能力解决工作及其他方面的问题，亦即自觉好学、有自信、重视科学，但缺乏领导方面的才能。	工程师、化学师、数学师、科研人员
艺术型(A)	此种类型的人具有复杂、想象、冲动、独立、直觉、无秩序、情绪化、理想化、不顺从、有创意、富表情、不重实际的特征，其行为表现为： A. 喜欢艺术性的职业或情境，避免传统性的职业或情境。 B. 自觉富有表达能力、直觉、独立、具创意、不顺从、无次序等特征，拥有艺术与音乐方面的能力(包括表演、写作、语言)，并重视审美的特质。	诗人、小说家、音乐教师、舞台导演
社会型(S)	此种类型的人具有合作、友善、慷慨、助人、仁慈、负责、圆滑、善交际、善解人意、说服他人、理想主义、富有洞察力等特征，其行为表现为： A. 喜欢社会型的职业或情境，避免实用型的职业或情境，并以社交方面的能力解决工作及其他方面的问题，但缺乏机械与科学能力。 B. 自觉喜欢帮助别人、了解别人、有教导别人的能力，且重视社会与伦理的活动与问题。	教师、传教士、辅导人员
企业型(E)	此种类型的人具有冒险、野心、独断、冲动、乐观、自信、追求享乐、精力充沛、善于交际、获取注意、知名度等特征，其行为表现为： A. 喜欢企业性质的职业或情境，避免研究性质的职业或情境，会以企业方面的能力解决工作及其他方面的问题。 B. 自觉有冲动、自信、善交际、知名度高、有领导与语言能力，缺乏科学能力但重视政治与经济上的成就。	推销员、政治家、企业经理
常规型(C)	此种类型的人具有顺从、谨慎、保守、抑制、服从、规律、坚毅、实际稳重、有效率，但缺乏想象力等特征，其行为表现为： A. 喜欢传统性质的职业或情境，避免艺术性质的职业或情境，会以传统的能力解决工作及其他方面的问题。 B. 喜欢顺从、规律、有文书与数字能力，并重视商业与经济上的成就。	出纳、会计、银行职员、行政助理

当然，霍兰德也认为很少有人仅是某一种类型，每个人在六个类型上都有不同程度的倾向，通过霍兰德职业人格测试找出其倾向性最强的三个类型（如ESA）来代表个人的职业兴趣特点，这三个字母的组合被称之为个人职业兴趣代码，霍兰德根据职业兴趣代码与现实中常见职业之间的对应，编制出了职业索引。根据自己的职业兴趣代码就能在职业索引中查到所对应的一系列职业的名称，作为具体的参考。

在生涯辅导中，霍兰德的职业兴趣理论有助于学生了解自己的性格特点、兴趣爱好和对应的工作环境。

以舒伯生涯发展理论为代表的发展论和以霍兰德职业兴趣理论为代表的匹配论，均对中小学生涯教育具有引领和指导作用，根据学者沈之菲的观点，学校生涯教育要兼顾匹配论和发展论的观点，切勿择一而行。

三、生涯辅导的师资

由于生涯辅导具有专业性、复杂性和动态性等特点，所以辅导教师应具备心理学、社会学、教育学、管理学等多学科的综合知识与技能，加上相关培训制度尚未健全，由此造成目前生涯辅导专职教师相对缺乏的问题。

当然，即使学校已有生涯辅导专职教师，也无法凭借一己之力达成全体学生的生涯辅导目标，因为生涯辅导是一项系统工程，需要学校有清晰的顶层设计和整体规划，也需要各方通力合作。因此，生涯辅导师资队伍的建设工作显得尤为重要，它是开展生涯辅导工作的前提和基础。

由众多学校的实际工作经验可见，生涯辅导师资队伍的组成可分为两个部分：一是以生涯辅导专职教师为骨干，班主任和心理教师为主体，学科教师和德育教师等共同参与的校内生涯辅导师资队伍；二是充分借助校外资源，邀请校外辅导专家、行业资深人士、校友、学生家长等组成校外生涯辅导师资兼职队伍。

从现有的生涯辅导工作经验可知，班主任是生涯辅导师资队伍中的主要成员，是开展生涯辅导的重要力量，也必将在未来的生涯辅导工作中继续发挥着不可估量的作用。

第二节　生涯辅导的目标和内容

不同学段的学生有着不同的心理特点和生涯发展需求，所以生涯辅导的目标和内容也各不相同。以下是学校生涯辅导师资队伍所要达成的学校整体生涯辅导目标和具体实施内容，班主任作为生涯辅导师资队伍的主要成员，可以根据任教学生的具体学段，开展贴近学生、符合实际、各有侧重的生涯辅导工作。

一、生涯辅导的目标

（一）小学生生涯辅导目标①

1. 懂得自己的能力、价值和兴趣是将来教育以及职业选择的基础。

2. 了解通过计划与准备才可以达到自己未来的目标。

3. 知道现在的学习技巧（如读、写、算）可以运用到未来的学习与工作上。

4. 对服务他人的各行各业工作能加以描述，并且了解工作是神圣的，从而能尊重从事各种工作的劳动者，知道他们为社会所做的贡献。

5. 能进一步拓展对社区、周围世界的认识。

（二）初中生生涯辅导目标②

1. 让学生了解自己的兴趣、能力、价值观，并接触多种不同的职业领域，以发掘较适合个人的职业。

2. 帮助学生了解不同工作的本质及其对社会的贡献和重要性，了解不

---

①② 沈之菲编著：《生涯心理辅导》，上海教育出版社2000年版，第123、130页。

同工作对工作者能力、性别等方面的要求。

3. 使学生了解不同内容形式的教育会影响以后的职业选择，并让学生通过不同工作的角色体验了解不同工作的知识及技能上的差异。

4. 让学生了解不同职业的工作情境、工作流程、产品及其要求掌握的特殊技能。

5. 使学生了解从事不同职业的人的生活方式会有差异，让学生注意其所喜欢的生活方式与想从事工作的生活方式是否一致。

6. 让学生初步学习生涯规划和生涯决策的技巧。

（三）高中生生涯辅导目标①

1. 了解自己的能力倾向、价值观、兴趣、期望、对职业的喜好等彼此间的关系。

2. 针对自己对未来的选择，分析自己现有的能力，并能够发展出一个计划以增强自己的能力。

3. 经过选修适当的课程，进行在职训练或做研究计划等，充实自己，以具有未来工作或学校所需求的资格。

4. 发展出能有效地利用休闲时间的能力。

5. 若所做的选择落空时，能以另一种方式来达成自己在教育或工作上的愿望。

6. 确定从学校毕业后至达到目标之间所需要实施的步骤。

7. 对于个人的特质及学习能力能做出正确的概述，并能在求职或升学的面谈中恰如其分地表现出来。

二、生涯辅导的内容

中小学生涯辅导的主要内容包括自我认识、社会理解、生涯规划三个

① 沈之菲编著：《生涯心理辅导》，上海教育出版社2000年版，第139页。

方面。[①]

(一) 自我认识

指导学生探索了解自身的兴趣爱好、能力特长和个性特征,发展积极的自我概念和生涯规划意识,提升自我调控、人际交往和社会适应能力,并在不断成长中形成健全的人格,树立正确的人生理想和价值信念。

(二) 社会理解

指导学生增强社会意识、社会理解和社会责任感,认识个人与社会、学业与发展、当下与未来的关系,了解社会角色、社会分工的发展动态及不同职业的专业素养要求,形成对社会各行各业的尊重与理解。

(三) 生涯规划

指导学生在充分自我认识和社会理解的基础上,掌握学业规划与职业规划的主要方法,综合各类信息,平衡个人发展和社会发展的需求,制定适合自己的学业发展目标和计划,初步设计合理的职业和人生发展路径。

三、各学段生涯辅导实施重点

(一) 小学阶段

小学阶段的生涯教育侧重于生涯启蒙。主要通过观察、模仿、游戏体验等活动形式,注重幼小衔接,指导学生发现并了解自身的兴趣爱好,感受学习乐趣,提高学习兴趣,增强学习自信心,引导学生形成基本的社会职业认识和人际交往能力,初步培育终身学习和发展的意识。

(二) 初中阶段

初中阶段的生涯教育侧重于生涯探索。主要通过初中生涯教育课程与活动实施,促进学生拓展自我认识,培养合作能力、学习能力和生活适应能力。以初中学生综合素质评价为指导,以综合实践活动为载体,结合高中学

① 《上海市教育委员会关于加强中小学生涯教育的指导意见》,上海市教育委员会文件沪教委德〔2018〕8 号。

校校园开放日、中等职业学校职业体验日等活动，促进学生对高中阶段学校的了解，拓展学生对社会分工、职业角色的体验与认识，初步形成生涯规划的意识与能力。

（三）普通高中

普通高中阶段的生涯教育侧重于生涯规划。主要通过生涯教育课程与活动实施，深化学生的自我认识，以高中学生综合素质评价为指导，以志愿服务（公益劳动）、研究性学习等学习实践活动为载体，增强学生的社会意识和社会参与能力。在选学择业的过程中，指导学生了解高等院校的专业设置和社会的职业需求等信息，激发学生的学习潜能，培养学生学业和职业的规划能力，提高学生的生涯决策和管理能力。

（四）中等职业学校

中等职业学校的生涯教育侧重于职业规划。主要通过生涯教育课程与活动实施，结合中职学生综合素质评价，提升学生的学习能力与社会适应能力，以工匠精神引导学生充分认识自我，了解专业就业信息，增强自信，锤炼技能，提高职业素养，规划学业和职业。①

四、生涯辅导中班主任的工作优势

学生生涯辅导的目标和内容具体而丰富，只有生涯辅导团队分工合作、利用各方资源方能全面达成。班主任虽是生涯辅导团队中的主要成员，也无法凭借个人力量包揽全部，但班主任却可以凭借个人在学校中的特殊角色和地位，开展多方位的生涯辅导工作。

班主任作为班级管理者和工作组织者，是校内与学生联系最紧密的人，正是因为贴近学生，所以班主任对学生的个性特点、优势特长、成长困惑等方面比较了解，因此，班主任开展生涯辅导，能更好地促进学生了解自身的

① 《上海市教育委员会关于加强中小学生涯教育的指导意见》，上海市教育委员会文件沪教委德〔2018〕8号。

能力特长、个性特征,更有利于学生全面认识自我。同时,班主任能更便利地针对不同学生,有的放矢地进行辅导,因材施教,效果更佳。

班主任和学生家长联系较多,便于指导学生的家庭教育,利用家长自身的生涯资源,促进学生对社会不同职业的了解,增强学生对社会的理解。班主任能够促进家校紧密合作,更好地发挥家长在生涯教育中的作用。

班主任本身又是学科教师,且与班级各学科教师联系密切,这使得班主任容易联合学科教师,沟通学生情况,形成教育合力,通过在教育教学过程中渗透生涯辅导,指导学生更好地制定合适的学业发展目标和计划,以学业规划促生涯规划。

班主任每周有固定的班会课时间,辅导的课时相对有所保障。在现阶段,很多学校都难以独立开设生涯辅导课程或教学课时有限的情况下,班主任却可以充分利用班会课时间实施生涯辅导活动。通过合理规划课程,有条不紊地开展辅导,在自我认识、社会理解、生涯规划等各方面全面开展生涯辅导。

由此可见,班主任在开展学生生涯辅导工作方面有着得天独厚的优势,必定能够发挥举足轻重的作用。

【案例】生涯规划导航　开启理想之旅

生涯规划是中学生在中学阶段需要实践的重要教育任务之一。作为班主任,处理过各式各样的学生案例,感触最深刻的是一例学生因有效参与生涯规划而步入理想大学专业的案例。①

一、案例介绍

小Q,女,16岁,是高一年级学生,来自上海浦东新区的一个普通工人家庭,是独生子女。她性格内向,很少与人交往。在初中时成绩优异,然而自从上高中之后,她发现自己在学习上不再有任何优势,学校每个月一次的

① 本案例来源于上海南汇中学顾彦琼老师。

大型考试，让她一次次觉得心力交瘁，对未来很迷茫。初中时努力的动力就是想考入一个好高中，而到了高中后，随着自我意识的进一步发展，她对自己的发展目标有了困惑，难道只为了进一个好的大学吗？她找不到学习的动力，也对学习和生活提不起兴趣，对集体活动失去积极性。学业上的失落和对未来的迷茫使她焦虑，感觉失去了学习的信心。

二、原因分析

通过和小Q的交流，发现造成其目前困境的原因之一是缺乏科学的生涯发展规划，产生这种问题的原因可能有如下几个方面：

1. 自我认识偏差大

从心理学角度来说，自我认知是人们对自己的认识或评价。每一个人在心理成长过程中，认知是基础。从成绩方面来说，小Q从初中的成绩优等生，到进入高中后经历几次考试的挫折，由于没有正确对待这种转变，从而使自己进入一个消极的状态中。从兴趣方面来说，小Q并不清楚自己对什么感兴趣，更不知道自己的强项是什么，对自己缺乏全面的认识。

2. 对社会职业了解少

对于学生而言，认识的已经工作的人的数量是非常有限的，对于各种职业的了解也是比较欠缺的，信息主要来源于家人和网络等，这就导致所获的信息不够系统，也比较片面和模糊。例如，银行职员主要做存款取款工作吗？IT从业人员是否一天的工作就是在电脑前编程？建筑师是否就是绘制房屋的草图？在小Q心里，关于这样的疑问还有很多。

3. 选择专业任务重

因为新高考改革之后，我们学校在高二阶段就要进行分班，根据年级学生的加三科目情况进行重新组班。小Q对于将来从事什么工作没有任何想法，对种类繁多的大学专业也是知之甚少，而加三的情况又会影响到将来的志愿填报。这些都是环环相扣的任务，小Q觉得任务重、压力大，没有计划。

以上几个方面的问题其实就反映了她在生涯规划方面的缺失，使得这位原来成绩优异的学生在一年多的高中生活中陷入了困境。生涯规划的欠缺影响到了小Q的身心健康，造成其学习和生活上的不自信。

三、辅导策略

作为班主任，小Q的消极状态让我提高了警惕，我也加强了对她的关注和重视。在和她本人沟通之前，我先与她同宿舍的同学以及其父母进行了沟通，经过了解后基本掌握了她的实际情况。同时，为了更好地制定辅导方案，我专门咨询了学校的专职心理教师和负责生涯辅导工作的老师，在得到专业的指导意见和协助后，我有的放矢地开展辅导工作。

1. 通过测评帮助认识自我

每个人都有自己的性格特点、兴趣特长，霍兰德职业兴趣测试是美国职业指导专家霍兰德根据职业测评理论，参照长期积累的大量职业咨询经验编制出的职业兴趣测评工具。通过霍兰德职业兴趣测试，让小Q更全面科学地认识自己的人格类型、职业兴趣。结合自己的兴趣和能力，从认识自我出发，进一步发现自我、探索自我。

2. 多元化途径开展生涯教育

首先，通过班会课的系列课程让学生们对各行各业有一个大致了解，在和小Q的交流沟通中，我了解到她通过生涯规划的班会课认识到了生涯规划的重要性，以及如何实现个人的生涯规划。再则，通过学校的社团活动，建议学生能参与到和自己职业兴趣相关的社团活动中去，这样也能通过同伴学习促进对职业的了解，小Q是摄影爱好者，所以加入了我们学校的摄影社团。最后，还需要借助校外的力量综合性地帮助学生获知真正的职业生活情况，比如借助我校已经参加工作的各行各业的校友与在校生的沟通、参与学校组织的生涯规划讲座、观看有关职业生活的纪录片、电影等。

3. 根据生涯规划指导专业填报

通过之前的职业测评、多元化生涯教育，让小Q更好地认识了自我，更多地了解了职业的情况。通过测评她适合成为摄影师、律师等职业，她对摄影有兴趣，参加了学校社团以及看了摄影师的传记后，她并不想以此为职业，而更倾向于从事律师行业。因此，在高中学习生活中更有目的地选择加三科目，同时在高三填报志愿时，报考了政法类的相关专业。

通过三年时间的生涯辅导，小 Q 从一个对自己不能全面认识、对未来非常迷茫的高一新生，成长为正确认识自我、明确职业目标的学生，通过班主任指导、自己奋斗之后进入了高校政法专业进行学习。

四、案例启示

这个案例让我对班主任开展学生生涯辅导工作及其意义有了更深的认识。

1. 引导高中生正确认识和评价自我

心理学研究显示，一个人的兴趣爱好从 14 岁开始趋于稳定，而对于职业的喜好和价值观的形成也是在高中阶段变得具体和现实。高中阶段是一个人生涯规划发展的关键点，学校通过开展生涯辅导可以帮助学生思考自己的未来。而学生根据自己感兴趣的职业目标，从知识、技能和综合素质方面锻炼并提高自己的职业竞争力。

2. 拓宽对高中生进行生涯辅导的途径

开展生涯辅导，课堂教学是主要的途径之一，包括以班会课为平台讲授生涯规划系列课程。同时，还可以结合实践活动、课外指导、辅导讲座等多种途径开展生涯教育活动。在此过程中，以教师指导与学生选择相结合，以学生期望与现实相结合，同时也要以学生个人发展与社会经济发展大势相结合。

3. 建立科学化的生涯规划体系

整个高中阶段，生涯规划应该是循序渐进的，而指导过程也应该是有阶梯性的，高一为探索性教育阶段，可以引导学生注重职业生涯规划意识的培养，让学生了解相关测评工具，初步正确认识自己。高二年级为准备性教育阶段，指导学生通过职业兴趣、职业倾向和能力的测试，通过各种实践活动和课程教学来熟悉社会经济的发展和各专业、各职业的信息，初步确定专业或职业目标。高三年级为预备性教育阶段，可以开展升学就业相关辅导，开展心理辅导，修正和牢固目标，培养学生的职业决策能力。

作为班主任，我真心希望我的学生能够健康成长，这个案例对我的影响也非常大，它时刻提醒我要关注学生的生涯辅导工作，能让学生从高一开始就对未来有所期待、有所计划，让他们在整个高中三年都能实现自我，也能有条不紊地实现自己的人生理想。

本案例中的高中班主任具有较强的生涯辅导意识，通过学习专业的理论和知识，在学校专业辅导人员的指导和帮助下，结合学生生涯发展过程的实际需求，有针对性地开展生涯辅导工作，帮助学生认识自我，规划人生，这对学生的成长意义非凡。由此可见，班主任开展生涯辅导工作是可行的、有效的和有益的。

第三节　生涯辅导实施途径

生涯辅导是一项多系统、多角度的综合性工作，不管学校是否已经有了清晰的顶层设计和整体规划，作为班主任，积极主动地实施甚至创造性地开展生涯辅导工作，都将使学生终身受益，也有助于推动学校进行生涯辅导的顶层设计和整体规划，使更多的学生受益。

班主任可以通过以下途径实施生涯辅导：

一、开设生涯辅导课

生涯辅导课是指为了进行生涯教育而开发和实施的课堂教学，通常以班级为单位开展活动，通过学生主动参与和体验，有目的、有计划、有组织地系统培养学生自我认知能力和职业探索能力，逐步提高学生的职业素养，帮助学生树立正确的职业价值观、培养职业决策能力和生涯规划能力，并形成健康的职业心理而系统开发的教学活动。就班主任工作的实际而言，要开设生涯辅导课的话，可以通过在班会课上开展以生涯为主题的教育活动的方式来达成。

（一）生涯辅导课的特点

生涯辅导课与传统的学科教学课不同，其特点包括七个方面。[①]

1. 参与性，强调全体学生的参与，参与课堂活动，参与讨论分享。

2. 体验性，贴近学生的生活实际，关注学生曾经的经历，引发学生的感受和思考。

3. 互动性，注重师生、生生之间的互动，小组与小组之间的互动。

4. 操作性，强调学生参与活动要动脑、动口、动手，强调学生自己尝试和实践。

5. 开放性，主张学生张扬个性，积极大胆参与游戏活动，敞开心扉分享自己的感受和真实想法。

6. 情境性，从发生在学生身边的人或事切入，创设学生有亲历经验或感受的情境。

7. 多样性，学生参与活动的形式多样，游戏、故事、视频、实验、角色扮演、辩论等，活动丰富多彩，感染性强，创设一种情境，营造一种氛围，让身处其中的学生受到感染和触动。

（二）生涯辅导课的设计

生涯辅导课目前尚无统一教材，假如学校已有整体设计的校本生涯教育课程，班主任可以据此灵活地开展生涯教育活动。倘若学校尚未形成系统的课程，班主任可以搜集现有的相关教育教学材料，在借鉴、模仿的基础

---

① 沈之菲主编：《开启未来之路：中小学生涯教育实施指南》，华东师范大学出版社2019年版，第45页。

上，结合自己学校和学生的实际情况，充分发挥主观能动性，自我创新、自主设计课程，因地制宜地组织课程教学。但不管如何设计，课程必须具备明确的教学目标、科学的教学内容、多元的教学方法和开放性的教学评价。生涯教育课可以是由一个课时或几个课时组成的单元设计，也可以是有一个明确的主题，并由几个同类的或相关的单元组成的主题系列设计。在某种程度上，班主任还可以充分发挥学生的主动性，把某些主题活动设计的权利赋予学生，可能会收到意想不到的活动效果。

目前与生涯教育相关的出版物也有很多，班主任在设计生涯辅导课时可以参考的书目有：

朱勇哲等编著：《小学生涯教育》，北京新时代出版社 2011 年版。

赵世俊等主编：《中学生生涯规划教师用书》（初中版），江苏科学技术出版社 2012 年版。

赵世俊等主编：《中学生生涯规划教师用书》（高中版），江苏科学技术出版社 2012 年版。

吴增强主编：《学校心理健康自助手册》（实验本），上海教育出版社 2012 年版。

杨红梅等编著：《中学生心理课・生涯发展》，中国轻工业出版社 2015 年版。

（三）生涯辅导课的教学方法[①]

1. 讲授法

班主任通过适当的讲解，传授有关生涯的知识，如角色的定义、职业的分类等，以增进学生的生涯意识，掌握有关生涯发展必备知识和技能。通过对于升学政策、大学专业、职业岗位等方面的解读，帮助学生增进了解、合理规划。

---

① 沈之菲编著：《生涯心理辅导》，上海教育出版社 2000 年版。

当然,讲授法并非纯粹的班主任讲、学生听的过程,也需要师生、生生的互动,才能加深认识,促进理解。

2. 认知法

依靠学生的感知、想象和思维等认知活动,来达到课堂教学目的。这类方法常常采用以下几种活动形式。

(1) 阅读和讲故事

班主任可以有针对性地向学生推荐优秀读物(包括绘本)、或编印读书卡片,在课堂上组织读书讨论会,交流读书心得,或利用相关读物设计课堂教学,进行生涯方面的主题探讨,让学生了解有关生涯的知识,提高学生的认知。可将课堂中学生的收获、感悟、活动成果等张贴在教室内的生涯教育专栏,通过展示能进一步增强课堂辅导效果。

班主任也可以利用儿童青少年喜欢听故事的心理,讲一些历史名人故事,或讲一些发生在普通人身上的富有启发性的故事,甚至是班主任自身求学生涯历程中的故事等,给学生以榜样,帮助他们明白生涯规划的道理,完善自我,激励学生树立远大的生涯发展目标。

【案例】利用故事绘本《鱼就是鱼》进行教学①

本活动可以在生涯教育中作为"自我探索"的部分,通过绘本的阅读和赏析,让学生认识自我、欣赏和悦纳自我、发现资源、发展自我。

第一阶段:课程导入。教师以三个问题进入课程:你是谁?每个同学用你自己的理解回答老师的问题。他是谁?从照片的信息看你觉得他是谁?他会有什么样的经历和故事?随后是对此绘本及作者的介绍。

第二阶段:阅读绘本。阅读引言:每个人都知道自己是谁,那你喜欢现在的自己吗?你可以先不用回答,带着思考一起来分享今天的绘本《鱼就是鱼》。分角色阅读绘本,体验绘本角色的语气、语调和情绪,本绘本 3 个角

① 宋飞:《生涯绘本课程的探索》,《北京教育》(普教版)2014 年第 12 期。

色:旁白、鱼和青蛙。

第三阶段:讨论分享。分组,并按照4F理念(Fact、Feeling、Finding、Future)进行分享,每组分享结束,其他同学可以补充。

第四阶段:问题讨论。(1)你觉得鱼想做青蛙吗?什么时候开始想的?为什么想?(2)你喜欢自己现在的样子、生活、状态吗?你曾想过变成别人吗?如果现在可以改变,你想变成什么样的人或者想变成什么?为什么?(3)鱼就是鱼吗?哪些是鱼不可改变的?哪些是有可能突破的?

第五阶段:课后作业。我是谁!虽然我不优秀(写出自己的3个短板),但是我有哪些特点(写出3个欣赏自己的地方),我就是我!改编或者续编这个故事。

第六阶段:结语。我们每个人都拥有别人不可替代的"特点",我能力不强但有爱心,我不帅但很踏实,我不聪明但是我勤奋……越了解自己的特点,就越能发挥自己特点的优势,就能建立"真实的自信",才能走好最适合自己的路。正确地认识自己、接纳自己,享受你是鱼的快乐!然而就像人可以像鸟儿"飞翔"一样,鱼也许也可能成为其他,接纳自己不能改变的,但不要轻易给自己设限。

【案例】四只毛毛虫①

1. 读故事,猜结局。

毛毛虫都喜欢吃苹果,有四只关系很好的毛毛虫,都长大了,各自去森林里找苹果吃。

第一只毛毛虫(第一组读):

第一只毛毛虫跋山涉水,终于来到一棵苹果树下。它根本就不知道这是一棵苹果树,也不知树上长满了红红的可口的苹果。当它看到其他的毛毛虫往上爬时,稀里糊涂地就跟着往上爬。

① 本案例由上海市浦东新区世博家园实验小学王静老师撰写,略作修改。

师：请你猜一猜它的结局。

（也许找到了一个大苹果，幸福的过了一生；也可能在树叶中迷了路，颠沛流离糊涂一生。不过可以确定的是，大部分的虫都是这样活着的，也不去烦恼什么是生命的意义，倒也轻松许多。）

第二只毛毛虫（第二组读）：

第二只毛毛虫也爬到了苹果树下。它知道这是一棵苹果树，也确定它的“虫生目标”就是找到一个大苹果。问题是，它并不知道大苹果会长在什么地方？但它猜想：大苹果应该长在大枝叶上吧！于是它就慢慢地往上爬，遇到分枝的时候，就选择较粗的树枝继续爬。于是它就按这个标准一直往上爬，最后终于找到了一个大苹果。

师：它的结局呢？

（这只毛毛虫刚想高兴地扑上去大吃一顿，但是放眼一看，它发现这个大苹果是全树上最小的一个，上面还有许多更大的苹果。更令它泄气的是，要是它上一次选择另外一个分枝，它就能得到一个大得多的苹果。）

第三只毛毛虫（第三组读）：

第三只毛毛虫也到了一棵苹果树下。这只毛毛虫知道自己想要的就是大苹果，并且研制了一副望远镜。还没有开始爬时就先利用望远镜搜寻了一番，找到了一个很大的苹果。同时，它发现当从下往上找路时，会遇到很多分枝，有各种不同的爬法；但若从上往下找路时，却只有一种爬法。它很细心地从苹果的位置，由上往下反推至目前所处的位置，记下这条确定的路径。于是，它开始往上爬了，当遇到分枝时，它一点也不慌张，因为它知道该往哪条路上走，而不必跟着一大堆虫去挤破头。

师：它的结局呢？

（但是真实的情况往往是，因为毛毛虫的爬行相当缓慢，当它抵达时，苹果不是被别的虫捷足先登，就是苹果已熟透而烂掉了。）

第四只毛毛虫（第四组读）：

第四只毛毛虫可不是一只普通的虫，做事有自己的规划。它知道自己要什么苹果，也知道苹果将怎么长大。因此当它戴着望远镜观察苹果时，它的目标并不是一个大苹果，而是一朵含苞待放的苹果花。它计算着自己的行程，估计当它到达的时候，这朵花正好长成一个成熟的大苹果，它就能得到自己满意的苹果。

师：它的结局呢？

（结果它如愿以偿，得到了一个又大又甜的苹果，从此过着幸福快乐的日子。）

2. 读完这个故事，你受到了什么启示？和你的同学说一说。

（组内互说，全班交流）

预设启示：

第一只毛毛虫是只毫无目标，没有自己人生规划的糊涂虫，不知道自己想要什么。遗憾的是，我们大部分的人都是像第一只毛毛虫那样活着。

第二只毛毛虫虽然知道自己想要什么，但是它不知道该怎样去摘得苹果，在习惯中做出了一些看似正确却使它渐渐远离苹果的选择。

第三只毛毛虫有非常清晰的人生规划，也总是能做出正确的选择，但是，它的目标过于远大，而自己的行动过于缓慢，成功对它来说，已经是明日黄花。

第四只毛毛虫，它不仅知道自己想要什么，也知道如何去得到自己的苹果，以及得到苹果应该需要什么条件，然后制订清晰实际的计划，在望远镜的指引下，它一步步实现自己的理想。

师：一个人确定自己一生的理想目标，并根据这个目标确定策略来进行相关努力，这就是生涯规划。做生涯规划很重要，生涯就是每个人有限的生命旅程。生涯规划是一个人规划未来生涯发展历程，算是人一生长期的计划，这里面又包括很多的短期计划，如一年的计划、一学期的计划、一个月的计划、一周的计划、一天的计划等。

班主任可以选择适合的绘本或读物，在课堂上通过精彩的阅读与分享，激发学生探索自我、探索世界、探索职业的愿望，促进学生成长。绘本类读物生动活泼、色彩丰富、温暖细腻，但故事却发人深省。让学生在简单、纯粹、自然、唯美的绘本中体验角色、投射自我、感悟生涯、获得成长，通过对绘本中故事角色的探讨，思考关于生涯的话题，实现生涯教育的目的。

（2）多媒体教学

多媒体教学就是让学生观看富含教育意义的电影、视频等，使学生从中获取知识，解决问题。多媒体教学这种方法能发挥它独特的作用，因为视频、电影中形象生动的信息更能让学生接受。让面对不同问题的学生观看不同主题的电影，从而让学生获得生动的生涯教育素材，不仅有利于学生增加对于职业、角色的认识，也能使学生通过对电影中人物、事件的模仿和思考，觉察自我能力、挖掘潜在的特质，使其获得间接经验，解决生涯发展中的问题。

【案例】利用电影开展高中生生涯发展教育的步骤①

在生涯教育中一堂电影课通常包括选片、看片、讨论提升等步骤。其中选片工作一般是由教师前期完成，后面几个步骤是在教师的指导下以学生为主体逐步完成。

1. 选片

选片应该围绕生涯教育主题，兼顾学生兴趣进行。在选片过程中，应遵循以下两个原则：

（1）教育性与生活性统一。教育性与生活性的统一，即我们在选择影片时，要选择那些具有正面引导功能的影视作品，能为我们的教育目标服务，同时，影视作品所呈现的内容要“接地气”，摆脱“高、大、全”的桎梏，弱化说教，更易为中学生接受。例如在讲到生涯目标这个主题时，很容易陷入说

① 本案例由上海市进才中学李莉老师撰写。

教，难以引起学生共鸣，缺乏说服力。借用影片《舞出我人生》中 11 岁的矿工之子坚持梦想，勇于挑战并最终走向成功的故事，让学生从同龄人的故事中读出共鸣，理解生涯目标在生涯发展中的作用，以及如何确立自己的生涯目标，并选择合适的路径去实现生涯目标。

(2) 思想性与娱乐性统一。电影作品所具有的感染人、教育人的效力是通过作品塑造的有血有肉的艺术形象实现的，在利用影片进行生涯规划教育时，要充分发挥这一良好的教育载体作用，体现艺术审美的优越性。电影作品思想性体现在高于娱乐层面的启发引导，理性哲思，行为向导，通常可以提高学生的审美情趣、陶冶学生情操，从而追求更雅致的生活方式。娱乐性体现在缓解人们心理压力和提供消遣方面。中学生在欣赏影视文娱节目收获快乐、获得情感满足的同时，受到引导接受教育，实现"润物细无声"的最佳德育效果。日本电影《入殓师》就是这样一部具有美感的职业电影。这部电影向我们展示了一个职业从最基本的生存需要到崇高的精神需要的演变过程，从中挖掘出了职业生活中的美学意味。

2. 看片

看片环节是利用电影开展生涯规划教育的中心环节，一般来讲主要采用两种形式：

第一种是根据课堂内容截取片段，融入课堂教学的不同环节中，对课堂教学内容起到补充作用。第二种是播放整部影片，学生完整观影后再进行教学内容。这两种形式各有利弊，前者对影片利用效率高，根据课堂需要截取片段，有助于强化学生对教学内容的理解，缺点是学生无法对电影获取完整信息，缺乏语境，对理解影片所呈现出来的生涯教育信息的理解会有影响。后者的优点是完整观影有助于学生理解电影中传递出来的信息，缺点是耗时长.在课时不能保证的情况下，会导致两次观影间隔时间过长，影响到情节理解的连贯性。但是无论哪种看片形式，教师在观影之前的教学铺垫，问题设计都相当重要。观影前的问题设计应紧扣教学内容，并能引起学生思考，与后续讨论密切相关。

3. 讨论提升

讨论提升环节是利用电影开展生涯规划教育最重要的环节。一般来讲会采用小组讨论，再全班分享的形式开展。也可采取学生观影完毕后先自我反思，写出观后感，再进行分享讨论。

（3）艺术欣赏

欣赏歌颂各行各业的歌曲、欣赏励志类的歌曲，选择与梦想、坚持奋斗有关的励志歌曲（如《最初的梦想》《我相信》《我的未来不是梦》《怒放的生命》等），进一步引导他们在欣赏歌、分享歌的过程中，启发他们思考如何实现自己的生涯梦想。通过对于一首歌曲的创作完成过程的探讨，引入对于相关职业，如作词、作曲家、歌唱家、拟音师、混音师、录音师等职业的了解。

（4）联想活动

通过观念联想活动，训练学生的想象力和创造力，以及表达内心感受和经验的能力，也可以借此畅想未来，澄清期望。例如可以展示一些不连贯的图画或词组，请学生联想成一个完整的故事；或者通过故事接力，让学生每人说一段话，最后串联成一个故事等。

【案例】20 年之后——生涯幻想

呈现词组：清晨、房间、衣服、镜子、交通、单位、环境、同事、心情、午餐、下午、工作……引导学生根据词组，幻想 20 年后自己生活和工作的情形，再进行交流分享。

通过幻想，协助学生了解自己的期望和价值观，并提升规划未来的意识。

3. 操作法

通过学生的言语和动作的操作活动来达到教育的目的。这类方法常常采用如下的形式活动。

（1）游戏

游戏是学生普遍喜欢的活动，通过游戏，让学生在轻松、愉快、活跃的氛围中表露自己，投射自己的内心世界，体验和反思自己的行为，分享同伴的体验与感悟，从而达到某种建设性的教育效果。

【案例】拍手游戏

一、第一次拍手

请学生试想 20 秒钟可以拍手几次，并将自己预计的数字记录在纸上。

教师 20 秒计时，学生拍手，把实际的拍手次数记录下来。

比较预计的数字和实际的数字之间的差距。

二、第二次拍手

请学生根据第一次拍手的情况，再定一个目标，预计第二次能拍几次，记录下预计的数字。

教师 20 秒计时，学生拍手，把第二次拍手次数记录下来。

三、第三次拍手

所有同学定第三次拍手目标，即比自己第二次实际的拍手次数再多 3 个。

教师 20 秒计时，学生拍手。统计达成既定目标的情况。

四、集体分享

第一次拍手预计的和实际的数字差距大吗？对此你有哪些想法？

第二次拍手时，你的目标是否有变化？是否达成了预定目标？有何感受？

三次拍手相比，你实际的拍手次数呈现什么变化？这对你有哪些启发？

通过游戏，你认为制定目标的意义是什么？有哪些需要注意的地方？

通多拍手游戏，引导学生体验制定目标对个人的重要性，以及懂得制定目标要符合自己的实际。体会到人有很大的潜能，目标的制定可以适当提高一点点，有助于激励自己。

设计游戏活动时，还可以借助工具进行，例如可以使用卡牌（如生涯卡、能力强项卡、职业憧憬卡、OH 卡等）进行生涯探索的游戏；使用道具钱币等进行价值大拍卖等活动。当然，班主任也可以根据实际情况，自己设计图案卡片用于具体活动。

【案例】卡牌活动：自我图式①

一、活动准备及素材介绍

图案卡片若干套（一套45张图片），实际数量按参与人数而定，如图4-3所示。

通过45款设计独特的图案卡，请参与者更有系统地思考和分享。其理念是通过图案刺激参与者思维；另一方面，相对用文字直接表达，用卡牌说事，让参与者可以保留可能要保护的隐私，更轻松地表达内心真实的想法。

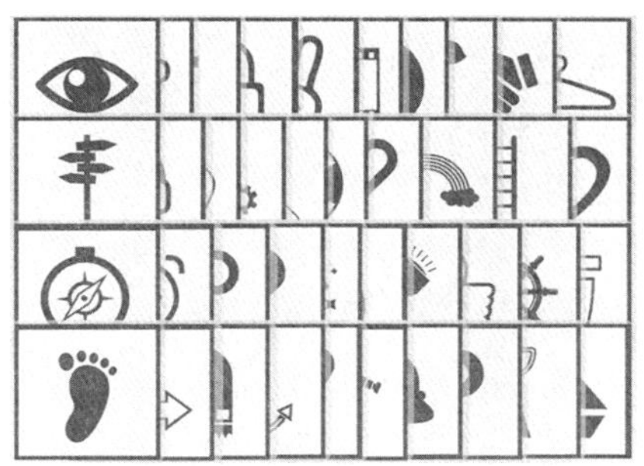

图4-3 图案卡片

二、活动过程

第一轮（我眼中的自己）程序：

1. 以小组的形式开展活动，一组6—8人（或根据实际情况而定）。

2. 班主任说明活动程序：

（1）请从卡片中任意挑选1张图案卡代表自己，借卡片上的图案描述现在的自己（性格、优缺点、能力、喜好、价值观等）。

① 本案例由上海市川沙中学杜玉婷老师撰写。

(2) 用三分钟时间思考：我为什么选择这个图案代表现在的我？并提炼出关于自我的至少3个关键词。

(3) 每个成员用1分钟时间在小组内分享：为什么选择这张图案卡代表自己，我是怎样的一个人。

(4) 请个别学生做全班分享。

班主任引导：自我认识的方式是多样的，自己看自己未必够全面，还需要他人的角度。

第二轮(他人眼中的“我”)程序：

1. 每个人从卡片中任意挑选1张图案卡送给右手边的伙伴，代表你眼中的“TA”。

2. 待所有成员都收到卡片后开始组内分享，每个成员依次用1分钟时间在小组内分享：为什么选择这张图案卡代表“TA”，“TA”是怎样的一个人。

3. 请个别学生做全班分享。

班主任活动小结：自我是多层次的。通过自我觉察、分享交流等方式，可以促进自我认识，更全面地了解自己。

(2) 测验

通过心理测验的手段，让学生对自己的能力倾向、兴趣、态度、个性等进行自评，帮助学生了解自己的特点、分析自己的长处和不足，促进学生自我意识和自我发展。在生涯辅导中常用的测试量表有MBTI职业性格测试、霍兰德职业人格测试量表等。建议班主任可以和学校生涯规划师或心理专职教师配合实施测量和评价。

(3) 讲演

这种方法可以训练学生的口才，培养学生的思维能力和表达能力，学生通过讲演，增进对生涯、角色的认知。例如班主任可以先准备一些主题，如“我的理想”“我眼中的校长”“我父母的职业”“________学科的魅力”等。然后，将写有题目和学生姓名的纸条分别放入两个不同的小箱子中，每次抽一个姓名和一个题目，被抽中的同学花一些时间准备，在生涯课适当时机依次进行讲演。

（4）绘画

绘画是培养学生想象力、创造力和生涯意识的活动之一。在绘画时，学生可以自由发挥，也可以和同学一起集体创作。例如让学生画"一幅未来工作环境的场景图"、画"生涯彩虹图"、画"我的自画像"、绘制学科吸引力海报等。通过绘画，引发想象，促进思考，可以达到生涯辅导的目的。

【案例】我的宝物①

一、活动过程

1. 画出宝物：画出一个对你来说很珍惜、很重要、很想要的人、事或物

师：你有想过你的生涯是什么样的吗？让我们来玩玩"我的宝物"活动，帮助大家一起来探索你的生涯。每个人的心中都有一个宝箱，里面装着很多珍贵的宝物，每样宝物都有独特的价值和意义，这个珍贵的宝物对你来说或许有一些很重要的原因和故事，也可能有些同学感觉心里空空的，那我也邀请你"脑洞大开"一下，想象一下你所期待的人、事或物，让我们一起来寻找你所珍惜的人、事或物吧。不知道你想到了吗？桌上有老师为你们事先准备好的材料：每人拿一张 A4 纸，选择你所喜欢的彩色铅笔。请你用一段时间想想，什么是你所珍惜的人、事或物呢？想到之后，请你想象这张白纸就是宝箱，在这张白纸上画上你所珍惜或期待的人、事或物。

不会画画怎么办：不用担心你画得好不好看，漂不漂亮或像不像，没有人会帮你打分数，这是属于你的宝物，独一无二，这个活动是要帮助你认识自己，用心即可。越是你珍惜或想要的人、事或物，越能帮助你探索。现在请大家开始画画吧！

---

① 本案例由上海市平和双语学校陈之栋老师撰写，略作修改。

师:(小组分享)同学们都画好你的宝物了吗?如果没有画好也没有关系,只要你心中有它所存在的画面就可以了。我给大家两分钟时间,请大家在小组内进行分享交流,说说看你所珍惜或期待的宝物是什么?

有愿意在我们大团体中分享的同学吗?

2. 涂黑:请拿一支深色笔在你的宝物上面乱涂乱画

师:第二步骤,请拿一支深色笔在你的宝物上面乱涂乱画。

毁了怎么办:别担心,这一切都是有用意的,等下你就会知道了!等完成后我会解释为什么要这样做。不要手软,现在就开始涂黑吧,在宝物上随意涂鸦,无论是涂黑、打叉,还是随意线条都可以。

师:发任务单,涂黑过程中提示思考:你所珍视的人、事或物被深色的颜色渐渐覆盖时,你感觉是什么?

3. 看待涂黑(完成任务单1和2)

(1) 当你所珍视的人、事或物被深色的颜色渐渐覆盖时,你的感觉是什么?

(2) 当你所珍惜的人、事或物的图像被覆盖后,你有什么想法?

师:看看这幅被乱涂过的画,你所珍视的宝物被破坏了,你有什么感觉呢?请将你的感受和想法写在任务单上噢,完成任务单上的1和2。

4. 处理涂黑+变回喜欢的:5分钟的时间,你可以为你的画作任何变化,让它成为你喜欢的样子。现在再看一次你的画,你有什么感觉呢?(任务单上有,但是仅作提问,不写在任务单上)

师:被破坏的宝物只能丢弃吗?还有没有别的可能呢?接下来就是考验你们创意的时候,假如你有5分钟的时间,你可以为你的画作任何变化,让它成为你喜欢的样子,你会怎么做?

师:提问:现在再看一次你的画,你有什么感觉呢?

二、概念讲解:宝物活动反映出生涯观

宝物=生涯愿景:个人对于生涯的梦想与期望

涂黑＝生涯变动

看待涂黑＝看待变动的态度

处理涂黑＝生涯策略：个人面对抉择、变动、挑战时的态度与方法

变回喜欢的＝存在的自由与责任：掌控力和开放力

师：你们猜猜，刚刚的活动和生涯有什么关系呢？其实宝物象征我们生涯中的目标和愿景，也就是我们为何而活？后来涂黑破坏象征生涯中的变动，因为有时候事情的发展并不如我们预期的美好。我们怎么看待被破坏的画就代表了我们看待变动的态度，活动的最后5分钟时间，请大家处理涂黑，其实就象征着规划策略，让大家动动脑，想办法去面对生涯中可能出现的挑战或变动。最后，当你把涂黑的画面变回你喜欢的样子，就是重新活出你想要的生涯，这能体现你对于生涯的掌控力和开放力。

三、讨论与分享

师：在经历了"我的宝物"活动后，老师想邀请大家对以下两个问题做进一步的思考和讨论。第一，假如你所画的珍惜之人、事或物，被某种情况影响下有所改变，结果并不是你所想到的情况。你会有什么情绪，又会做什么呢？第二个问题是对我们今天活动的拓展和延伸，互联网时代的生涯充满变化，互联化时代的变化是不可避免的，在变动的互联网时代，我们现在要如何提升自己的竞争力和适应力？写出具体可行、你会去做的方法。

1. 假如你所画的珍惜之人、事或物，在受到某种情况的影响下有所改变，结果并不是你所想到的情况。你会有什么情绪，又会做什么呢？

2. 互联网时代的生涯充满变化，互联化时代的变化是不可避免的，在变动的互联网时代，你要如何提升自己的竞争力和适应力？写出具体可行、你会去做的方法。

四、教师总结

这个时代的生涯发展需要：守真掌控一定要，但还不够。还要有悦纳变

通的开放力，才能在变动中活得快乐。不管喜欢不喜欢，你都必须为自己做抉择。不管面临什么，你都有抉择的自由。互联网时代充满变动，充满无限的可能性，祝福同学们都能拥有幸福的生涯！

（5）唱歌

唱歌活动可以引起学生的情感共鸣，调动学生的情绪和提高参与生涯辅导活动的积极性。可以发动学生找出与职业相关的歌曲，然后进行独唱或小组擂台赛。例如，和工人有关的歌曲《咱们工人有力量》，和教师有关的歌曲《每当我走过老师窗前》，歌颂人民警察的歌《少年壮志不言愁》，等等。唱歌活动也可以与艺术欣赏中的欣赏歌的活动相结合加以实施。

4. 集体讨论法

围绕某一主题发表自己的观点、看法，通过沟通思想和感情，集思广益，促进问题的解决。集体讨论法是运用最广的教学方法，具有调动学生学习积极性，提高学生表达能力、分析和解决问题的能力，提供学生展示自我的机会，发挥学生主体作用。常用的方法如下。

（1）专题讨论

围绕某一个专题进行讨论，如“职业是平等的”“选择职业要综合考虑”等，通过讨论，交流想法，完善选择。

（2）辩论

针对有争论性的问题，提出正反两方面的不同观点、论据和理由，让学生分组进行辩论。如“自己创业好还是替人打工好”“计划能否赶上变化”“生涯规划应从兴趣爱好出发还是从能力特长出发”等。通过辩论，培养学生的逻辑思考能力、语言表达能力、组织能力，同时对生涯发展等方面有更深层次的思考。

（3）脑力激荡

脑力激荡又称头脑风暴，利用集体思考和讨论的方式，使学生的思想、观念相互激荡，产生连锁反应，以引起更多的意见或想法。开展脑力激荡活动时，鼓励学生自由发表自己意见，允许异想天开，倡导独特、有创意的想法；追求想法的数量，想法越多越好；不可以批评别人的意见；可以将别人的意见加以组合或改进。如围绕“未来我的职业是……”“未来可能兴起的职业”“如何更好地了解一个职业”“如何提高自控力”等开展讨论。

（4）配对讨论法

就某一个问题，先两个学生讨论，得出结果，然后同另两个学生的讨论结果加以协商和综合，形成四人的共同意见；再与另四人一起讨论，获得八个人的结论，以此类推。这种讨论比较充分，学生参与热情比较高，因此讨论的效果也较好。

5. 角色扮演法

通过行为模仿或行为替代来影响个体心理过程，让学生以一种类似于表演的方式展现相应的行为特点和内心感受，进而起到增强自我认识的作用，减轻或消除学生心理与行为方面的问题，促进学生的发展。课堂中可以让学生扮演不同的职业角色，通过一定情节的表演，使学生以角色的身份，充分表露自己或职业角色的人格、情感、人际关系、内心冲突等，达到体验、感悟和学习的目的。

【案例】假如我是班主任

1. 请一位学生扮演班主任来教育学生，要求这位“班主任”是一位合格的甚至是优秀的班主任。

2. 请另一位或几位学生扮演犯了错的学生，例如考试作弊、上课开小差等。要求“犯错”的学生越调皮越好，甚至可以强词夺理、善于狡辩，来考验“班主任”。

3. “班主任”对“犯错”学生进行教育，双方“斗智斗勇”。

4. 最后请学生评价“班主任”。请“班主任”谈教育感受，以及对班主任老师这个角色的认识。

生涯辅导课的教学方法包含但不限以上方法，不同的方法并非完全孤立，往往呈现彼此融合的情况，在实际教学中可以多种方法相互配合应用。对于不同年级的学生，应该选用适合学生年龄和心理特点的方法，适当调整，灵活运用。

班主任可以从最初的模仿、借鉴到自我创新，形成适合本校的校本教材。例如，海南师范大学附属中学王艺容等教师根据当地教育现状和学校实际，设计了高中生涯教育主题班会课程，具有很大的参考价值，见表 4-2。

表 4-2　高中生涯规划教育主题班会课程设计①

学段	课程名称	内容主线	形　式
高一	高中生，你准备好了吗	厘清入学适应状况，填主动适应行动清单	个案分析、小组讨论
	伸出手，你握住了谁	填我的社会支持系统一览表，团体游戏“信任背摔”	小组讨论、情境体验
	绽放生命之花	讲授目标设定理论，思考确立具体化目标，列行动清单	小组分享、个案分析
	天生我材必有用	加德纳多元智能测试发现自身优势智能与职业取向	心理测验、角色扮演
	遇见未知的自己	观影《阿基拉和拼字比赛》，挖掘自身潜能	电影赏析、小组讨论
	你是“西游记”里的谁	通过性格色彩学测试，了解气质、性格组合类型和优势	心理测验、个案分析
	价值观拍卖会	从取舍中了解职业价值观与人生态度，思考与澄清价值观	角色扮演、情境体验
	向左走，向右走	文理各科学法指导，为高考定航向	问卷调查、小组讨论
	我的人际财富圈	掌握人际交往法则，现场模拟练习	角色扮演、行为训练

① 节选自王艺容、李惠君:《高中生涯规划主题班会课程设计与实施》,《江苏教育》2018 年第 88 期。

（续表）

学段	课程名称	内容主线	形　式
高二	神奇遥控器	观影《人生遥控器》，体会人生规划的意义，学会感激和拥抱生活	电影赏析、小组讨论
	超越时间	学习时间管理方法，记录时间，落实行动清单	小组分享、个案分析
	兴趣岛屿之旅	通过霍兰德职业倾向测试，了解兴趣，选择职业方向	心理测验、情境体验
	职业地图概览 定位航行目标	根据美国 ACT 工作世界图、ACT 科系世界图定位专业及职业目标	心理测验、个案分析
	让梦想照进现实	化职业兴趣为学习动力，增强实现理想的信念	视频赏析、小组分享
	职业访谈	生涯人物访谈，收集不同职业特点及对个人能力要求的一手资料	板报展示、小组分享
	职业访谈 视频分享	观看视频《爬行者小恒》，了解软件工程师的职业介绍	视频赏析、小组讨论
	现场模拟招聘会	找准定位，明确目标，树立自我培养六大核心素养的意识	角色扮演
	漫步书林	组织读书交流会：《你在天堂里遇见的五个人》，感受生命之间的联系	小组分享
高三	当幸福来敲门	观影《当幸福来敲门》，分享成功一万小时定律	电影赏析、小组讨论
	做情绪的主人	观影《头脑特工队》，建立积极情绪，让高三生活洒满阳光	电影赏析、小组分享
	寻找福流， 享受高三	学会从所做事情中找乐趣和意义，化被动为主动，收获成就和幸福感	小组分享
	我的未来不是梦	生涯定位，化职业目标为学习动力，分享力量，互动鼓励	团体辅导、小组分享
	高考盛宴， 如期赴约	高考减压，澄清优势资源，为生涯拐点增添自信	团体辅导、情境体验
	大学预录取	了解海南高考报志愿基本情况，对目标大学模拟选择	讲座

（四）生涯辅导课的评价

通过评价，促进优化。那么，什么样的课是优质的生涯辅导课呢？优质的生涯辅导课应该具有浓浓的“生涯味”！以学生为本，以活动为主，因材施教。课堂教学过程要有引人入胜的开始、激发探索的中段、发人深省的结尾。通过生涯辅导课，实现学生的自我教育和生涯发展。班主任在评价生涯课时，可以参考如下要素和要求：

1. 教学目标：目的明确、符合实际、立意具体、贯穿全程

2. 教学内容：选材适宜、紧扣主题、贴近生活、亲近学生

3. 教学方法：生动活泼、形式多样、富有情趣、节奏适度

4. 教学效果：全员参与、真情表露、坦率交流、浓浓分享

5. 教学能力：教态自然、语言贴切、思路清晰、应变灵活

通过评价，不断改进和完善，提高生涯辅导课的教育效果。以下是各学段几节完整的生涯辅导课教学案例。

【案例】小学生涯辅导课：小狐狸的职业介绍所①

【教学目标】

1. 熟悉故事内容，理解故事中动物的特性与人类职业的相关性。

2. 尝试根据动物的明显特征和习性，合理想象为他们选择合适的工作。

3. 在帮助动物工作的情景中，大胆表达自己的想法和见解，体验帮助别人的快乐。

【教学准备】

1. 前期对小动物的特征有所了解。

2. 粮仓、服装店、水果店、马路上的路灯、游泳池图片。

3. 小猫、小羊、小猴、小鸭、螃蟹图片。

① 本案例由上海市浦东新区张江高科实验小学夏蓓芬老师撰写，略作修改。

【教学对象】

一年级学生

【教学过程】

一、游戏导入

这几天,动物王国的小狐狸开了一家动物职业介绍所,森林里的小动物们都到这来找工作,可是还有五项工作没人来做,小狐狸可着急了!我们来看看,它们都有什么工作呀?

出示五个图片:粮仓、服装店、水果店、马路上的路灯、游泳池。这些地方有些什么工作呀?

二、出示小动物,引发学生为小动物找工作的兴趣

小狐狸正发愁呢,这时候来了五个小动物,他们都要找工作。小狐狸可开心了,五位朋友正好五个工作,一人一个正合适!快来看看是哪些小动物?

出示五个小动物(小猫、小羊、小猴、小鸭、螃蟹),他们是谁?

三、引导学生按照动物的特性,为小动物找合适的工作

1. 先为小动物找工作,引导发现问题

(预设:螃蟹做粮仓保管员,小猴找到了卖水果的工作,小羊做裁缝,小猫找到游泳教练的工作,小鸭是修路灯的电工)

2. 引导学生根据自己已有的经验,判断小动物的工作是否最合适

螃蟹不会抓老鼠,所以不适合看管粮仓。小猴最爱吃水果,所以不适合卖水果。小羊没有剪刀,不能当裁缝。小猫不会游泳,不适合当游泳教练。小鸭不会爬高,所以不适合修路灯。他们找到的工作合适吗?为什么?那该怎么办呢?

3. 引导学生分别为这些小动物找到最合适的工作

(1) 小猴最着急了,小猴做什么工作最合适?为什么?小猴会爬高,速度最快,做电工修路灯最合适。

(2) 小鸭做什么工作呢？小鸭会游泳，做游泳池的游泳教练最合适。

(3) 花猫抓老鼠的本领大，看管粮仓最合适。

(4) 小羊总是"咩咩"地叫，好像在叫"快快来买，快快来买"，它在水果店做营业员最合适。

(5) 螃蟹的大钳子像把剪刀，裁衣服又快又好，做服装店的裁缝最合适。

四、小结

原来每个小动物都有自己的本领，找到自己最合适的工作，这样才能更好地为大家服务。

五、活动延伸

小组合作活动，并填写小组合作学习单(见表 4-3)。

表 4-3　小组合作学习单

小组合作学习单
小组成员：________________________________。
我们要给____________推荐职业____________________。
因为他(她)________________________________。
我们要给____________推荐职业____________________。
因为他(她)________________________________。

六、总结拓展

学生个人填写职业梦想单(见表 4-4)。

表 4-4　________的职业梦想单

职业梦想	我的特点	改进计划

童话故事对于一年级的孩子来说是最有亲切感和最受欢迎的一种教学方法，本课用森林里的小动物贯穿始终，生动活泼、富有情趣，不仅激发了孩子们的兴趣，也让孩子们更加轻松自在地参与到讨论和活动中，乐意表达自

己的想法。通过活动，帮助孩子更好地了解自己，知道职业有不同的特点，起到了很好的生涯启蒙效果。

【案例】打开职业之门①

【教学目标】

1. 通过家庭资源库了解社会上职业的名称，认识职业的丰富性。

2. 在小组合作中体验并感悟不同职业的专业素养和要求。

3. 引导学生关注身边的职业，为自己将来的职业做准备，激发学生对探索职业的兴趣。

【教学准备】

1. 家族职业树(每人一张)

2. 海报纸(每组一张)

3. 彩笔(每组一盒)

4. 大海报纸(贴在前面白板上，画一棵大树)

【教学对象】

预备年级

【教学过程】

1. 视频导入

2. 生涯认知——我的家族职业树

请同学们将家族成员的职业填在“我的家族职业树”中。

3. 生涯探索——设计招聘海报

假设20年后你是公司(单位)主管或领导者，你准备要招聘一名员工，请以小组合作的形式拟出招聘要求和条件。

(1) 各组可以取一个公司或单位的名字。

(2) 选择一个职业作为招聘岗位。

---

① 本案例由上海第二工业大学附属龚路中学褚玉英老师撰写，略作修改。

温馨提示：建议选择组内同学比较熟悉的职业或感兴趣的职业。

(3) 以海报的形式展示出对所招职位的条件和要求。

4. 总结

【课后小作业】

观察你的家族职业树，然后回答下列问题：

1. 你家族中从事最多的职业是＿＿＿＿＿＿＿＿＿＿＿＿＿＿

2. 家族中彼此羡慕的职业是＿＿＿＿＿＿＿＿＿＿＿＿＿＿＿

3. 你家人希望你从事的职业是＿＿＿＿＿＿＿＿＿＿＿＿＿＿

4. 你会考虑的职业是＿＿＿＿＿＿＿＿＿＿＿＿＿＿＿＿＿＿＿

5. 你绝不会考虑的职业是＿＿＿＿＿＿＿＿＿＿＿＿＿＿＿＿

6. 你看中的职业可以使你获得＿＿＿＿＿＿＿＿＿＿＿＿＿＿

7. 在这棵家族职业树上，哪些是你生涯发展中的资源？哪些有可能成为限制？

本课通过家族职业树活动、学生设计招聘海报，引导学生关注身边的职业，潜移默化地为自己生涯发展做准备。活动设计着眼于学生已有资源的深度挖掘，符合学生发展需求。

【案例】生涯辅导之选科探奥秘①

【教学目标】

1. 了解高考新政下六选三考试模式，排解选科分班的困惑，以积极的心态做出选择。

2. 提升对学科、对自我的了解和认识，尝试对未来的高考专业、职业进行自我规划。

3. 通过交流讨论，知道兼顾兴趣爱好和学科优势的选科，才能够提升学习效能感，更好地为未来做准备。

---

① 本案例由上海市上南中学孙晓青老师撰写，略作修改。

【教学准备】

学校上一届学生等级考走班安排，搜集学生的困惑与问题，高年级学长寄语

【教学对象】

高一年级学生

【教学过程】

（一）导入课题

看过这么一句话，当 99%的人知道要规划，你要做那 1%懂得如何规划的人。新高考来啦，你对新高考了解多少？你知道从现在起要做哪些准备吗？依据生涯发展的路径依赖理论，“开始的选择对未来的走向有很强的决定性”。

2017 年，上海、浙江在全国首次实施高考制度改革。改革的核心，从学校层面是分层走班；对学生来说，就是提升综合素质，有选科选考的自由。

我们一起来看一段 2018 年上海高考政策解读的视频。带着以下问题看视频：

1. 高考总分多少？外语有几次考试机会？怎么考？考什么？

2. 高三面临 3+3 模式有多少种选科组合？

3. 专业组的选择与大学专业有怎样的对接？

（二）梳理视频内容

1. 改革核心：“两依据一参考”高考 3+等级考 3，一参考：综合素质评价。

2. 高考科目：语、数、英，每门 150 分，英语增设听力与口语测试，一年两考，春考、秋考，听说测试占 10 分。

3. 等级考科目：理、化、生、政、史、地——6 选 3，按名次百分比折算成分数，计入总分，每门 40—70 分，见表 4-5。

表 4-5　上海等级考等第与折算分对应表

学业等级考	高考折算分	人数比例
A+	70 分	5%
A	67 分	5%–15%
B+	64 分	15%–25%
B	61 分	25%–35%
B–	58 分	35%–45%
C+	55 分	45%–55%
C	52 分	55%–65%
C–	49 分	65%–75%
D+	46 分	75%–85%
D	43 分	85%–95%
E	40 分	95%–100%

4. 综合素质评价以课外实践活动、志愿者服务、撰写研究型报告等形式落实，将与自主招生挂钩。

5. 高考总分＝150×3＋70×3＝660 分。

6. 20 种组合的文理特性。

2017 年上海新高考 6 选 3 一共有 20 种组合，如图 4-4：

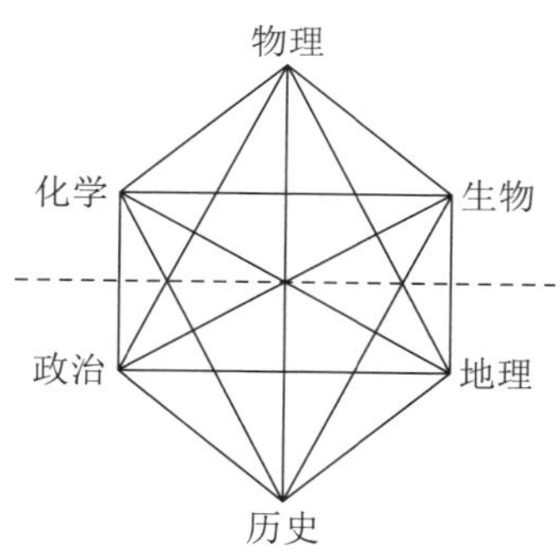

图 4-4　选课概念图

上图是上海六门科目选课的概念图，一共有 20 种组合，每一个选课结果都能形成一个三角形，通过三角形能看出你的选课是偏文还是偏理，比如见图 4-5：

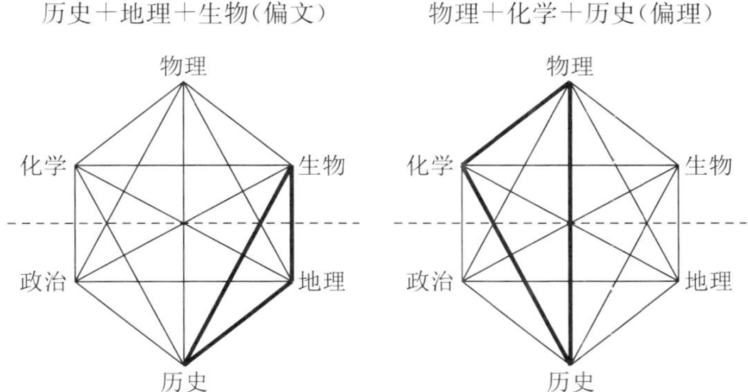

图 4-5　选课文理情况概念图

一般是三理纯理，三文纯文，两文一理偏文，两理一文偏理，不过，这里有两个特殊情况，见图 4-6：

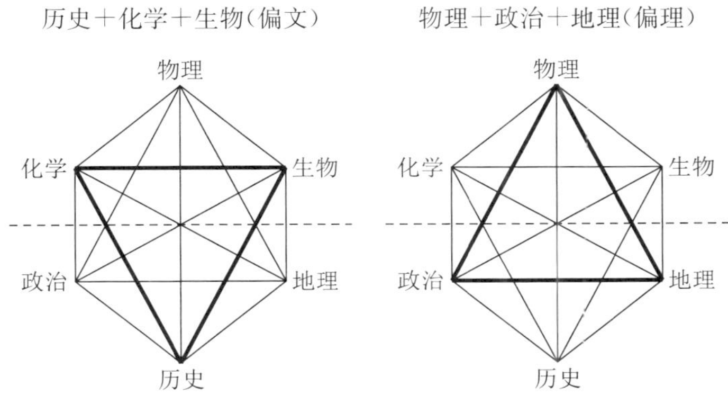

图 4-6　选课文理特殊情况概念图

我们看到，当出现历史+化学+生物以及物理+政治+地理时情况却不一样，因为物理和历史分别是理科和文科里的强科，所以搭配其他两门普科时，仍然表现出强烈的理科性和文科性。以物理+政治+地理为例，虽然是两文一理，但是由于物理一门，这个组合的学生就能满足 99%的高校专业要求。

（三）讨论交流

教师提问：

1. 同学们可根据图示，在作业纸上勾画出你打算选择的三门等级考科目，你选这三门的理由是？看看是偏文？还是偏理？

2. 各学科与我未来大学的预选专业之间有何关联？

3. 我们学校开设多少种组合的班级呢？有哪些选科要求？

4. 如何解决兴趣、爱好及等级考选科之间的矛盾？

（四）影响抉择的因素

1. 学长建议

主要看自身兴趣，有兴趣的话对后面的学习来说也相对轻松，学好概率比较大。然后再结合自己的优势学科，优势学科指你感兴趣、与你能力倾向相匹配以及成绩好的学科。

2. 各学科与未来专业的关联（可能每年政策会有所变化）

（1）物理

高考中必考物理的专业：计算机、电子、建筑设计、土木工程、管理信息系统等。

（2）化学、生物

高考中必考化学、生物的专业：生物工程、医学、制药、康复治疗、应用化学、资源环境、农业等。

（3）政治、历史

高考中必考政治、历史的专业：法律、外交、国际政治、哲学、侦查学、犯罪学、海关管理、边防管理、历史、考古等。

（4）地理

高考中必考地理的专业：地理信息科学、考古、人文地理与城乡规划、地理科学等。

3. 2017 年高二年级学校的走班教学安排（见图 4-7）及对这一届学生选

科的建议

关于高二年级等级考科目(6选3)走班教学安排

班级	1	2	3	4	5	6	7		8		9		10				
科目组	史生地	史生地	政生地	理生地	化生地	理史地	化史地	化政地	化史生	化政生	政史生	理史生	理政地	理化地	政史地	理化生	理政生
人数	31	30	28	43	45	41	32	10	28	15	26	12	11	2	1	2	8

1. 7班政治走到9班，共36人；8班政治走到10班，共35人；
2. 10班地理走到3班，共42人；10班历史走到8班，共29人；
3. 9班物理走到10班，共35人；10班化学走到7班，共46人；10班生物走到3班，共38人。
4. 语数外及本班其它等级考科目均在本班教室上课，不走班。
5. 等级考科目教学安排在三个工作日，学时分配为：1∶1∶2。

图 4-7 走班教学安排

建议物理、化学成绩在年级排名80之前的同学选修。

4. 兴趣、爱好及选科之间的关系

运用三叶草模型规划管理学科的学习。有兴趣才会有新鲜感，“兴趣是最好的老师”；兴趣可以培养能力，有能力就会有成就感、掌控感；能力提高了，可以兑现价值，获得幸福感，价值强化兴趣，这样就会形成一个良性的三叶草循环。

如果一个人能在兴趣、能力和价值三方面都获得满足的话，那么他的幸福感就会非常满足，他的学习热情就会非常高，也会在他的学习成绩方面得以体现。更重要的是心态会无比愉悦，没有厌倦、失落、焦虑等心态，提高工作和生活质量，从而提升学习效率。如果三项中缺失了一项就会产生厌倦、焦虑及失落等负面情绪，就会对他的学习生活带来负面影响，见图4-8。

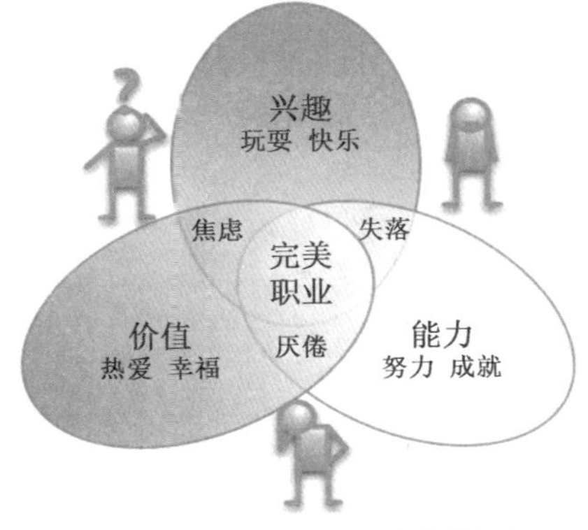

图 4-8 职业生涯三叶草模型

请同学们举一门学科的例子来阐述三叶草模型。

（当然，对兴趣不应过度强化，如对语、数、英没兴趣呢；兴趣是可以逐步培养和形成的；谈“田忌赛马”，适当放弃兴趣及讲究策略。）

以校友的例子来说明兴趣的重要性（视时间而作机动处理）。

5. 温馨贴士

(1) 科目优势比较明显的应该扬长，即理科强的选理科，文科强的选文科。总体成绩一般的，应避短，即理科弱的选文科，文科弱的选理科。

(2) 各科成绩比较均衡，但对文史类学科没特别兴趣的，建议选理科，因为报考大学及专业的选择余地大，以后考研、就业的范围和路径更宽。

(3) 数学特别好，文科也不错的，如果对理工类没特别的兴趣，建议选文科，这样可以发挥自身优势，今后成为文科尖子生。

(4) 注意以下这些是只招理科的偏文专业：

宗教学、海事管理、物流工程、管理科学、物业管理、数字媒体艺术、包装工程、木材科学与工程、航海技术。

（五）完成任务单

1. 自我了解：填写任务单1（见表4-6）。

表4-6　任务单1

序号	自我测试项目	测试结果	相关学科
1	多元智能测试		
2	职业倾向测试		
3	优势学科		
4	大学预选专业		
5	拟选学科		

2. 我的六选三科目组：

在任务单 2(见图 4-9)中画出自己所选三门科目组成的三角形。

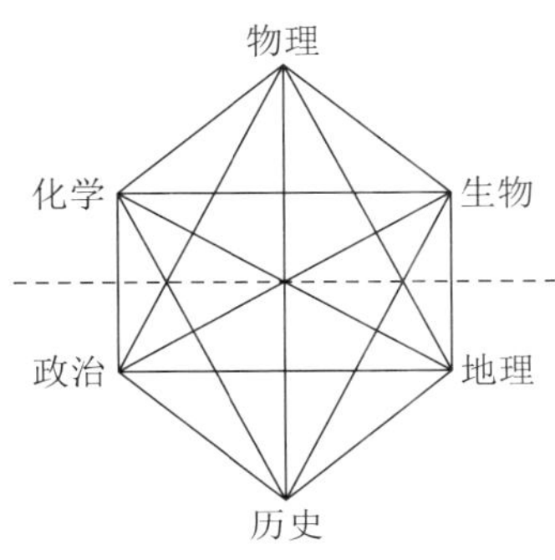

图 4-9 任务单 2

(六) 教师小结

希望同学们能够根据老师的分析、学长的建议，兼顾自己的职业倾向测试、多元智能测试、兴趣、爱好、学科优势完成等级考的选科。从现在起，为自己确定一个短期、中期和长期的目标，并且朝着目标努力，在有兴趣的科目上努力学习提升能力，兑现学习的价值感和幸福感。

本课结合学生的需要，提供了关于选科的巨大信息。课堂设计形式丰富多样，通过提问、视频等方式，直观形象地帮助学生了解了新高考政策中的选科方式和注意事项；通过交流讨论，让学生思考三门等级考科目选择的方式和利弊；结合学校实际解决兴趣与等级考之间的矛盾；学长的经验交流又让高一学生有"法"可效；老师提供的学科与专业的关联信息又可以减少选科的盲目性。三叶草的理论让学生了解兴趣、能力和价值之间的关系，增加了生涯发展的可控性。本课以学生的自主发展为基础，帮助学生立足当下生活，学会决策、判断和适应。

二、组织生涯教育活动

生涯教育活动是指生涯辅导课教学之外，学校有目标、有计划地组织学生参加的各种实践体验活动。生涯教育活动引导学生关注社会、发现问题、主动探究，增强学生生涯规划的意识和能力，培养良好个性品质，促进学生的健康成长与终身发展。①

通常情况下，生涯教育活动由学校统一组织，各年级分层实施。生涯教育活动的形式多样、内容丰富，如通过生涯调查采访不同职业的从业人员或社会成功人士；参加高一级学校校园开放日、活动体验日；参观大学、访问大学生；参观工厂、公司、博物馆；社区挂职锻炼、校外实践基地体验活动；志愿者服务活动、劳动；从模拟面试到参加社会招聘会；从职业初体验到职业深度体验活动，等等。

但是，由于校级开展生涯教育活动因人数规模等原因，在开展频次、灵活性等方面存在不足，所以更多情况下是以班级或小组，甚至是个人为单位开展，这方便班主任结合本班实际，灵活调整，开展更有针对性的活动。为了提高生涯教育活动的效果，班主任在设计、实施等过程中要做好如下工作：

（一）生涯教育活动实施前②

1. 选题确定。根据学校相关活动安排，结合本班实际，为不同情况、不同层次的学生设计适合的活动。

2. 动员培训。了解班级任课教师、学生和家长关心的生涯方面的问题，与任课教师和家长就共同关注的问题和准备开展的探索活动进行交流。了解活动场所是否合适、安全、材料准备是否周全。提前了解参与者的背景、信息等。

3. 方案策划和汇报。在征求任课教师、学生、家长意见后，着手策划班级生涯教育活动，并及时沟通和反馈。同时，向年级组和学校相关部门进行汇报，以获得必要的指导和支持。

---

①② 沈之菲主编：《开启未来之路：中小学生涯教育实施指南》，华东师范大学出版社 2019 年版，第 75、84—86 页。

（二）生涯教育活动实施中

班主任作为活动带领者，要注意对学生进行指引：

1. 引导学生通过生活体验来进行自我探索，了解自己的兴趣爱好、能力特长、价值观、需要等。

2. 引导学生通过积极参与各种有益的职业体验活动，认识职业，探索各种可能的职业选择。

3. 引导学生通过参与活动，掌握不同的学习方式，不断提升自主学习、自主选择、自主规划的能力，以便更好地应对各种挑战，获得生命的成长。

（三）生涯教育活动实施后

1. 做好分享交流工作。班主任创设条件，让学生分享参加生涯教育活动后的收获，以便学生将学到的新理念、新知识、新方法运用到实际的学习生活中，更好地促进学生全面健康发展。

2. 做好活动成果的展示工作。通过活动报告、调查报告、调查表、实物标本、画图、摄影、活动日记、活动记录、手抄报和展板等方式，展示学生的活动成果，甚至可以进行成果评奖活动，这既是一种肯定和强化，又可启发他人，起到示范辐射的作用。

3. 做好反馈和总结工作。将活动开展情况反馈给师生、家长和学校相关部门。并进行总结，反思不足，以便促使更好地开展其他活动。

【案例】上海市罗山中学生涯教育活动①

在日常的生活中，我们偶尔会去药店买药，接触到药店的药剂师。对于这个职业既熟悉又陌生。药剂师是负责提供药物知识及药事服务的专业人员，他们是药物的专家，同时是解答市民大众有关药物问题的最适当人选。药剂师负责监察医生所开处方的数种药物中是否出现药物相互作用，并根据病人的病历、医生的诊断，为病人建议最适合他们的药物剂型。本次的生

① 本案例由上海市罗山中学周丹妮老师撰写，略作删改。

涯活动，初一(1)班班主任在征得学校同意，并征求学生和家长等各方意见后，组织班级学生到学校周边大药房实地采访调查，从一线的实际生活中了解药剂师职业的各方面情况。请学校出面与上海市医药学校建立合作关系，让学生定期学习专业知识，了解药剂师应具备的基本素养。做到知情合一，促进学生对未来生涯的全面认识。

一、活动名称

我是小小药剂师

二、活动目标

1. 让学生知道药剂师这个职业的工作内容和职责。

2. 帮助学生学习掌握常用的用药原则，了解医药行业发展和就业前景。

3. 促进学生对药剂师这个职业的了解，引发学生的兴趣，启蒙职业生涯。

三、活动对象

上海市罗山中学初一(1)班学生，共 40 人。

四、活动时间

每周五下午 12:00—15:00，为期 2 个月。

五、步骤与要点

1. 前期准备(每周五下午 12:00—15:00，分两次完成)

(1) 请学生根据个人兴趣爱好分组，共分为 5 组，每组 8 人，各组选出组长。

(2) 为帮助学生进行职业探索，有效进行职业生涯规划，因此，开展职业生涯人物访谈活动，选定周边大药房，并确定访谈对象 2—3 人。

(3) 各组确定访谈提纲，进行“药剂师”生涯人物访谈。根据自身需要，如果需要在访谈过程中做记录，应先征得访谈对象的同意后再做记录。

访谈提纲：

你在工作中，主要职责是什么？典型的一天是怎么样的？这个工作要求具备些什么技能？

你当初是怎样决定选择这个职业的？做了哪些准备？

这个工作让你满意的地方是什么？有没有哪一些是你不太愿意去做的，为什么？如果可以选择，你更喜欢做什么？为什么？

你对这个职业的发展前景是怎么看的？

（4）各组整理访谈内容，安排一个时间汇报交流。

（5）同时，与上海医药学校确定交流时间，准备事宜。

2. 活动内容（每周五下午12:00—15:00，分三次完成）

（1）参观课：参观上海医药学校校园和药剂专业的教学环境，邀请学校的老师或本专业优秀的大学生为罗山中学初一（1）班学生进行讲解。了解医药学校特色生涯体验：如听诊器设计师、中药养生茶、DIY天然薄荷膏、小小药剂师、口服液诞生记、救护小天使、书香门第、药学知识竞赛等项目。

（2）专业课：请专业老师为初一（1）班学生讲解专业学习内容、掌握常用的用药原则、使用听诊器、急救救护知识，药效原理、了解医药行业发展和就业前景等。

（3）结对课：上海医药学校的优秀学生5名，分别与各组结对，同学们对优秀学生进行生涯职业采访。

访谈提纲：

你为何选择这个学校？

在校学习什么内容？

有什么满意或不满意的地方？

对学弟学妹有什么好的建议？

（4）体验课：上海医药学校开放部分特色教学设备或教具，供学生体验药剂师的工作生活。教师在解说完具体的操作流程、步骤和方法之后，邀请同学们上台互动，模拟“小情景剧”让同学们进行实操练习。

（5）分享课：在体验完职业后，组织同学们相互交流，分享体会。

3. 后期总结

(1) 学生返校后总结活动的收获,撰写对药剂师的职业体验感受。

(2) 利用学校广播会等途径宣传本次活动。

(3) 建立校级层面的合作关系,发掘现在在医药学校读书的罗山中学优秀毕业生,邀请学生参加校友交流会。

上海市罗山中学这位班主任组织的"我是小小药剂师"的生涯教育活动切入点小、分层具体、落实情况好。首先充分利用学校周边的优势资源,锁定"药剂师"这一职业进行深入探索。班主任通过分组、确定访谈提纲、实施访谈、定时汇报等系列程序,让学生对"药剂师"这一职业有了深刻的认识。然后,再通过参观上海医药学校、上专业课、与上海医药学校的优秀学生结对等方式,对"药剂师"的工作内容有了具体了解。最后,在校级层面,罗山中学和上海医药学校建立了长期的合作关系,为学生搭建真实的实践平台,很好地达成了"引发学生兴趣、探索职业生涯"的活动目标。

三、提供生涯发展辅导

如果说生涯辅导课是面向班级全体学生而开展的一种生涯教育活动,那么生涯发展辅导则是面向部分或个别学生的生涯教育活动,其主要包括两个形式:一是面向具有共同生涯辅导需求的学生群体组织开展的生涯教育小团体辅导;二是针对学生的个性差异,提供面向个体的个别辅导。

(一) 生涯教育小团体辅导

生涯教育小团体辅导,就是在团体领导者的带领下,团体成员围绕着生涯发展过程中共同关心的问题,通过一定的活动形式与人际互动,相互启发、诱导,形成生涯成长的共同认识,进而促进成员的生涯成长。①

一个完整的小团体辅导通常包括三个部分:方案设计、实施辅导和效果

---

① 沈之菲主编:《开启未来之路:中小学生涯教育实施指南》,华东师范大学出版社 2019 年版,第 99 页。

评估。

1. 方案设计

方案设计主要包括如下环节：

(1) 确定辅导主题：在了解学生真实想法和实际需求的基础上，再通过查阅相关资料，梳理生涯教育的理论后，确定活动的主题。

(2) 明确辅导目标：明确团体辅导活动的整体目标和每一次活动的单次目标，目标的设定应该具体明确。

(3) 设计团体名称：为小团体设计一个好的名称．名称言简意赅、凸显主题，要通俗易懂，具有较强吸引力。

(4) 细化辅导方案：需要明确团体的人数限制，通常 6—12 人为宜；单次活动时间控制在 60—90 分钟之内；总次数控制在 5—12 次；活动场所具备舒适性和保密性，活动设备齐全，活动空间宽敞；设计活动安排表，用表格的方式罗列出每次活动的主题、目标、内容、时间、活动材料、注意事项等。

(5) 招募和甄选团体成员：通过宣传，招募成员。通过测评工具和面试，甄选身心健康、参加志愿强、成长动机强、能和他人正常相处和交流的学生作为小团体辅导的成员。

2. 实施辅导

小团体辅导通常分为初始阶段、过渡阶段、工作阶段、结束阶段等四个阶段，实施过程中需要运用真诚、专注、具体化、生涯幻游、自我表露、解释、面质、平衡单、问题解决、行为契约等技术和策略。在活动伊始，就要确立团体活动的规范，过程中要注意鼓励成员积极参与，强化成员的互动和分享，最后要重视团体结束的方式，以便成员形成具体行动方案，促进生涯行动。

3. 效果评估

评估方式可分为形成性评估、总结性评估和追踪性评估。评估的方法可以采用量表评估、成员反馈表、关键时间记录法、整合性评估等。

【案例】高中生涯教育小团体辅导：我的未来我做主①

1. 团体名称：我的未来我做主

2. 团体辅导对象：高二(3)班学生6人

3. 活动时间：每周一次，周二中午，单次活动时间为40分钟

4. 活动地点：心理活动室

5. 团体概述："我的未来我做主"生涯探索团体由班内6位对自己未来发展存在较大困惑的学生组成，旨在通过辅导，引导学生回顾与统整个人生命经验，增进自我觉察与自我认识；鼓励学生学习正向赋予生命意义，增进自我接纳；引导学生探索自我特质，鼓励他们在寻求满意职业时关注自己与职业的适配性；协助学生了解搜集职业资讯的方法与渠道，借由资料搜集与分享的过程，增进科系知识；澄清自己对未来的期待，最终制订未来目标及行动计划。

6. 具体安排见下表(表4-7、表4-8)。

表4-7 "我的未来我做主"生涯探索团体活动方案

次数	活动主题	活动目标	活动准备	备　注
1	生涯Party相见欢	1. 促进成员进一步相互了解 2. 澄清期待，建立团体 3. 借助活动，增加对生涯活动单的了解并经演练增加生涯探索行为的经验	活动单	
2	如果我是一本书	1. 引导学生回顾与统整个人生命经验，增进自我觉察与自我认识 2. 透过学生彼此分享生命经验，增进相互学习与认识	歌单、活动单、图画纸(B4大小)、彩色笔	

① 本案例由上海市建平中学张晓冬、李娜、王道君老师撰写，略作修改。

（续表）

次数	活动主题	活动目标	活动准备	备　注
3	心中的桃花源	1. 引导学生探索自我特质 2. 鼓励学生在寻求满意职业时关注自己与职业的适配性	活动单，PPT	作业：从事的职业、父母期待的职业、我欣赏的人从事的职业分别是什么？工作性质为何？准备下节课分享
4	科系面面观	1. 增加生涯探索行为 2. 了解搜集职业资讯的方法与渠道 3. 能提供并判断有关职业的正负向信息与其他特征 4. 借由资料搜集与分享的过程，增进科系知识	活动单	作业分享
5	生涯幻游	1. 想象 10 年后的生活，澄清自己的期待 2. 在活动结束后能列出未来的目标及具体可行的行动计划 3. 回顾五次团体，体验自我的改变与收获 4. 团体活动结束	活动单，轻音乐，前几次活动照片	

表 4-8　“我的未来我做主”生涯探索团体活动时间安排

“我的未来我做主”团体辅导活动安排
人数：6 人 次数：5 次 时间： 地点：

7. 活动评估：初期问卷与终期问卷

问卷包括：生涯成熟度量表（略）、团体成员反馈表（见表 4-9）。

表 4-9 团体成员反馈表

内容	非常满意	比较满意	不清楚	不太满意	很不满意
老师带领					
活动内容					
小组氛围					
自身表现					
收获程度					
总体情况					
感想与收获					
建　　议					

小团体辅导对辅导教师的专业性提出了更高的要求，通常需要由专任辅导教师运用相关的理论知识和方法技术开展活动。本团体辅导活动的方案设计和实施过程已非常专业，可供班主任学习和借鉴。班主任可通过向专职辅导教师咨询，在其指导和协助下设计活动方案，在自身能力范围内开展班级学生的小团体辅导活动。

班主任可以选取班内具有相同发展需求或存在相似问题，如学习缺少规划的、高中选择加试科目有困难的、毕业班高考志愿填报存在困惑的学生，分别组成一个小团体，借鉴小团体辅导的方式开展生涯辅导活动。例如开学初，挑选班内入学适应方面存在问题的几位学生组成小团体，利用中午休息时间，集中半小时左右，给予数次辅导。通过这种微型、简洁形式的“小团体辅导”，使得学生获得支持，找到应对方法，尽快适应新学校的学习生活。

班主任通过小团体辅导的方式对部分学生进行集中辅导，可以大大提高辅导效率。若班主任在独立开展小团体辅导活动有困难的情况下，也可以协助学校专职辅导教师开展相关活动，例如积极为辅导教师提供班内学生的相关信息、做好关于小团体辅导的宣传工作、做好参加小团体辅导学生的后续跟进辅导等工作。

（二）生涯教育个别辅导

生涯个别辅导是运用心理咨询中相关辅导技术，通过一对一沟通及面谈的形式，运用诊断、分析、启发、引导的方法，根据社会或未来发展趋势、学生的潜质特征和自我价值倾向，为学生指引努力的方向、激发生涯发展目标。个别辅导能为学生提供个性化、有针对性的专业生涯教育。[①]

由于每个学生都是独特的个体，需要解决的生涯问题或困惑也各不相同，在自我认识、学业规划、学科选择、专业选择、大学选择、社会适应等方面都需要有个别化的辅导。生涯个别辅导的主要内容包括学生认识自我方面的辅导、树立生涯目标方面的辅导和确立生涯行动方面的辅导。

生涯个别辅导过程大致可分为建立关系、搜集和分析学生信息、寻找适合的方法、执行方案、评估结果及结案等五个过程。

同小团体辅导一样，个别辅导也需要具备相关的辅导技术和资质，虽然班主任在这个方面有所欠缺，但同样也可以发挥重要作用，如配合专职辅导教师进行相关辅导工作，并可以开展后续的跟进辅导等工作。

【案例】帮助学生认识职业世界[②]

多数学生已意识到信息社会价值多元的现象，他们开始关心社会发生了什么事，并在学习过程中逐渐培养出判断的能力。同时，他们也对外面的世界充满好奇，对相关信息十分渴求，但是缺乏获得信息的方法，往往不得其门而入，往往事倍功半。除此之外，学生在对职业认识清楚之前，往往存在许多既有的迷思，如读社会科系无法赚钱、读理工科系相对比较好赚钱等。孩子们其实对职业世界的认知是不够清楚、正确的。因此，有必要让学生了解职业世界和更多的职业信息。

1. 他迷上了网游

Y，高二男生，原先成绩优秀，位列年级前茅，但是最近迷上了网游，成

① 沈之菲主编：《开启未来之路：中小学生涯教育实施指南》，华东师范大学出版社2019年版。
② 吴增强：《青少年心理辅导：助人成长的艺术》，华东师范大学出版社2013年版，第195页。

绩直线下降。班主任担心其沉迷其中，因而寻求心理教师的帮助。

2. 辅导过程

(1) 印象形成：一个网游帝国的梦想

在一堂名为“我的高中企划书”的心理课堂中，心理老师特地邀请了Y来谈谈他的梦想。Y侃侃而谈，说起了关于网游的梦想，他觉得现在中国网游的大半壁江山都被韩国、日本、欧美的游戏占据，中国自己的游戏却少得可怜。

“我希望能够成立像暴风雪一样的网游开发公司，而不是盛大这样的代理商！”

当他说出这句话的时候，许多男生都为之鼓掌叫好。

(2) 问题诊断

在网游中，青少年扮演了他们真实生活中不能体验的角色，如救世的英雄、时代的霸主、无所不能的魔术师。

网游帝国，是一个有着明显时代特征的梦想，它属于成长于网络时代的90后。高二的男生处于自我能力的成长期，但同时成长目标又不够清晰，缺乏对网游行业的深入了解，仅凭自己的主观体验便规划了一条从普通玩家到职业游戏开发者的生涯发展道路，存在一定的盲目性。同时，这样简单的方式显然还有让自己陷入网瘾的危险。

(3) 干预

干预一：家庭作业。

心理教师及时和班主任沟通了个案情况，共同商讨后决定采用生涯梦想单以及生涯人物访谈的方法促进其对自己的生涯发展进行具体而又详细的规划。

班主任运用班级随笔的平台，给Y同学推荐了几位从事游戏开发的大学同学(班主任是男性，并且本身也对游戏比较感兴趣)，让其去了解一名游戏开发者的成长历程。

干预二：空白的梦想单—网游开发者—软件学院……

一周后班主任收到了Y的生涯梦想单。但奇怪的是，交上来的梦想单是空白的。班主任心生疑惑之际不禁担忧，看来这次的辅导是要失败了。忐忑不安中，Y却主动来找班主任交流了

Y：老师，我知道你让我写这个生涯梦想单的意图，但是我想我没有写的必要了。

班主任：哦？你这么说一定有你的理由吧，能告诉我吗？

Y：我知道你是想让我别沉迷网络，认真思考自己的理想是不是现实的。一开始我挺反感你的，觉得这种方法太土了。不过在和你的大学同学QQ聊过后，我的确有了些新的想法。

班主任：哦？能说来听听吗？

Y：我现在其实也能做一个职业网游测试者，可以帮着网游公司测试新游戏。不过要是想做开发，我就要去学一些程序设计方面的知识，这种知识自学肯定难度太大，只有去专门的软件学院学习，学成后才有机会去大公司工作，了解游戏制作的流程。但是现在我的成绩好像离心仪的软件学院还有点距离。唉，目标好远啊。

班主任：嗯，看来你对网游开发有了更多的认识呀，在选择一个职业之前了解它是很有必要的。不过你也不用灰心丧气，其实现在你的基础还是不错的，只要把精力合理分配，应该能迎头赶上。

Y：那我不是暂时要放弃我的网游开发梦了吗？

班主任：可能不是马上实现，但也不完全放弃。我推荐你看一下《头脑风暴》这个节目，有一集是专门访谈九城（国内著名游戏代理和服务网站）的CEO的。她原来并不是网游领域的专业人士，但是在其他行业的从业经验同样给她以丰富的积累。在为自己未来的梦想准备的时候，我们需要储备的不仅仅是专业知识，更重要的是一些能力和品质，比如坚持的毅力、创新的思维、合作的精神等。期待你未来成为一名成功的网游开发者。

本案例中的Y是一个聪慧、敏捷的男生。在完成生涯作业的过程中，他一眼就看出了班主任的用意，其实这种情况在辅导中常有发生。这并不是坏事，反而有利于学生更明确地完成生涯作业。虽然最终书面的文字并没有落实，但是通过对生涯人物的访谈，学生了解了网游开发这个行业的知识，并且对如何成长为一名开发者有了更为具体的认识。这种职业意识的萌芽使得他对目前的生涯任务——学习，有了新的动力。

本次案例中使用了生涯梦想单和生涯人物访谈两种方式来促进学生对网游开发这个职业的认识。梦想单能够使得生涯梦想逐步具体化和现实化；而生涯人物访谈则是通过对相关从业人员的访谈掌握某种职业的具体经验，这些经验都是来自个体的真实体验，更具感染力和参考价值。

但值得肯定的是，在案例中班主任运用了心理辅导中的技术，以平等、尊重、中立的态度和学生探讨他的职业生涯规划，使得学生能够敞开心扉，坦诚相待。

四、建立学生生涯成长档案

学生生涯成长档案是将学生生涯发展有关的信息、资料的归档、记录和整合，用于学生的自我了解与自我发现，同时也有助于学校了解学生生涯发展状况，促进学校生涯教育更有效地开展。学生生涯档案的建立是一个系统工程，不是专业心理教师或生涯辅导教师一个人的任务，班主任在其中也起到非常重要的作用。就目前情况而言，生涯档案并没有统一的标准，学校可以根据各自实际，结合学籍与教育管理系统，设计和建立自己的生涯档案系统。

在学校尚未建立校级生涯档案系统的情况下，班主任可以在班内着手建立学生生涯成长档案。根据学段特点，结合学生成长记录册、综合素质评价写实记录等，为学生建立持续的成长档案。

那么学生生涯成长档案中可以包含哪些信息呢？

如果以上海市高中阶段学生综合素质评价系统作为参考的话，需要记录的数据有：每学期的典型事例、创造发明专利、农村社会实践、军事训练、党团校活动、个人荣誉、志愿服务、基础课成绩、拓展课经历、研究课经历、研究性学习专题报告、体质健康等。

台湾地区中小学学生生涯档案的内容主要包括：(1)学生基本资料，包括学生的心理测试情况；(2)学生健康资料；(3)自我评估，包括学生自我探索、生涯探索、生涯规划的自评表；(4)特殊表现奖励证明、活动照片；(5)升学就业意愿调查；(6)学习表现及综合表现；(7)进路辅导记录；(8)其他内容：如我的最爱、我的小档案、同学建议、家长期许、教师的观察等。

班主任可以联合学校心理教师或生涯辅导师，实施心理测试，进一步完善学生资料。生涯档案的建立，是为了帮助分析学生的个性特长与生涯倾向性，为学生生涯发展和生涯规划提供参考，最终为学生的终身、个性化发展服务。

五、开展家庭教育指导，挖掘家长生涯资源

生涯教育需要家校协作，形成合力，才能保障生涯教育的良好效果。家长是开展生涯教育的重要力量，家长本身具备丰富的生涯教育资源，这需要学校和班主任充分挖掘。当然，大部分家长在生涯教育方面的能力是比较缺乏的，心理上也有畏难情绪，需要班主任加强家庭教育指导，培养家长生涯教育的能力。

(一) 班主任开展家庭教育指导的具体内容①

1. 帮助家长认识自己的孩子并引导孩子学会正确认识自己

(1) 帮助家长引导学生认识自己，使孩子能够正确评估自己的学术兴趣与专长，能根据自己的学习特点与兴趣特长合理选择、规划学业发展，制

① 刘静、李金瑞：《教师家庭教育指导实务》，上海社会科学院出版社，2018 年 9 月版，第 179—186 页。

定阶段性目标等。

（2）帮助家长引导学生进行职业探索，包括引导家长如何关注、了解、搜集社会职业发展相关信息的能力，引导孩子学会思考自己的职业志向与职业理想，能够对自身职业道路进行初步规划等。

（3）对于高中学生的家长而言，需要班主任和家长合作，帮助学生报考适合自己的专业与高校，包括确立符合实际的个人发展目标，能初步评估实现该目标所需要的条件及需要考虑的各类要素，制定个人发展的中长期规划以及在特定情况下做出决断的能力等。

2. 引导家长树立正确的成长观、成才观，关注学生的未来发展

要引导家长理解，生涯教育不仅帮助学生解决当前遇到的实际问题，更是面向未来的发展。要让家长明白，孩子的成长道路很长，未来发展具有无限可能性，一次考试学科的选择、一次志愿的填报并不能决定他们的人生道路。

要引导家长不要把眼光只放在孩子的学习成绩上，对学生进行生涯发展指导，需要从促进学生终身发展的视角出发，尊重他们未来多样化发展的可能性。如果在他们的青少年时期就预先设计非常具体的职业发展路向，并不利于他们自身潜能的充分发展。

3. 班主任要教给家长切实的方法

家长对孩子的生涯教育起着非常重要的作用，但孩子越大，家长对孩子的影响力可能就会越低。很多家长不知道如何对孩子进行指导，班主任可以从以下几点着手。

（1）建议家长要学会倾听孩子的想法

建议家长尊重孩子，告知家长不能将自己的想法强加给孩子。要建立平等的关系，营造和谐、民主的氛围。家长要学会倾听，多听听孩子自己的想法，家长切忌把自己的观点强加在孩子身上。孩子会结合自己的想法、外界提供的信息，还有家长、教师的建议，来做出一个决定，家长要做的就是支

持他的决定，并告诉他要为自己的决定承担后果。

（2）建议家长经常和孩子谈谈“人生”

建议家长可以经常和孩子说说自己的成长故事，让孩子知道每个人的成长都是一个不断发展的过程，都会经历很多挫折才能长成现在的样子。让他们懂得，人活在这个世界上，都有自己的责任，在不同的人生阶段都扮演着不同的角色。让他们懂得做一个平凡的人，从事一份平凡的工作同样值得被尊重；让他们懂得，成功并不一定是要有多高的社会地位，拥有多少物质财富，只要是一个正直的人，是一个对社会有用的人，就是成功。

（3）建议家长在生活中抓住契机，为孩子提供多样化的职业探索机会

结合实际情境，引导家长学会如何抓住生活中的教育契机，在日常生活中、亲子互动中有意识地给孩子教授一些职业知识，适时地把自己的职业态度、情感、体验等很自然地传递给孩子，让孩子在其乐融融的家庭环境中不断获得丰富的职业认知与社会体验，并学会感知、体会父母的辛苦。

当然，每个人的能力是有限的，当班主任发现自己一个人不能很好地指导家长时，要联合学校心理教师以及其他教师等共同面对，寻求各种方法，共同解决问题。

（二）班主任指导家长开展生涯教育的途径①

1. 家长会

家长会上，班主任除了和家长进行常规的信息沟通外，还可以对家长进行生涯教育的培训。班主任也可以邀请学校的生涯指导师进行专题培训，或邀请有经验的家长作经验交流等，提升班级学生家长生涯教育意识和能力。

---

① 刘靖文：《高中生涯教育的实践与反思：家校合作与互动》，《中小学心理健康教育》2017年第36期。

2. 家长委员会

家长委员会是由家长代表成立的组织，其成员具备较好的服务意识和沟通能力，班主任可以向班级家委会成员宣传生涯教育的重要性，邀请他们带头配合开展生涯教育活动。在这些家长的带动下，班级全体家长必能感受到生涯教育的价值和意义，积极配合和参与学校和班级组织的各项生涯教育活动。

3. 网络平台

网络和即时通信交流工具可以突破时空限制，快速便捷地实现家校沟通。班主任可以通过班级微信群、小黑板、钉钉等网络通信工具宣传生涯教育的理念和方法，对已开展的活动进行报道和总结，对即将开展的活动进行宣传，与家长及时交换意见，提供更快捷、更准确的专业指导。

4. 家访

家访是指导生涯教育非常好的方式，班主任在家访过程中，可以以生涯教育为主要切入点，与家长商议如何与学生讨论人生梦想，激发生涯意识，扩大生涯视野，增强生涯能力，最终以生涯带动学涯，让学生逐渐形成清晰的自我意识和良好的学习习惯。

当然，班主任还可以利用学校层面的家长学校、校本课程、校园开放日等活动，引导家长认识到生涯教育的价值和意义，开展实施生涯教育的具体指导。

（三）家长生涯资源的开发和利用

1. 建立班级家长生涯教育资源库

班主任可以通过调查、申报、遴选等步骤，有序建立班级层面的家长资源库。调查：即通过问卷调查家长行业、受教育程度、可提供的资源、提供资源的意愿、提供资源的可行性、家长的人际沟通能力等。申报：即根据调查结果，发动有资源的、有指导能力的家长申报家长导师。遴选：即根据一定标准，审核筛选，组建家长资源库或课程群。

2. 指导家长开设生涯课程

聘请家长资源库中的家长担任生涯教育家长讲师，指导其开设生涯课程。班主任根据本阶段学生生涯教育的整体规划，设计家长生涯课的目标、内容和形式等。课前，需要指导家长进行备课，熟悉教育教学的基本步骤。课中，协助家长维持课堂纪律，保证家长生涯课堂的顺利进行。课后，与家长共同讨论上课的效果以及改进措施等。家长可以把自己从事的职业知识介绍给学生，用自己的职业故事帮助学生初步了解职业的性质、内容和特点。当然，班主任还可以邀请其他不同领域的家长，录制 8 分钟左右的职业介绍微课，通过积累逐步建立和完善生涯教育课程体系，满足学生个性化需求。

3. 开展家长职业访谈活动

家长职业访谈是利用家长的职业资源对子女进行有效家庭教育的一种方式。班主任可以指导学生拟定访谈提纲，包括职业名称、工作内容、工作目标、收入水平、辛苦程度、工作前景、入职门槛等，学生也可以设计其他感兴趣的问题，通过访谈家长，不但可以拓宽学生的生涯视野，启发其生涯发展，同时也可以增进和改善亲子关系。

4. 利用家长资源开展职业体验活动

利用双休日、节假日、寒暑假等课外时间，让班级学生“跟着爸妈去上班”，接触不同的职业领域和岗位，身临其境开展实践活动。当然，班主任事先要给学生布置任务单，促使学生有目的地进行体验，与家长也要沟通协调好，包括体验的项目、注意事项等。

将生涯教育融入家校共育，指导家长了解生涯教育的理念与方法，引导家长尊重学生的个性特长、成长规律和发展需求；要联动家庭科学开展生涯指导，发挥生涯教育的家校合力，以便制定科学的生涯教育发展规划和措施，让孩子成为自己生涯发展的设计师。

【案例】小学生涯辅导活动:懂法小判官①

【活动名称】

懂法小判官

【活动目标】

1. 了解书记员、法官的区别,知道成为一名书记员、法官必备的专业素养。

2. 在模拟法庭的过程中,了解法院庭审的真实过程。

3. 能结合自己的实际情况,为自己成为一名书记员、法官做职业规划。

【活动对象】

小学四年级学生

【活动时间】

2018 年 5 月 15 日

【活动步骤与要点】

一、事件:小明骨折

1. 律师(由学生家长担任):小区里的儿童乐园也是小朋友们最喜欢玩的地方。一天,小明去儿童乐园玩,在他荡秋千的时候,秋千架的绳子突然断了,小明也因此骨折了。小明妈妈认为,这是儿童乐园的器械设施安全不到位。儿童乐园认为,是小明自己没有注意好安全防范,才导致受伤,儿童乐园不承担责任。

2. 提问:小明妈妈把儿童乐园告上了法庭,哪些小朋友愿意来模拟一下审判员(法官)和书记员,帮助这件案件能成功受理?成为一名懂法小判官?

3. 出示课题:懂法小判官。

4. 学生报名参与,更换服装。

二、了解:书记员、法官的区别

1. 律师:请书记员和法官入庭。请问,你们哪位是法官,哪位是书记员?

---

① 本案例由上海市浦东新区张江高科实验小学王梦婷老师撰写,略作删改。

学生回答。

2. 介绍：我们可以从服装、座位、分工的不同来区分书记员。

（1）服装：法官穿法袍；书记员穿普通法院制服。

（2）座位：法官坐正中央的审判席；书记员坐审判席的下前方。

（3）分工：庭审时，法官主持案件开庭、调解，依法作出裁判；书记员负责庭审记录。

三、知道：书记员、法官必备的专业素养

1. 律师：请书记员和法官入座。本次庭审现在开始！

2. 提问：怎么两位都不讲话了，已经开始庭审了。

3. 强调：在成为书记员和法官前，必须具备专业的职业知识和技能，否则是无法上岗的。

4. 了解：书记员的含义，书记员必备的职业知识和技能

（1）书记员是审判工作的事务性辅助人员，在法官指导下工作。

（2）书记员必备的职业知识和技能：通过国家公务员考试、职业技能测试。

5. 了解：法官的含义，法官必备的职业知识和技能

（1）法官就是依法行使国家审判权的审判人员，是司法权的执行者。

（2）法官必备的职业知识和技能：至少法律系本科毕业法学学士学位，从事法律工作满两年、通过国家统一司法考试。

6. 小结：不管是成为书记员还是法官，必须具备过硬的专业知识，才能公平公正履行职能，为人民服务。

7. 学习：本次案件所需的法律知识

（1）这是一起人身损害赔偿案件。

（2）适用法律《民法通则》《侵权责任法》。

（3）一般侵权行为的构成要件（同时存在，缺一不可）：有过错行为、有损害事实的存在、过错行为与损害事实之间有因果关系。

四、模拟：法庭庭审

1. 律师：了解完这桩案件所需的法律知识，法官与书记员的分工，我们就能正式开庭了。在开庭之前，大家还有什么疑问吗？

2. 学生提问：法庭庭审的流程是什么？

3. 教师：让我们观看一段真实的庭审视频。

4. 公布流程：民事案件开庭流程(略)。

5. 学生分小组模拟法庭流程。

6. 小结：儿童乐园也是小朋友人身伤害事故高发的地点，同学们在游戏时一定要先观察游戏设施是否安全，游戏时也要遵照游戏设施的使用规则。如果因为物业公司疏忽对游戏设施的管理导致的安全事故将会由物业公司承担赔偿责任。但是，我们千万不要有人赔偿就不注意安全，毕竟受伤了痛苦的还是自己。

五、规划：职业规划

1. 律师：虽然书记员、法官等公职人员在法庭上看上去威风凛凛，但是他们的责任非常重大，成为一名书记员或法官也必须具备充分的专业知识和能力。如果你想成为一名法官或书记员，你能为自己做一份职业规划表吗？

2. 学生制定规划表(见表 4-10)

表 4-10 ____________职业规划表

时间	内　　容
小学	
初中	
高中	
大学	

3. 学生交流规划表

【模拟活动】

一、基于学情设计活动

古人云:“没有规矩,不成方圆,”这句话说明了法律的重要性。法律是国家制定或认可的,由国家强制力保证实施的。也就是说,法律是维持社会正常运行的一种工具。没有法律,社会就会成为一盘散沙。对每位公民而言,知法、懂法、会用法是必备的基本素质。

部分学生崇拜拥有执法权的书记员、法官等,梦想成为其中的一员。然而,学生多数是从电视新闻或电视剧中了解的法院庭审的片断,并未真实地了解整个法院庭审的过程,对书记员、法官的职业认识粗浅,对书记员、法官的区别不是很清楚,专业知识薄弱。

基于学情,我们特别邀请律师家长进课堂,通过模拟法庭的活动,让学生了解此类工种人员的日常工作流程,明晰书记员、法官所具备的职业素养和技能,为自己所梦想的职业做准备。

二、模拟现场体验职业

活动开始前精心准备多媒体设备、国徽、法槌、法官和书记员服装及名牌,这些都是为了更好地模拟法庭庭审。在了解书记员和法官之后,学生观看视频了解法院庭审的流程,分小组模拟法庭流程。在模拟过程中,学生积极踊跃参加,并且有律师家长在旁指导。通过了解和体验等一系列的活动,学生对于书记员和法官的职业有了更深入的了解。

三、职业规划确定目标

本次生涯活动不仅让学生直观体验了法庭庭审,同时也激发了学生对于这一职业的向往。但要做好职业规划应把远大的目标按照时间点拆分成一个一个的小目标,因此,在活动最后还设计了一个职业规划表。以书记员和法官为例,学生了解了要成为书记员和法官必须要有充分的专业知识和能力,要学习法律专业,通过重重考试才有资格,为此学生纷纷表示一定要好好学习。抛砖引玉，还有学生已经有其他的职业理想，他们在职业规划表中也规划了自己的职业理想。

四、积极联合家长资源

我校地处张江高科技园区，家长多为高科技人才，普遍学历较高。基于这样的资源优势，我校每学期都会由各班班主任组织“家长微型课”，邀请家长进课堂为学生上一堂精彩的微型课。本次“家长微型课”结合心理健康活动月的小学生涯教育活动，应同学们的深切愿望，特邀律师家长来校开展“家长微型课”。其实，每位家长都是各自行业中的精英，请他们一一来介绍自己的职业，并设计活动带领学生一起体验职业，对于学生来说都是与梦想的一次近距离接触，像此类活动也应多多开展。家校合作才能更好地助力学生成长，我们所做的一切都是为了孩子。

本案例中，学校将生涯教育和心理健康教育活动月相结合，由一起伤害性事件入手，带领学生走进法律工作者的工作情境，体验作为一名法务工作者的工作过程，让学生对法官、书记员等职业有了更深入的了解。此次活动很好地利用了家长资源，邀请律师家长指导模拟法庭的审判过程，使得活动更具专业性。学校还注重家长资源的开发和利用，每学期由各班班主任组织“家长微型课”，邀请不同行业的家长介绍相关职业，设计活动并带领学生体验职业，很好地发挥了家长在生涯辅导中的作用，助力学生生涯辅导工作。

六、学科渗透生涯教育

学科渗透生涯教育是将生涯教育内容与目标渗透于其他学科教育教学中，充分挖掘学科教育教学素材，完成学科教育教学任务的同时促进学生生涯发展、提高生涯规划能力。通常情况下，班主任还会任教某一学科，此时班主任以学科教师的身份也可以实施生涯教育。学科中含有丰富的生涯教育素材，通过创设生涯教育情境，建立学科学习与未来职业的有效链接，给予学生引导，将学业发展同个人志趣、职业梦想相结合。学科渗透生涯教育的具体原则和方法如下。

（一）学科渗透生涯教育的原则①

1. 依托学科教学内容的原则

在教学过程中渗透职业生涯教育，要明确教学内容与职业生涯教育之间的主次关系，要以教学内容为主，以职业生涯教育为辅，依托学科教学内容进行渗透，不能单一地渗透职业生涯教育而偏离教学目标，更不能用职业生涯知识完全取代教材知识。班主任要将教学内容与职业生涯知识进行有机整合，让职业生涯教育渗透在新课导入、知识讲解、案例分析、难点突破、作业布置等教学过程中，让学生在学好教材内容的同时，悄无声息地接受职业生涯教育。

2. 符合学生身心特点的原则

在教学过程中渗透职业生涯教育，要符合学生的身心发展特点，考虑学生知识接受的能力，循序渐进地渗透，以达到满足学生对职业生涯知识需求的目的。

3. 把握正确价值导向的原则

价值观对人们自身行为的定向和调节起着非常重要的作用。价值观决定人的自我认识，它直接影响和决定了一个人的理想信念、生活目标和追求方向。学生是祖国的未来、民族的希望，他们接受完学校教育后，将会从事不同的社会性工作，都直接或间接地影响着社会发展。在进行职业生涯教育渗透时，班主任要坚持正确的价值导向，在学生中培育社会主义核心价值观，让社会主义核心价值观在学生的头脑中生根发芽，让学生根据社会主义核心价值观的要求主动调节和完善自我价值信念，摒弃拜金主义、极端个人主义、享乐主义等价值观念，提高爱岗敬业、诚信友善等职业道德修养。

① 周晋阳：《初中教学中渗透职业生涯教育的基本原则》，《基础教育论坛》2017年第34期。

4. 重视在实践中体验的原则

在学科教学中渗透职业生涯教育，仅靠语言上的说教对学生的影响是有限的，班主任要善于利用课内外的教育资源，将课堂向社会延伸，让学生在实践中体验、反思，实现内心的触动，从而激发学生的自主发展意识，深化学生对职业知识、职业能力、职业责任、职业环境、职业价值等内容的理解，不断探索自己未来的发展道路。

5. 引领学生未来发展的原则

职业生涯教育旨在通过学生的自我探索和自我认识，对自己的职业进行定位，引导学生关注自己未来的发展。这需要班主任在关注学生当前的兴趣爱好、能力水平、职业倾向的同时，也要引导学生挖掘自己的潜能，关注社会发展对职业的需求，拓宽学生的视野，把学生当前的学习与未来的发展联系起来，激发学生的学习动力和目标意识。

（二）学科渗透生涯教育的方法①

1. 利用教材文本法

很多教材中都蕴含着丰富的生涯教育资源，如涉及个人理想、潜能发展、认识自我、职业体验、升学与就业等学生职业生涯方面有关的表述，班主任可以利用教材文本内容，引发学生对职业生涯的探索。

2. 借用名人事迹法

古今中外的各行各业都有许多优秀人物，这些人在青年时期就立下志向，通过不懈努力，最终成就自己的职业理想，为人类做出巨大贡献。学科教学中，利用学科人物传记的学习，探究成功的秘诀，从他人的成功中找到可以借鉴的地方，树立自身的人生发展目标。如在历史课程中，生涯教育则可以与具体的历史人物相结合，通过对其成长事迹或者人物访谈等资料的分析，潜移默化地向学生渗透自我意识、职业理想、道德情操等。

① 周晋阳：《初中文科教学中渗透职业生涯教育的方法》，《新课程研究》（上旬刊）2017 年第 12 期。

3. 引用时事热点法

在教学中引入感动中国人物的事迹、社会发展产生的新兴职业、全国掀起“大众创业万众创新”的热潮、“互联网＋”带来的职业变化等鲜活的时事热点，不仅能有效完成教学目标，提高学生的学习兴趣，培养学生的亲社会情感，也能让学生从社会发展需求的角度考虑自己的现状与未来。

【案例】在语文学科中渗透生涯教育①

高中阶段是学生形成正确的人生观、价值观和世界观的重要时期。语文教材中有丰富的科学文化名人资源，课外阅读材料中也有很多具有家国情怀的人物形象。参加了“生涯工作坊”的培训后，我意识到语文课堂不仅可以带领学生分析人物形象，了解故事情节和结构，还可以从中渗透生涯教育，引导学生树立远大理想，进行人生规划。

一、在认识科学文化名人的同时渗透生涯教育

《跨越百年的美丽》这篇文章讲述居里夫人不在乎外表的美丽，从小便树立远大理想，为了追求科学真理专心学习和研究，甘愿忍受艰苦的条件和射线对于健康的损害：“在她去世后 40 年，她用过的笔记中还在发散着射线。”文章歌颂了居里夫人为科学献身的高尚精神，以及她获得巨大荣誉之后的淡泊名利，表达出外表的美丽往往只是暂时的，居里夫人通过对科学孜孜以求的不倦探索，以及为社会、国家和人类做出的科学贡献超越时空，在人们的心中永远美丽。

通过对梁衡先生《跨越百年的美丽》的学习，分析居里夫人美丽的表现，以及她的美丽如何能“跨越百年”，引导学生认识树立科学理想不是空谈，不是一念之间，而是需要忍受孤独、贫寒，甚至牺牲健康和家人，矢志不渝，坚持不懈奋斗才能取得成果。通过引导可使学生对科学家以及科研人员的生活有所认识，帮助他们在生涯抉择时少一分空想，多一分慎重。

① 卢骄杰、卢晓宇：《在语文学科中渗透生涯教育》，《中小学心理健康教育》2020 年第 16 期。

比如《邂逅霍金》，讲述霍金作为理论物理学界的巨擘，在全身只有眼皮能动的“渐冻症”的困扰下，依然能够有一个非常精彩的人生。比如鲁迅先生三改志愿，每一次抉择都是为了救国救民，最终以笔为武器，让文章成为刺醒国民的匕首和投枪。

这些科学文化名人的事例和精神不仅激励着一代又一代的青年，同时，名人对于“职业”“生涯”的选择可以给学生启蒙。从“小我”到“大我”，从关注自身到关注他人，从个人兴趣到社会需要，在认识科学文化名人的同时渗透生涯教育必然有很多内涵可供挖掘。

二、在分析经典名篇的同时渗透生涯教育

高中文言文教学在语文学科教学中所占比重甚大。对于古代读书人来说，出仕和归隐是他们仅有的人生选择。在儒家思想的影响下，绝大部分读书人还是想通过仕途实现自己济世为民的抱负，造福一方。比如李白，具有从布衣而卿相的抱负，比如杜甫，常怀忧国忧民的情怀，比如陆游，他的抱负是抗金救国，比如苏轼，他不管是高升还是被遣，在哪里做官都能够造福当地人民，并能够自得其乐，“此心安处是吾乡”。他们留下的诗篇饱含爱国热情以及对于人生和国家的感悟，虽然古代名人距今甚远，然而时空流转，白云苍狗，精神世界的追求自古以来就是相通的。

古代读书人想通过仕途或者守边抗敌来报国，如今的读书人想要学习AI、金融、建筑或者艺术，其精神实质，还是要达到个人兴趣和国家需要相结合、学有所用、学有所成的目的。不管成功还是失败，如愿以偿还是壮志难酬，个人追求的实现也有诸多的原因，我们能够做的，只有在正确的道路上孜孜以求。成功固然可喜，失意固然可悲，然正如《黄州快哉亭记》所说，“士生于世，使其中不自得，将何网而非病？使其中坦然，不以物伤性，将何适而非快？”个人理想与国家需要，个人理想的成败得失，不必放在心上，达则兼济天下，穷则独善其身，对于当今的职业选择也可以秉持这样的心态。

三、在作文训练中渗透生涯教育

高一下学期开始议论文的训练，有这样一篇材料作文：

80 后女硕士研究生，看到这样的称谓，很少会有人把她和农民联系在一起。从浙江农林大学毕业后，28 岁的魏韩英不去繁华的大城市，反而选择到偏僻的海岛务农。她穿着解放鞋，日夜穿梭在田里，裤腿上、指甲里沾满了泥土，在桃花岛上培植出了比西瓜还甜的草莓。女硕士耕种桃花岛，引来网友的热议。

针对以上材料，请自选角度，自拟题目，写一篇不少于 800 字的议论文。

在引导学生审题的过程中，很多学生不支持这种做法，认为硕士做农民是“大材小用”，“是对国家教育资源的浪费”。通过仔细审题，学生发现这名女硕士之所以选择“海岛务农”，是源于内心的热爱，从她选择农林院校就读开始。而网友热议、不支持是因为他们用当下社会的观念来看待这个事件，认为高学历就该去大城市做高大上的工作，认为“务农”是低等的劳作。

近年来，国家提出了响亮的口号：劳动铸就中国梦。只有有了自主择业的定位、学以致用的态度以及勤勉踏实的作为，才能做国家与新时代所需要的接班人，而不是一个期望少劳多得，甚至不劳而获的空想者。

作文的训练，是思维的训练，也是价值观的引导。通过这次作文，学生认识到“自我价值的实现，无关学历高低，而在于学以致用；无关地域远近，而在于虽劳苦吾往矣；无关理想大小，而在于自我价值的实现”。还有学生认识到“个人发展需要兴趣爱好提供动力，领域发展需要精英人才注入活力，国家发展需要各行各业的共同推进”。无论以后学生怎样选择职业，这种对于“自我价值”的认识与思辨，也是对于他们生涯教育的一次洗礼。再如随笔《一年后、三年后、十年后的我》，学生通过随笔的形式展开对未来的想象和思考，并形成文字，有利于他们认清长期目标和短期目标，合理利用时间，为自己目标的实现而不懈努力。

四、在课外阅读中渗透生涯教育

《光荣的荆棘路》《三体》《罗生门》《月亮与六便士》等都是学生喜爱阅读的作品。通过读书笔记或者读书心得的撰写，学生除了学习人物精神，受到心灵的启迪和震撼，还能找到他们自身真正兴趣所在，从而真正热爱生活。

总之，在语文学科中进行生涯渗透，并不在于可以引导学生从事文学创作，或者其他与中文相关的职业，而在于通过对古今中外名篇的习得以及对名人的认识，使学生获得精神的成长和正确的三观，使他们将个人兴趣与领域发展相联系、个人爱好与国家需要相结合去规划自己的成长轨迹，将家国情怀投射到个人选择中，将传统文化中的精髓——远大的志向抱负、坚韧不拔的精神、矢志不渝的追求、淡泊名利的情怀、寄情山水的快意、归隐田园的乐趣传达给学生，使他们能有“达则兼济天下，穷则独善其身”的职业认同，使他们能够认识到成功不仅是鲜衣怒马，也可以是云淡风轻。当今社会选择多元，职业瞬息万变，行业的更替为年轻人提供了更加多样化的选择，也带来了前所未有的挑战。而生涯教育成功的一个重要标志，就是使学生可以无论“穷”与“达”，无论“小”与“大”，都能找到自身的价值。

班主任在开展学生生涯辅导工作中的重要性不言而喻，开展工作可供选择的途径和方法也挺多，但要把生涯辅导真正做好，需要班主任在了解学生、了解社会和了解自己的基础上，加强学习交流并积极付诸实践，还要充分调动和运用各种资源，这样方能使生涯辅导更具成效。

第五章　家庭心理辅导

青少年心理健康教育工作是一项系统工程，需要家庭、学校、社会多方努力。而家庭心理辅导是学生心理健康教育中的重要一环，也是促进学生心理健康发展的重要途径。以下将从概念、理论和现状、作用及目标、内容与途径方面进行家庭心理辅导的阐述。

第一节　家庭心理辅导概述

一、相关概念

家庭教育作为教育网络的重要一环，它不仅是个人成长的起点，还是学校教育和社会教育的基础。

家庭心理辅导对于青少年身心健康发展的影响力也是不可替代的，在亲子互动的过程中能潜移默化而又长远地影响学生健全人格的形成和心理健康水平的发展。家庭心理辅导，是借助心理学等理论基础，由家长作为主体，在日常生活的亲子互动中对子女提供心理和情感支持，开展心理引导和教育，挖掘各类有益资源，以帮助子女提高其内心的积极力量，解决其成长过程中的困惑，促进其心理健康和人格健全。当然，家庭心理辅导的形式是灵活而多样的，家庭心理辅导的周期也将伴随着子女的整个成长历程。

以下章节将阐述班主任如何帮助和指导家长对学生开展家庭心理辅导。

二、相关理论

班主任指导家长开展好心理辅导,需要掌握一定的心理健康教育理论,并在此基础上根据学生的身心发展特点,进行具体的家庭心理辅导指导。相关理论有很多,以下涉及依恋理论、埃里克森人格发展理论、家庭教养方式、家庭治疗视角。班主任可以根据工作和实际需要,了解和学习更多的理论。

(一) 依恋理论

依恋是指孩子与照料者(通常是母亲)之间强烈、持久的情感联结,它令孩子接近和依赖照料者。这种情感联结通常发生在母婴之间,其质量受孩子与照料者(通常是母亲)之间交往方式的影响,并影响其以后的心理发展。发展心理学家认为母亲对婴儿的依恋是先于婴儿对母亲的依恋,并提出了婴儿形成依恋的"敏感期"假说。

英国心理学家 John Bowlby(1969)最早提出依恋的概念,他认为依恋是婴儿与早期看护者之间形成的紧密的情感联结。随着深入研究,从 20 世纪 80 年代到现在,关于亲子依恋的研究,在对象和时间的选取上都发生了转移,从刚开始对婴幼儿的研究逐步转移到青少年或成年人上,研究方法也日趋多样。国内学者琚晓燕(2005)根据个体发展的不同阶段将依恋分为狭义和广义两种。狭义的依恋仅仅是指婴儿与早期照看人的情感联结,而广义的依恋,则在依恋时间和对象上界定均更宽泛,时间上可以包括所有心理发展阶段,也可以是青少年期、成人期等。对象也可以是同伴、老师等。①

---

① 赵素素:《初中生亲子依恋和社交焦虑的关系:自尊的中介作用》,延安大学硕士学位论文,第 2 页。

Bowlby提出依恋"内部工作模型"，它是指个体在婴幼儿期与主要抚养者的互动中形成对依恋对象和自己以及两者之间关系的一种稳定认知，形成内部工作模型，并且潜移默化地影响个体成年后的行为心理发展。个体从出生婴儿时期通过哭泣、吮吸等方式与主要抚养者建立起依恋模型，婴儿会因为抚养人不同特点的反馈而造成个体对其依恋模型的不同评价，并且通过它对依恋对象的行为进行预测，这种沟通方式会随着个体的成长进入青少年期、成人期，进而影响其之后的社会适应。假如婴幼儿最开始进行沟通互动时，抚养者可以及时给予关心照顾，个体会信任依恋对象，并且觉得这样的沟通互动方式是有效的，也愿意主动表达诉求，与主要抚养者关系安全健康。当长大后，与人交往时也会继续保持这种开放性和主动性，较少产生疏离和回避人群和社交。如果一开始婴幼儿就没有与抚养者建立比较安全的亲子关系，个体会觉得自己的沟通交流都是无效的，会担心自己受到拒绝而减少交流和请求，觉得自己不受欢迎，容易对自己产生否定评价，将不利于个体心理健康发展。

国外学者Hazan和Shaver(1990)认为，亲子依恋和人格特质有着紧密的关系，安全依恋型的个体普遍具有较低的神经质和外向性，青少年可以积极主动地适应外部环境，并且容易受到周围人的欢迎和喜欢。马骄(2017)通过对初中生群体进行研究发现，父子依恋可以预测人际信任。靳义君(2019)通过对大学新生群体进行研究发现，亲子依恋可以预测人际关系，当个体面对新环境时，需要快速主动地与周围建立起联系，亲子依恋是其人际交往的基础。当亲子关系良好时，面对问题就会采取积极主动开放的态度，有更好的社交体验。综合来看，亲子依恋与社交有着密切的联系。①

（二）埃里克森人格发展理论

埃里克森认为，人格发展在人的整个生命周期里一个持续变化的演进

① 赵素素：《初中生亲子依恋和社交焦虑的关系：自尊的中介作用》，延安大学硕士学位论文，第3页。

过程。他将人的一生划分为八个既彼此联系又各不相同的发展阶段，也就是婴儿期（0—2岁）、儿童期（2—4岁）、学龄初期（4—7岁）、学龄期（7—12岁）、青春期（12—18岁）、成年早期（18—25岁）、成年期（25—50岁）、成熟期（50岁以上）。埃里克森强调社会文化对个体发展的影响。在各阶段的个体与社会环境互动中，都可能会产生适应和满足、冲突和危机两种结果。每个人格发展阶段都有特定的目标、任务和冲突，后一阶段发展任务的完成依赖于早期任务、冲突的解决，这一过程也是学生的人格得以成长和发展的过程。[①]

1. 埃里克森发展阶段和家庭教育

婴儿期：在埃里克森看来，这一时期的基本矛盾是信任与不信任，对于刚刚出生的婴儿，他们对世界的认识是茫然的，他们过于软弱，急需成人的照顾，这一时期如果成人对其有良好的照顾，婴儿会与其建立良好的信赖关系，从而认识到世界是美好的，有利于其以后的成长，反之，婴儿会惧怕世界。

儿童期：这个年龄的儿童对世界充满好奇，埃里克森认为这个时期儿童的基本矛盾是自主对羞怯，当其开始探索世界时，常伴有危险举动，如果成人在可能的范围给予其探索空间，有利于其增强个人的控制感，使其收获自信感，有助于儿童健康心理的成长，反之，过度的保护会使儿童对自身能力感到怀疑，这种羞怯感可能会伴随其一生。

学龄初期：随着儿童活动范围的扩大，他们的探索活动会带有自我动机和利益，埃里克森认为这一阶段是主动与内疚的矛盾，儿童懵懂地意识到生活是有目的的，他们常以攻击性的行为表现创造力，如果成人过于限制其活动，儿童会感到羞愧、内疚，如果成人给予鼓励，会帮助儿童培养主

① 张萌：《埃里克森八阶段理论视角下的家庭教育对儿童初始社会化的影响》，《现代职业教育》2016年第22期。

动性。

对于学龄前期的儿童,家庭教育占主导作用。作为父母,尤其是母亲对于儿童的影响是巨大的。根据埃里克森的观点,在家庭心理辅导中,父母需要与儿童建立和谐的亲子关系,满足儿童的需要,让其感到安全,对世界充满信心;还要帮助儿童树立自信心,要尊重孩子的自三意识,并在安全范围内提供其独立的机会;要鼓励孩子与人交往,在和同件交往中发展其社会交往和社会适应能力等。

学龄期:学龄期的儿童,其基本矛盾是勤奋与自卑,这个阶段,儿童普遍进入了小学校园,学习是这个阶段儿童的主要任务,进入小学的儿童将接受有目的、有组织、有计划的教育,在这一过程中,如果孩子能够到达学校要求,完成学习的任务,他们会收获勤奋感,为其在今后的工作生活中树立自信心,反之,由于孩子的努力没有得到相应的回报,孩子会感到自卑,进而失去信心。

小学教育阶段:家长要充分意识到小学生是受到社会教育、学校教育、家庭教育的交互作用影响的。家长要帮助小学生培养努力导向的价值观,帮助他们勤奋学习、掌握知识。父母要帮助其尽快适应学校生活,特别在儿童心理上给予帮助。也可以积极运用家校互动,帮助这一阶段的儿童尽快融入集体,培养其交际能力。还要注意激发孩子的学习动机,帮助其在学习中找到兴趣。

中学教育阶段:中学包括义务教育中学阶段和高中教育阶段,对应埃里克森人格发展观的青春期(12—18 岁)。青春期前期,是普遍的孩子将发生剧烈的心理变化的时期。在青春期,生理的成熟发育与心理发展的滞后,导致此阶段少年呈现出“疾风怒涛”的发展特征。埃里克森认为,12 岁的青少年开始建立自我同一性,在青春期的少年,注重别人对“我”的看法,作为学生的“我”、子女的“我”、朋友中的“我”,如果不能整合这些角色,就会导致角色混乱。所以要求家长帮助这个阶段的孩子更好地认识、了解自己，建立积极的自我同一性。①

2. 青少年时期与自我同一性

青少年时期一直被认为是个体开始探索并努力寻求符合自我发展方向，但同时又是个体极为脆弱、极易受伤的时期，所以自我同一性的形成被认为是青少年时期发展的最主要议题。如果青少年能够达成同一性，会有利于促进个体心理健康发展。自我同一性对青少年人格和心理健康的发展起着巨大的推动作用。它有利于青少年更加客观、辩证地去认识自我及外面世界，接纳他人，悦纳自我，在和谐的人际关系中追求自我更好的发展。自我同一性可以使青少年对自身有更加充分的理解，能够将自己的过去、现在和将来统合成一个有机的连续体，使理想自我、现实自我、虚假自我、真实自我、精神自我、物质自我得到整合，使青少年向着更加合理的方向发展，并获得积极的人格特征，比如说信任、希望、关爱、独立、勤奋、智慧等。

家长要积极引导孩子建立正确的自我概念，充分挖掘其心理潜能。青少年不能形成健全的自我概念，对自我没有客观的认识，就会缺乏清晰的同一感。青少年不能接受理想自我与现实自我之间的差异，无法整合自我概念。如果一些青少年出现认知失调的现象，可能源于他们有较强的自我期待，但如果不能合理、积极地看待或处理挫折和挑战，那就容易出现自我贬低、自我否定的状态。因此，家长要积极关注青少年的心理健康状况，加强对青少年自我意识的引导和认识，使他们建立健康的自我概念并帮助或鼓励其充分挖掘心理潜能。这样，青少年就会向更为协调、充实、完整、积极的自我意识发展。

增强心理韧性，使个体在坚强和独立中走向成熟。青少年在自我探索的过程中一定会经历挫折与挑战。班主任可以指导家长通过不同的形式培

① 平延勋：《埃里克森的人格发展阶段理论探析》，《山东农业工程学院学报》2016 年第 6 期。

养学生的心理韧性。提升青少年的抗逆力，可以从内在保护因素和外在保护因素两方面着手。从内在保护因素角度，可以提升自我效能、积极情绪、自尊、问题解决、自我控制能力和人际互动能力。而从外在保护因素角度，可以从营造充满爱与安全的家庭环境，采取温暖、支持的父母教养方式，具备良好的亲子关系与同伴关系，其他成人或社会支持等角度努力。

帮助青少年建立和谐的人际关系。青少年特别重视自己与集体的关系，希望在集体中占有一定的地位，被喜欢和接纳。但是青少年在同伴交往的过程中会遇到很多困难。他们一方面渴望同伴的接纳，另一方面也对他人的评价十分敏感。教育者可以帮助青少年掌握一些基本的人际交往技巧，如学会倾听、换位思考、尊重、宽容、解决问题，并能进行适当的自我表露等，从而在同伴群体中获得更多的认可。①

(三) 家庭教养方式

父母教养方式是指父母在子女管教和抚养方面一般的、经常的做法和特点。有研究表明，父母教养方式不同的青少年，其身心发展状况也不同，通过改进父母教养方式，可以促进儿童更加健康地发展或缓解儿童发展中出现的问题。

家庭教养方式是指在家庭日常生活中以亲子关系和亲子互动为背景，父母在教养子女过程中所表现出来的对待子女的稳定的行为模式和行为倾向，它反映了父母对待子女的态度，同时也是父母教育观念的反映。②

家庭教养方式是由美国心理学家鲍姆林德于 1967 年提出的，家庭教养方式，如关爱、冷漠、拒绝及主权控制都对儿童的精神发育有着至关重要的影响。戴安娜·鲍姆林德将教养方式划分为四种：权威型、专断型、放纵型

① 韩越：《家庭教育对青少年自我同一性的影响及改进策略》，《中小学心理健康教育》2020 年第 6 期。

② 李婷、王宏、刁华、杨连建、蒲杨、金凤：《初中生心理健康现状及其家庭影响因素》，《中国健康心理学杂志》2020 年第 28 卷第 5 期。

和忽视型。不同的家庭教养方式会对孩子心理发展产生重要影响。教养方式会影响到孩子的认知发展、学业表现、情感和个性发展、社会问题解决技能发展和社会性发展。通常，鼓励性的教养方式更有利于孩子获得好的学业成绩。有研究表明，教养方式会影响学龄前儿童行为和情绪问题的发生风险，权威型父母教养方式能提高幼儿的心理韧性，即主动性更强、自我调节能力更高、与他人的依恋关系更好。父母积极的教养方式能缓解青少年的特质焦虑，而父亲消极的教养方式，如拒绝/过度保护，更有可能会导致大学生抑郁症状的发生。还有研究显示，母亲实施权威型的教养方式有利于提高幼儿的社会适应能力，父母采取的拒绝或控制/过度保护行为都有可能增加 3 岁幼儿的品行问题。父母的教养方式会影响孩子在学校的同伴关系质量，其中父母积极的教养方式能促进小学生的心理素质和同伴接纳水平，有助于培养青少年的亲社会行为和大学生社会责任感的形成。①

（四）家庭治疗视角

与传统心理学关注个体内心被压抑的愤怒、被掩盖的创伤体验、未被表达的情感相比，家庭治疗提供了一种完全不同的心理健康视角，它关注的核心是我们所处的家庭环境、家人之间的相处关系和生活习惯等对我们性格和行为的塑造。②家庭治疗不同于个体治疗，治疗师不是把注意力放在发生症状的个人身上，而是放在整个家庭单位的功能失调上。家庭治疗具有众多流派和理论，而在家庭治疗视角下，对于重新认识家庭和个体是具有启发意义的。

在家庭中，常常有这样的情况：当家长表达不清的时候就说“我爱你”，事实上是伪装了爱，往爱里装了好多自己想加的额外的东西。家长还常常说：“我是为你好”，事实上却是“我想控制你”。而孩子却说：“我不要你的

---

① 李想想：《浅论家庭教育对个体心理健康的影响及优化策略》，《创新创业理论研究与实践》2019 年第 23 期。

② 刘亮、赵进东：《家庭视角：没有谁是完全独立的》，《心理与健康》2016 年总第 237 期。

好”，事实上孩子想表达的是：没有人比我自己更理解怎样对自己好。因此，在家庭中，家长和孩子有很多不同的观点、理解和处理方式。

1. 系统式家庭治疗的观点

系统是一群人，有互动并相互影响，同时遵守一定的规则，并存在一定的边界。因此，个体影响系统，系统影响个体。系统式家庭治疗重视环境对个人的影响；注重“此时此地”的情况；治疗的目标和焦点主要是改变家人交往的方式。看似家庭中的某个人的问题其实和家庭互动有关，问题的起始可能与家庭无关，但其维持肯定与家庭有关。[①]因此，在循环因果中，需要从线性思维到系统思维，以系统思维看待家庭互动：谁先开始的没有必要去追究，关键是找出这个循环的僵局，有一方先开始改变，变化也就此开始。“鸡生蛋，蛋生鸡”，不知道是家长出了问题，孩子才出问题，还是孩子出了问题，家长才有问题，但这不重要，如何解决这个问题才重要。因此，在家庭中，并不是“如果你改变我就改变”，而是只要一方开始改变，变化就此开始。[②]

2. 结构式家庭治疗的观点

结构式家庭治疗法的目标不是直接解决问题，而是改变家人的交往方式，使家庭的功能发挥。家庭若能发挥它的功能，它便可以解决困扰家人的问题。婚姻、抚养和同胞子系统是家庭内最突出和最重要的子系统。在一个功能良好的家庭，三个子系统都以一种整合的方式运行，以保护家庭系统的分化及完整性。[③]

理想的状态是子系统间界限清晰，因为这有助于彼此的分化，同时又强调对这个家庭系统的归属感。[④]而有问题的家庭容易产生两个共有模式，一是缠结，界限混乱模糊；二是疏离，隔离不互相联系。如果有一对缠结的母

---

① 王俊敏、梁晓燕、李向青、刘锣、张年超：《系统家庭治疗理论在青少年团体心理辅导中的应用构想》，《中小学心理健康教育》2013年第15期。

② 沈晓萍：《系统式家庭治疗在家长沙龙培训中的应用》，《江苏教育》2020年第16期。

③ 罗军：《结构式家庭治疗理论述评》，《衡阳师范学院学报》2012年第4期。

④ 祝菡：《结构式家庭治疗的理论及其应用评析》，《社会心理科学》2007年第3—4期。

子，通常就会有一对疏离的夫妻，说的是抚养子系统的界限混乱，以及婚姻子系统的疏离遥远，家庭中的孩子就很容易产生问题。在这样的观点下，对于家庭的启发是需要建立正常的家庭结构，同时子系统和子系统保持正常的界限，还要去除不恰当的角色，每个成员都要有与其年龄相当的行为，同时协助家庭适应改变中的情境。在结构和功能上出现一定障碍的家庭，需要积极地改变其家庭的氛围、改善家庭互动模式和家庭关系，改善家庭的功能。

家庭并不是静止、永远快乐生活的。现实中所有家庭都面对许多压力和困扰。一个正常家庭不是没有问题的出现，而是可以很好地处理问题。功能失调的家庭在压力下因结构太僵固而不能产生或动用不同的交往方式，只是重复自己失调的方式，使病态的结构挥之不去，或持续运用过去不适用的方法以导致成员出现症状并会鼓励成员持续出现某种症状，这便可以使家人的注意力集中在某成员的症状上而不用处理更危害家庭的问题。

3. 警惕破坏亲密关系四骑士

夫妻关系是家庭中最重要的关系，也是家庭的核心。良好的夫妻关系是家庭的基石，对青少年心理健康有着不可替代的影响力。有研究表明，破坏亲密关系的四骑士分别是：矛盾对称升级（频繁人身攻击）；回避；防御；贬低、不屑、轻蔑。这四骑士对破坏亲密关系的能力可见一斑。

矛盾对称升级（频繁人身攻击），会对“关系”带来极大的挑战。这里的“关系”既指婚姻中的夫妻关系，也指家庭中的亲子关系。频繁人身攻击，会让“关系”产生裂痕，并朝着负面的方向发展。作为孩子，频繁经历家庭中的矛盾对称升级，容易导致矛盾、焦虑情绪、抑郁情绪、不安全感等心理反应。

“回避”是指有冲突但回避。其中，冲突不是问题，处理冲突的方式才是问题。亲密关系中的双方要学会在差异下进行协作，在冲突争执中安抚自己和对方。而父母在处理观点不一致的情况下达成协调，这样的互动方式，孩子也在学习，并有可能帮助孩子形成更为有弹性的应对方式。

“防御”的夫妻关系，彼此间缺少信任、包容、支持，更多的是保留、对立。同样，对“关系”和家庭氛围是会产生损害作用的。

如果伴侣间相互“贬低、不屑、轻蔑”，孩子就会有局限和分裂。而良好的父母关系是相互合作的，甚至是在认可差异下进行合作。

三、家庭心理辅导的现状

家庭心理辅导可能还需要进一步得到重视，一方面呈现一定的迟滞性；另一方面，家长还需要增加相关的知识、技能和经验。

（一）家庭心理辅导尚未得到重视

家庭心理辅导在理论上和实践上无疑都有重大的意义，应当受到各方面的重视。然而，在整个对青少年进行心理健康教育的系统中，家庭心理辅导尚未得到足够重视。

（二）家庭心理辅导呈现迟滞性

一些家长缺乏心理健康教育的知识、方法和经验，常常等到孩子出现严重心理问题甚至是心理障碍、心理疾病时才开始予以关注。事实上，家庭心理辅导要重视干预性，更要重视发展性，即要关注产生心理健康问题或障碍时家庭的应对策略，也应该在儿童青少年成长过程中，家庭在心理辅导上作出努力。

（三）家长自身缺乏心理辅导的意识、知识与技能

家长科学的心理健康观和本身积极向上的心理健康状态会对孩子的心理健康产生直接或间接的影响。而现实情况是家长较为缺乏开展家庭心理辅导的意识、知识和技能。一部分家长开始意识到家庭教育要考虑孩子的心理发展特点，也常常会有家长愿意为此而改变自己的教育观念，但是很多的行动只停留在“心动”上。也有部分家长对家庭心理辅导的相关知识有一

定程度的了解，但缺乏系统、完整的知识结构，在技能上也较为欠缺。虽然有关心理健康教育的宣传很广泛，但一方面面向家长的系统、完整、有针对性的培训还有待提升，另一方面，家长自身学习的自觉性和主动性也要加强。所以，家长要树立家庭心理辅导意识，要进一步提升对于孩子心理发展特点的认识，要改变开展心理辅导的观念，还要提升心理健康教育的知识和技能。

第二节　家庭心理辅导的目标

一、家庭心理辅导的作用

研究表明，从儿童早期到儿童中期，教师及同伴的支持日益增多，而父母的支持则呈减少趋势；而从儿童中期到青少年期，朋友支持显著增加，教师支持减少，父母支持则基本稳定。作为儿童青少年成长过程中无法替代的家庭，开展心理辅导，对儿童青少年的影响力不言而喻。

关于家长心理课堂建设的必要性，国家有相应的政策文件支持。2010年国家妇联教育部印发的《全国家庭教育指导大纲》指出，家长应明确责任意识，不断学习、掌握有关家庭教育的知识，提高自身修养，为子女树立榜样，为其健康成长提供必要条件；同时，家长应尊重儿童身心发展规律，尊重儿童合理需要与个性，创设适合儿童成长的必要条件和生活情景，保护儿童的合法权益，特别关注女孩的合法权益，促进儿童自然发展、全面发展、充分发展。①

《中小学心理健康教育指导纲要（2012年修订）》②中指出：学校要帮助家长树立正确的教育观念，了解和掌握孩子成长的特点、规律、教育的方法，加强亲子沟通，注重自身良好心理素质的养成，以积极健康和谐的家庭环境

---

① 《全国家庭教育指导大纲》（妇字〔2010〕6号）。

② 《中小学心理健康教育指导纲要（2012年修订）》（教基一［2012］15号）。

影响孩子。同时，学校要为家长提供促进孩子发展的指导意见，协助他们共同解决孩子在发展过程中的教育问题。家长要加强社会学、发展心理学和亲子关系理念的学习和积累，提高理论素养和具体能力，树立正确的家教观、成长观和成才观。

现实意义是，家庭需要在尊重孩子、充分了解他们每个时期的心理特征和发展特点的基础上，营造和谐幸福的家庭氛围，优化家庭教育理念，提升家庭心理辅导的意识、知识和技能，以便于开展好家庭心理辅导，以达到促进孩子心理健康水平提升的目的。

二、家庭心理辅导的发展性目标与预防性目标

1. 发展性目标

创造条件使孩子的心理得到健康而充分的发展。这要求班主任要指导家长积极创造条件，帮助孩子在自我认识、承受挫折、适应环境，以及学习、交友等方面获得充分发展，以努力提高孩子的心理素质和人格水平。通过家庭心理辅导，使得孩子能够正确认识和悦纳自我，善待他人，发展协调的人际关系，能够积极面对生活和学习中所面临的种种问题和压力，最大限度地发挥自己的潜能，使自己的能力不断得到发展。

2. 预防性目标

班主任要指导和协助家长，要及时发现孩子的心理问题并采取有效的措施进行积极的辅导或治疗。面对孩子在心理、学习或社会适应等方面出现的问题或异常状态，应采取适当的方法给予干预。在这个过程中，家长要认识到，在孩子成长的过程中，总会遇到一些心理问题，出现问题并不可怕，关键是要积极面对，并给予引导、帮助和支持。比如考试焦虑或者暂时的情绪波动等一般的心理问题，家长可以给孩子提供支持和一定程度疏导。但是，如果出现严重的心理问题，甚至是心理障碍和心理疾病时，就要求家长及时发现并创造条件给予针对性的心理辅导和治疗，并改善家庭互动方式，

必要时也可以向学校或有关机构寻求心理援助，并在此过程中对孩子提供足够的心理支持和帮助。

第三节　家庭心理辅导的实施

一、实施内容

家庭心理辅导实施的内容，需要班主任从家庭层面、学生个体层面两个方面分别予以指导和帮助。

（一）家庭层面

在家庭心理辅导的实施过程中，学校和社会要帮助家长承担起家庭心理辅导的职责。而在此过程中，学校委派班主任对家长开展家庭心理辅导的指导也是责无旁贷的，其目标就是通过对家庭成员的教育和指导，改善家庭的心理环境、提高家庭教育的质量和家庭成员的心理健康水平，提升家长开展家庭心理辅导的意识、知识和技能。要注意的是，开展家庭心理辅导的主体是家长。

1. 提升家长对学生心理健康重要性的认识

很多家长并没有意识到孩子心理健康的重要性，而且数量并不少。一个预备年级的女孩到咨询室哭得泣不成声，没有办法继续上课，叙述父母不理解自己，内心觉得很痛苦。当心理老师和家长交流时，家长并不认为是孩子的心理出了问题，而是归为孩子早饭吃得有些多，所以应该是胃不舒服。还有一位家长觉得很意外，孩子吃得好、睡得好，家里都是最好的东西先给孩子，怎么会有心理问题？众多案例表明了一点，太多的家长并没有意识到孩子心理健康的重要性。

班主任要帮助家长认识到健康的心理是孩子健康成长的基础和重要组成部分，是孩子发展成才的保证。也要帮助家长意识到，青少年学业负担普遍较为沉重，他们在成长中通常要面对种种烦恼和困惑，他们的内心也经受着时代背景下的冲击。青少年学生的心理压力和困惑需要被看到，需要家长的理解和帮助。

2. 帮助家长增强家庭心理辅导的责任意识

班主任也要帮助家长认识到家庭对孩子的心理健康负有直接教育的责任。父母的一言一行对孩子的成长有着至关重要的影响，具有天然的感染力和极大的权威性。父母的道德素质、心理素质、文化修养乃至生活习惯，无不影响着孩子，对孩子的心理和行为产生极大的影响。家庭是孩子的第一所学校，子女入学后，家庭教育需要与学校教育协调一致，同时还要注意家庭教育与学校教育的互补性。家庭负有营造并改善家庭氛围的责任。

对孩子的心理健康负责并不是父亲或者母亲一个人的责任，一定是父母双方共同的责任。有一个初中男孩出现了一些心理和行为问题，当班主任、心理老师请父母到校交流时，爸爸很生气地指责妈妈，他觉得自己负责赚钱，孩子的教育就应该落在妈妈身上，一个全职妈妈理应负责好孩子的心理健康教育。这个观点显然是不成立的，一个孩子的健康成长一定离不开父母的共同教育和参与，并不是单纯某个人尽责就可以了。

3. 帮助家长学习家庭心理辅导的知识与原理

我们常听到家长说自己的孩子小时候很乖，到了小学四、五年级一下子感觉不听话了，还出现了顶嘴的行为。心理问题是有滞后性的，是长期问题积累后的集中爆发，就像很多疾病绝对不是短时间形成的一样。除此之外，小学的高年级阶段正是孩子心理变化的时期，是青春期前期，作为家长要提前有这个心理准备，孩子在长大，也开始逐渐有了三见，自我意识在萌芽。如果家长此时还是用小学低年级的教育方法可能就没有效果了，还会造成家庭矛盾。

家长作为家庭心理辅导的实施者，班主任要帮助其掌握心理健康的相关知识技能，采取科学的心理健康教育方法。因此，要帮助家长了解儿童心理发展的一般规律。个体的生理和心理发展都是一个由低级到高级、由量变到质变不断发展的过程，表现出一定的阶段性和顺序性。每一个阶段都有其共同的规律和特点，并具有后一阶段的发展与前一阶段的连续性。应使家长了解儿童在每一个发展阶段的不同表现和不同需求，在教育时遵循发展规律，既不要超越阶段、操之过急，也不要一味等待、坐失良机。同时，也要帮助家长认识到每一个儿童都有其个体差异，应尊重孩子。儿童心理发展的进程并不是按照相等的速度发展，也不是千篇一律按照同一方式进行。因此，家长应在了解儿童心理发展一般规律的同时，充分了解自己孩子的实际情况，调整目标期望值，采取更适合的教育方法，因材施教。①

4. 帮助家长提升心理健康水平

家庭心理辅导不仅涉及父母如何培养、发展孩子健康心理品质的问题，还涉及家长的心理品质、心理发展和个性性格特征对子女产生的潜移默化的影响作用。

家长具备了良好的心理素质，就能更好地担负起培育子女健康心理品质的责任。如果家长本身的心理健康状态不佳，容易产生急躁、焦虑、敌对、抑郁等情绪，很可能会给孩子带来负面影响。所以，班主任要引导家长以积极良好的心态面对生活，为子女作出示范。班主任要帮助家长学会更好地调节情绪、处理压力，拥有积极的心理品质。

5. 帮助家长调整心态与预期

成人的生活环境里充满了竞争，家长有意无意把这种竞争也带给了孩子。经常听到孩子们很委屈地诉说“妈妈总是拿我和某某同学比”“爸爸说，现在不好好学习，将来能考上大学吗？考不上大学会有好工作吗？”这样的例子比比皆是。

---

① 王小宝：《如何指导家长对学生进行心理健康教育》，《考试周刊》2020 年第 54 期。

家长的心态如果表现为急于求成、期望过高、要求完美等，对家庭心理辅导的开展是具有阻碍作用的。急于求成表现为无视儿童身心成长规律，盲目进行早期教育，期望对子女的教育能够出现立竿见影的效果。期望过高、要求完美表现为在子女教育过程中提出子女力所不及的要求，或者无视儿童间的差异，将自己的子女与别人的孩子进行盲目攀比。类似的心态，对孩子的心理健康是非常不利的。班主任要指导家长积极调整自身心态与预期，要与孩子的实际相符合。不过高要求，也不妄自菲薄。

6. 引导家长改善家庭环境

班主任要指导家长建立和睦的家庭氛围，构建良好的家庭互动关系。家庭氛围是指家庭成员之间所形成的关系状态，包括妻子与丈夫的关系、父母与孩子的关系、家庭亲属之间的关系。家庭系统理论认为，孩子出现症状只是表达了整个家庭系统的问题，而不只是孩子一个人的问题，故家庭成员之间的亲密度对孩子心理的健康发展显得尤为重要。其中，夫妻关系是家庭人际关系的核心，是直接影响家庭环境和子女健康成长的重要因素。

班主任还要帮助家长建构合理的家庭生活方式，提高生活质量。家庭生活不仅要具有一定的计划性和组织性，而且要具有一定的灵活性和多样性。此外，家长还要丰富家庭的娱乐生活，这样有利于学生对自己的学习与生活安排有序，有利于培养和锻炼学生的自主能力、人际交往能力等。

7. 引导家长处理好家庭中的冲突

学校心理咨询中常常会出现一种情况，咨询原因是学生不写作业、上课捣乱等问题，但是咨询下来却发现问题主要来源于家庭，特别是父母关系。有一个小学一年级学生，因为有攻击性行为被班主任送到咨询室，心理老师和其交流后才发现，爸爸妈妈平时恶语相向，甚至会大打出手，最近还在家里宣扬离婚，而所有的这些不和谐场面从来不避讳孩子。

Davie 和 Cumming(1994)提出情绪安全感理论(EST)认为，父母冲突将影响儿童对父母关系的情绪安全感。两个理论都强调儿童青少年对家庭中关系系统的安全感，包括亲子关系和父母的婚姻关系。情绪安全感理论从儿童的情绪角度出发，强调父母冲突对儿童情绪的影响，包括情绪的反应强度、持续时间、情绪的调节，以及儿童对父母关系的内部表征。该理论认为频繁暴露于破坏性父母冲突的儿童，会对父母关系的稳定性产生情绪不安全感。儿童的认知、情绪和智力等方面发展还不完善，频繁的父母冲突将使儿童经常处于担忧、恐惧、焦虑的负性情绪状态，过度的情绪调节会引起个体的行为紊乱，并增加其心理问题的易感性，最终导致儿童情绪、认知和行为的失调。①

班主任要指导家长尽量从互相理解的角度避免家庭矛盾。在出现家庭矛盾时，不宜采取回避或是掩饰的态度，而要立足于相互沟通，积极寻求解决问题的途径和改善家庭关系的方法，能及时化解，相互谅解。

8. 帮助家长建立良好的亲子关系

中国家庭的教育大多比较含蓄，特别是很多父亲，不愿意直接表达对孩子的爱，肢体上的接触就更少了。有一个高二的男孩，用妈妈的语言描述，以前很乖，突然一下子就变了，不再让妈妈进自己的房间，脾气很暴躁。老师了解家庭氛围后发现，家里平时夫妻间很少沟通，父母和孩子之间也很少表达彼此的感情，对孩子属于默默付出型，但是这样的家庭环境让孩子感觉像有一座大山压在心里，特别压抑和无助。

对于青春期的孩子，想独立却又无法独立，不想听从父母但又不得不依赖，学校中人际关系、学习压力，青春期性的萌动等，充满各种各样的心理冲突，在面临这些矛盾冲突时会感到紧张，这时候家人的帮助和支持、父母的亲情关怀尤为重要。

班主任可以鼓励家庭成员之间建立良好的沟通方式，能容忍互相之间的差异，互相协助共同面对挑战。与孩子沟通时，要尊重孩子，试着站在孩

---

① 魏兴阳：《父母冲突对高中生认知评估、情绪不安全感的影响：亲子关系的调节作用》，上海师范大学硕士学位论文，第13页。

子的角度去思考问题，并用言语及行动表达对孩子的爱。如重视生日、重要日子，保留一定的家庭仪式感和家庭保留节目、家庭旅行等，不吝表达对孩子的重视和爱。在这种良好的家庭环境中，孩子能充分体验到家庭的温暖和父母的爱意，更容易把自己学习、生活及交往中遇到的不快、积压的消极情绪尽情地宣泄出来，从而减轻心理上的压力，预防各种心理问题的发生。相反，如果家庭成员之间缺乏相互承诺、帮助和支持，孩子的爱和归属需要就得不到基本的满足，从而难以形成自尊、自信、自强的良好人格。①

（二）学生个体层面

班主任要帮助家长在家庭心理辅导中注重培育学生积极的认知、情感、意志状态和个性心理品质，培养学生具有良好的学习心理品质和人际交往能力，进行一定的生涯展望和规划等。

1. 培养情绪调节的能力

班主任要指导家长在家庭心理辅导中注意培养孩子管理情绪的能力，做情绪的主人，学会以适当的方式宣泄压力和不良情绪，学会正确处理理智与冲动。引导孩子在遇到问题时，学习积极应对，即从更积极的角度去理解挫折、困难、挑战等，学会整合自己的资源去解决问题。必要时还可以寻求心理援助。

2. 培养良好的个性心理品质

很多家长更关注孩子的学业，相对于学业，其实一个孩子的良好个性心理品质对他一生的影响更为重要。特别是成绩优异的孩子，在成长的过程中更多时间关注学习文化课知识，反而忽略了如何去交友、培养兴趣爱好等。班主任要指导家长帮助学生正确认识自己的优缺点和兴趣爱好，学会悦纳自己，树立自信，培养开朗、合群、自立的健康人格，树立人生理想和信

---

① 代诗雨：《学校家庭教育指导对学生心理健康的作用及策略》，《中小学心理健康教育》2020 年第 22 期。

念，形成正确的世界观、人生观和价值观。

3. 培养良好的学习素养

班主任要指导家长在鼓励孩子刻苦学习的同时，要重视对孩子进行注意力、记忆力、观察能力、思辨能力、创造思维能力的培养，引导掌握有关复习与遗忘的规律，培养积极主动探究的学习态度。使孩子在认识自己的基础上，确立恰当的学习目标，形成合适的动机水平。

4. 培养良好的人际交往技能

无论在小学、初中还是高中，甚至大学，出现不适应的大概率来源于孩子的社交能力欠缺，不能在短时间内交到聊得来的朋友，使孩子觉得内心孤独，甚至出现退学或者休学的现象。孩子的社交能力培养不是立竿见影的，是一个长期的过程，在孩子小学阶段，甚至幼儿阶段就应该重视和培养。所以，班主任要指导家长加强孩子人际相处的技巧辅导与训练，掌握人际交往的准则，帮助孩子形成良好的社会适应性。

5. 抗逆力培养

抗逆力(resilience)，也常被翻译为心理弹性、韧性、复原力等，是指个体在即使遇到压力或逆境时仍能积极适应的心理现象。发展心理学家发现，许多身处逆境的儿童并没有像预期那样被打倒，反而成为“有信心、有能力、有爱心”的人。

提升青少年的抗逆力，主要从加强外在保护因素和内在保护因素两方面入手。外在保护因素主要有充满爱与安全的家庭环境，温暖、支持的父母教养方式，良好的亲子关系与同伴关系，其他成人或社会支持。内在保护因素主要有自我效能、积极情绪、自尊、问题解决、自我控制能力和人际互动能力。①父母在创设高质量的外在保护因素之外，还要重视孩子内在保护因素的培养。例如，与孩子探讨怎样合理看待成绩，引导孩子注重坚持

① 朱仲敏:《青少年心理资本:可持续开发的心理资源》，学林出版社2016年版，第135—167页。

和努力的过程。当学习上受挫时，家长要鼓励孩子积极地调整学习方法和策略，鼓励孩子多参加一些具有挑战性的活动。

6. 生涯展望

班主任可以指导家长从自我认识、社会理解、生涯规划三个方面引导孩子进行生涯展望：

① 自我认识：帮助孩子探索了解自身的兴趣爱好、能力特长和个性特征，发展积极的自我概念和生涯规划意识，提升自我调控、人际交往和社会适应能力，并在不断成长中形成健全的人格，树立正确的人生理想和价值信念。

② 社会理解：帮助孩子增强社会意识、社会理解和社会责任感，认识个人与社会、学业与发展、当下与未来的关系，了解社会角色、社会分工的发展动态及不同职业的专业素养要求，形成对社会各行各业的尊重与理解。

③ 生涯规划：帮助孩子在充分的自我认识和社会理解基础上，掌握学业规划与职业规划的主要方法，综合各类信息，平衡个人发展和社会发展的需求，制定适合自己的学业发展目标和计划，初步设计合理的职业和人生发展路径。①

家庭心理辅导的内容是十分广泛的，应该说，在孩子发展的任何阶段所遇到的心理课题，家长都应该积极关注并正确引导。在这个过程中，家庭要充分寻求支持，获得良好的学校或社会资源。

二、实施途径

班主任在日常实践中要密切地与学生家长合作，探寻多样的途径引发家长对心理健康教育的重视，帮助家长积累心理健康教育的理念与方法，从而驱动家长在家庭中对学生实施有效的心理辅导。

---

① 上海市教育委员会关于加强中小学生涯教育的指导意见（沪教委德〔2018〕8 号）。

(一) 家长学校

班主任要借助家长学校这一载体,对家长开展家庭心理辅导的指导。家长学校的教学内容要体现针对性和开放性;教学方式要发扬体验、分享、互动的特征;家长学校的形式要丰富,可以结合"线上"或"线下",并通过家长培训、家长讲座、家长团体辅导(家长沙龙、家长成长坊)等多种形式实施。[①]

1. 确立家长学校的课程内容

班主任可以通过对学生心理发展规律的观察和研究,并通过问卷调查、家长代表及家委会座谈等方式了解家长在家庭心理辅导中的问题和困惑,遵循多元化和针对性原则,形成课程的系列内容。

2. 采用丰富的家庭教育组织形式

在组织形式上,要采用丰富的形式,如主题培训、主题讲座、家长成长坊、家长沙龙等。

主题培训或讲座:班主任可以借力学校心理辅导室,邀请心理教师面向家长开设相关的心理主题讲座或培训,或者结合校级或者区域层面的心理专家讲座或培训的契机,做好互动、讨论、总结等工作。

家长成长坊:针对更具个性化的问题,班主任可以组织开展家长小团体辅导,如成长坊,其价值在于家长能在相对隐私的空间里,面对拥有相同困惑的家长,实现内心情绪的宣泄,获得支持,并且在班主任老师的引导下,能更深层次地对学生心理健康教育的议题进行探索,实现成长和转变。[②]

家长沙龙:既可以激发家庭心理辅导的智慧,也是班级家长之间沟通交流家庭心理辅导的契机。家长们在沙龙里互相了解,消除误解,结成互信友爱的关系。家庭心理辅导指导的核心要义是助人自助,帮助家长实现自我

---

① 王涛:《办好家长学校的有效路径》,《广东教育》2020 年第 2 期。
② 陆婷婷:《家长同侪互助促进家校合作》,《上海教育》2020 年 Z1 期。

心灵成长，提升家庭心理辅导的能力。

3. 挖掘家长学校的教育资源

家长学校的教育资源是非常丰富的，班主任要做个“有心人”，善于挖掘各类资源。

要善于挖掘区域层面的教育资源。青少年家庭心理辅导是一项系统工程，得到了各方的关注，也需要各方努力。因而，从社会、区域等各层面来说，青少年家庭心理辅导的资源还是比较丰富的，班主任要善于发现和收集。此外，也要善于运用好本校的教育资源。班主任要充分运用好本校的培训、讲座、活动等资源，并组织好后续的互动、交流、研讨等内容。

班主任本身就是优秀的教育资源。班主任在开展家庭心理辅导指导时，对家长是很有影响力的，故而班主任本身就是非常好的师资。因此，班主任要加强家庭教育相关理论和实践的学习，要善于发现和解决问题，从而起到有效的家庭教育指导作用。

家长也是独一无二的教育资源，是家庭教育的内在力量。①在家长学校实施过程中，班主任要努力将家长从传统的被动受教育者转变为主动参与者、组织者、实施者，完成角色转换，提升家长的主体性。同时也能够让家长间形成携手共担的家庭心理教育氛围，共同面对心理健康教育困惑，凝聚心理健康教育智慧，进一步形成家校合力，共同助力学生，提升其心理健康水平。②在实施中，班主任可以邀请家长代表分享相对成熟、成功的家庭心理辅导经验和心得，供其他家长学习和借鉴。③当然，每个家庭都有值得其他家庭学习的地方。班主任也要善于发现，找出这些家庭的闪光点，比如哪些家长陪伴孩子运动时间多，哪些亲子活动做得好，等等。在班级里进行宣传，这对于当事家庭是肯定与鼓励，对其他家庭就是学习

① 杨倩：《创新“家长主体”下的家庭教育指导模式》，《中小学班主任》2020 年第 3 期。

② 曹俊红：《家校合作在小学心理健康教育中的应用》，《文学教育》2019 年第 12 期。

③ 吴湘英：《探家长学校示范化建设——以娄江实验学校为例》，《家长》2020 年第 1 期。

和借鉴。

【案例】班主任借助家庭心理辅导资源开展毕业班家长学校

2020年6月是新冠肺炎疫情期间返校复学后的考试季，为此很多中小学在此期间都召开了家长会，对家长开展指导。其中，对于考试心理辅导，上级推出了《中高考前（复习迎考阶段）家长应把握的要点》的指导，内容如下所述。

家长在孩子迎考阶段担负着为学生排忧解难和做好后勤保障的重要任务，加上中国式家长对于“分数”“能力”“等级”画等号的现实，物质与精神的现实背离和负担，处理不当，也可能起到相反的作用。班主任应提醒家长做到以下几点：

1. 保持自己情绪的稳定，避免自己出现“考试焦虑症”影响孩子复习。

2. 不要过多干涉孩子的行为，创造宽松的复习环境。

3. 适度给予精神和物质上的关照，避免过度照顾。

4. 根据孩子的实际水平调整期望值。

5. 家庭氛围不要改变过大。

6. 多和班主任及任课老师沟通，及时掌握孩子的学习和生活状态。

考试结束后，面对揭榜后的成绩，无论是家长自己还是孩子，都要注意调节心理的落差。尤其是中高考学生，完成了一个重要的人生任务，也意味着下一个人生阶段的开始。那么考试结束后，家长应该做哪些事情？

1. 关注孩子的考后情绪，及时对考试失利的孩子进行心理疏导，如有必要及时寻求专业帮助。

2. 帮助孩子规划未来的生涯发展，指导孩子填报志愿。

3. 切忌让孩子过度放松，在假期中保持生活规律，劳逸结合。

某初三毕业班的班主任老师就借助了以上资源，开展家长学校。以“轻松应考，迎接美好明天”为主题，结合具体的案例、做法，对家长进行专题指导，帮助家长更好地陪伴学生度过中考。契合了家长的实际需求，解决了家长的实际困惑，获得了家长的好评。

（二）家校互动

班主任可以通过各种形式的家校互动来开展家庭心理辅导指导。可以开展集体指导（如家长会、校园开放日、各类家校互动活动），还可以开展个别指导（如各种形式的家校联系）。

立足家长会、校园开放日等活动，班主任可以将心理健康教育渗透其中。在家长会上，班主任不但要向家长反馈学生的学习情况和学习表现，还要向家长进行心理健康教育宣传。校园开放日上，要创造契机，增加亲子互动的契机，提升亲子关系、增强亲子沟通，为家庭心理辅导创造良好的基础。

班主任还可以通过组织各类家校互动活动，如家庭心理辅导趣味知识竞赛活动、“走上父母上班路”生涯体验活动、亲子读书活动、家庭心理辅导智慧家长评选活动，增强亲子互动、家校互动，普及家庭心理辅导知识，提供家庭心理辅导知识与技能指导。①

通过家访等家校联系，班主任可以了解学生在家的表现，并可以对学生心理健康的具体情况进行分析总结，如发现学生在家庭生活中存在不良心理表现，还可以及时地给予指导或者提供心理援助资源。班主任通过与家长面对面地有针对性的探讨，解决实际问题，巩固和促进学生健康心理的发展。

【案例】疫情期间，班主任开展家庭心理辅导个别指导

疫情期间，浦东新区某班级学生常常表现出烦躁、易怒的情绪状态，家长向班主任反馈学生的情况，并希望班主任能给予指导和帮助。

该班主任首先学习了《浦东德育》微信公众号于2020年3月11日刊登的，由心理学教授梁宁建主讲的心理微课——《疫情期间，父母该如何舒缓

① 胡敏芳：《班主任开展家庭教育指导的策略研究》，《家长》2020年第11期。

孩子的心理压力》。

班主任从中学习了引发焦虑、担忧等负面情绪的原因:对未来的不安心理(如生活、工作、学习、就业、升学)、生活失序(如忙乱无序、丢三落四、无力应付)、达不到自己的期望(如想要达到高标准和目标,却事与愿违)等。班主任也学习到:疫情期间,不确定性易产生压力,生活琐事常有争吵,引起负面情绪,导致肾上腺激素分泌,使父母与孩子的冲突升级,家庭氛围不再和睦美满。

班主任还学习了父母要坦然面对孩子的负面情绪,同时需做好以下三点:正确认识孩子在疫情期间出现的心理问题;了解负面情绪产生的原因;在亲子关系中,扮演好父母角色,增进沟通,营造和睦的家庭氛围

学习了以上内容,该班主任对该家庭采取了视频家访这一家校互动方式,进行家庭心理辅导的个别指导。班主任首先与学生进行谈心,表达了对学生的关心,也了解了学生的内心感受,并了解到该生产生负面情绪的原因是因为不适应在线学习的新方式,从而产生了烦躁、焦虑的情绪。接下来,班主任就如何调节情绪、如何更好地适应新的学习方式,与学生进行交流,并与学生一起总结应对方法。最后,班主任对家长进行指导,指导家长站在学生的角度去理解产生负面情绪的原因,并鼓励家长努力营造和谐包容的家庭氛围。班主任还引导家长可以就情绪调节、问题解决、提高适应、学习策略等议题和学生进行交流和沟通,引导学生用合理的方式进行情绪调节,善于运用资源提升问题解决和适应能力,学会根据实际情况调整学习策略,开展家庭心理辅导。

(三) 传媒指导

班主任还要善于利用传媒指导(如书籍、电影、电视、广播、网络、新媒体等),打开家庭心理辅导指导的新视角、新空间。

班主任可以将有益于家庭心理辅导的各类传媒,如有益的书籍、引发家

长学习和思考的电影、电视、广播，以及各类网络和新媒体资源，提供给家长，并结合实际开展一些讨论、互动等活动，让心理健康资源更好地为家长开展家庭心理辅导服务。在这个过程中，班主任可以调动起家委会，甚至家长的力量，来搜集各方心理辅导的资源。

互联网也为家校共同体的形成提供了有效的支持和更加便捷的呈现形式。一是能拓宽家庭心理辅导信息的来源渠道，丰富其内容和形式。一些网站、公众号中有关心理辅导的文字和视频都是很好的资源。二是能增加互动交流的渠道、提升互动交流的及时性。如班主任可以通过班级群互动，向家长普及对家庭心理辅导的认知，掌握家庭心理辅寻的方法，有效地实施家庭心理辅导。

【案例】班主任运用家庭教育心理漫画丛书“心爸心妈成长记”进行传媒指导

“心爸心妈成长记”家庭教育心理漫画系列丛书根据《全国家庭教育指导大纲》《中小学心理健康教育指导纲要》《中小学德育工作指南》等相关文件精神，从心理学理论的角度予以专业分析和支招，W-what 什么情况？W-why 怎么了？H-how 怎么办？通过不同问题、不同模块，从觉察力、分析力和行动力方面予以家长指导，让父母透过现象了解孩子心理成长的特点与规律，助力家长构建和谐的亲子关系。让科学的爱成为教育的注解，让家长暖心陪伴孩子共同成长。

某学校班主任老师发现最近在班级中过度使用网络的孩子不在少数，于是运用了“心爸心妈成长记”中六年级“理解篇”:《孩子沉迷游戏，放不下电子产品怎么办?》，将其通过班级群推送给家长，并组织了讨论和交流。家长也通过老师的传媒指导，收获了亲子沟通方法、家庭心理健康教育方法。案例中，班主任既借助了书籍这一传媒，又借助了微信群这一网络传媒，开展了家庭心理辅导的指导。

（上图为《孩子沉迷游戏，放不下电子产品怎么办？》中的部分漫画内容）

家庭是孩子的第一所学校。班主任老师帮助和指导家长，由家长开展好家庭心理辅导具有其现实意义和价值。开展家庭心理辅导的需求是迫切的，但也任重而道远。班主任需要借外力、练内功，方能更好地帮助到家长，从而让学生在成长的家庭中受益。

第六章　学生心理危机的预防与干预

月有阴晴圆缺，人有旦夕祸福！每个人的生命历程中，难免会遇到一些意外和危险，在经历这些困难和挫折的时候，每个人的反应各不相同，带来的影响也有大有小。青少年的身心正处于发展过程中，在遭遇这些危机情况时常常会给他们的身心带来重大影响，有些影响甚至会持续终生。作为他们的班主任老师，了解一些学生心理危机的相关知识，对引导、帮助学生顺利应对危机，减少心理危机带来的伤害和影响，是班主任的重要工作。

心理危机是危险，也是机遇。在学生遭遇危机事件时，学校老师、家长、社会各界如果能在事前做好预防，做到早发现、早干预；事发时恰当应对，进退有度；事后妥善处理，减少影响，这对青少年身心健康成长非常有利。

第一节　学生心理危机概述

一、心理危机相关概念

（一）心理危机的定义

心理危机是指个体在遇到了突发事件或面临重大的挫折和困难，当事人自己既不能回避又无法用自己的资源和应激方式来解决时所出现的一种心理失衡反应。心理危机会引发情绪失控、逃学旷课、离家出走等事件，严重时会演变成自杀或伤人等伤害性事件。

【案例】

2008 年 5 月 12 日发生的汶川地震给世人留下了难以磨灭的印记和惨痛的记忆。小 A 是一名高二的学生，那天下午她正在二楼的教室里专心上课，突然一阵眩晕，觉得教室里的桌椅、电灯都在大幅度摇晃，同学们都在懵懂之间，老师大喊一声："地震了，快跑！"同学们一窝蜂从教室里冲出来。小 A 跟着同学们来到走廊发现，下去的楼梯已经垮塌，大家都挤在走廊里不知如何是好。这时候，一些个高胆大的男同学纷纷爬上栏杆，从二楼跳了下去，胆小的女生哭作一团。小 A 眼看着教学楼不断垮塌，来不及思考，跟着大家从二楼跳下逃生。不幸的是她摔断了一条腿，但保住了自己的性命，休学一年后，她又重返校园参加高考，顺利被一所大学录取，毕业后留校做了一名辅导员。

经历汶川地震后，小 A 很长一段时间不敢住高层楼房，不敢站在高层建筑的阳台、窗口等地方，也不敢一个人乘坐电梯或待在密闭、黑暗的空间里，经常会紧张得浑身发抖、心跳加速，有时候还会情绪失控。

（二）诱发中小学生心理危机的主要因素

心理危机的诱发因素有很多，中小学生易受到个人、家庭、学校等危险性因素的影响而发生心理危机。其中，家庭暴力、父母离异或再婚、家庭氛围紧张，学生个性敏感、灵活性差、看问题容易偏激、对自己的要求过高、自尊心过强是高危险性因素。每年的开学季、重要考试前后、春季都是学生容易爆发心理危机的重点时间，班主任在这些特殊时间要关注学生心理变化，尤其要多关注班级重点学生的行为表现。诱发中小学生心理危机的主要因素简单归纳为以下几个方面：

1. 个人问题

例如：个体人格特征、重大疾病；身体残疾；学业适应不良等。

【案例】

一名13岁女生坠亡，坠亡前曾写给父母、老师、同学多份遗书，并在一笔记本内先后留有遗言："感谢老师这么多年的培育之恩，我知道选择去死，对不起你，下辈子还做你的学生。""你早上背5个单词，晚上背5个单词，英语成绩很快就提高了。""抑郁症太可怕了，我承受不了了，我要找一个有蓝天、白云、快乐的地方"……抑郁情绪的出现，一般都有一些心理或精神的促发因素，如青少年的重大生活事件、父母对子女采取排斥或漠不关心的态度；早年曾有严重的不幸经历，以及身患疾病、人际关系不协调、学习压力大等，均易于诱发抑郁情绪。同时，性格内向、不爱人际交往、孤僻多疑或遭受意外挫折的人，很容易陷入抑郁状态。

2. 家庭发生重大变动

例如：父母离婚；家庭重组；家庭冲突；亲人去世；家庭经济危机；被迫搬家；转学等。

【案例】

因为父母离异，家住佛山顺德均安的一位花季少女在留下一封近5 000字的遗书后便相约网友赴珠海集体自杀。均安派出所联合珠海警方紧急行动，成功拯救了这只"迷途羔羊"。

3. 人际关系方面

例如：好友断交；校园霸凌；亲子矛盾等。

【案例】

湖南绥宁县长铺二小5年级的一名学生，因与班上一名同学发生矛盾，被对方家长带人连续多天到学校辱骂骚扰最终心理崩溃，于6月5日下午放学后跳楼自杀。跳楼前给妈妈留下遗书："我亲爱的妈妈，当您看到这张纸时，我或许已经死了，原因是我把一个同学掐伤了，她的家长一直逼我，我已经没有办法了，我只好以死谢罪，你看到这张纸时，要止住你的眼泪，现在看来我考不了中学了，谢谢你那么多年对我的照顾。"母亲目睹女儿跳楼，瞬间崩溃。

4. 非人为因素的重大自然灾害

例如：地震；火灾；洪水；海啸；流行性传染病等。

【案例】

对小A来说，汶川地震是自然灾害带来的危机事件，在这次危机事件中，有很多人付出生命的代价，她在这次危机事件中幸运存活下来，但她的创伤后应激障碍非常明显，如不敢住高楼，不敢乘电梯等，这种恐惧心理是经历危机事件后人类自我保护的正常心理反应。除了这些行为反应外，还有生理和心理的应激反应：紧张焦虑、情绪易失控、脸色发白、心跳加速等。

5. 灾难性社会事件

例如：战争；暴乱；恐怖袭击等。

（三）中小学生心理危机的具体表现形式

中小学生心理危机是指在校的中小学生由于其特定的角色、所处环境和身心特点在学业、人际交往、成长过程中遇到的一种心理危机，如学业危机、情绪危机、人际关系危机、生活危机、青春心理危机等。我国中小学普遍重视学生的学业表现，在各个学段中学业优异与否是影响中小学生心理状态的重要因素。

除此之外，不同年龄段的学生，危机的类型与原因也有一定的差异：

小学生对家庭的依恋、对老师的依赖及家庭的生活条件对其身心发展的满足对危机的产生有不良影响，他们极易表现出社交退缩、孤僻、拒绝上学、逃离家庭或攻击同学等行为。

初中生在青春期，对同伴交往的需求更大。无法恰当处理青春期的人际关系问题会引发多种情绪问题，严重者甚至会出现自残自伤的行为。同时，随着年龄的增长，学业压力变大，学业危机也逐渐显现。

高中生在不断加深自我认识的同时，需要对自我进行统合和适应。另外，高中阶段学习任务较重，学习成绩的波动也容易引发相关的情绪和心理问题。

二、学生心理危机工作的组织框架

学生心理危机事件的预防与干预往往需要多个部门和工作人员的协调配合，有些疑难案例甚至需要特殊部门或专业人士的参与，班主任老师提前了解危机工作的组织框架和运作机制，有利于突发危机事件的有效预防和及时处理。

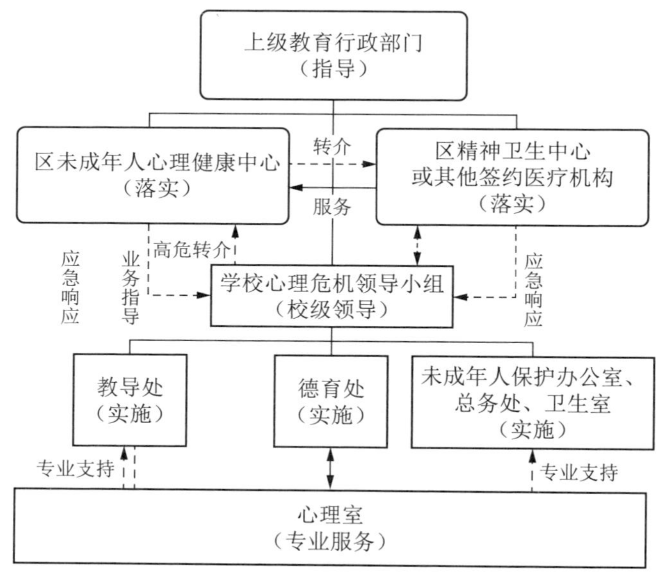

图 6-1　学生心理危机工作组织框架图

三、学校心理危机工作小组的运作机制

【案例】

某校学生上课期间从四楼坠落，一位英语老师目睹，赶紧打电话联系校长，学校心理危机领导小组启动危机干预预案。卫生老师迅速到位检查坠

楼学生伤情，并拨打110、120联系抢救事宜，跟随救护车及时送医院就医；后勤老师协助维护现场；该生班主任跟家长取得联系，及时告知事情进展情况，回到班级后应先安抚其他学生情绪，再了解该生坠楼原因；学校心理老师评估、筛查危机事件中涉事师生的三级暴露情况，如目睹事件经过的老师和学生、参与救援人员、与此事件相关的人员、坠楼学生的好友等，并上报学校危机领导小组，确定是否需要转介求助区心理中心启动危机事件网格化服务；教导处负责人安排好相关人员的课务，保证学校教学秩序正常运转；分管校长及时召开班主任会议，通报危机事件(通报内容以官方信息发布为准，避免出现危机事件细节描述)，并提醒各班主任关注班级学生情况，有特殊情况及时上报，并管理好班级家长群，及时安抚家长和学生的情绪，不传谣、不信谣；德育室通过各种渠道宣传普及学生进行自我保护和珍爱生命的教育，各班召开以此为主题的班会课。

学校心理危机事件的发生常常是突发事件，就像上面案例中所示，为了避免事情发生时手忙脚乱，各校应成立学校心理危机工作领导小组，明确职责和分工，每学期进行一次心理危机预防演练，尽量减少危机事件的发生和伤害。

(一) 成立校园心理危机工作小组

校长是学校心理危机工作小组的负责人，工作小组成员一般包括分管校长、德育主任、总务主任、年级组长、心理辅导老师、学校医务人员等。危机当事学生的班主任和危机事件第一现场人是危机干预小组的临时成员。

表6-1　学校危机干预小组成员及联系方式

职责	姓名	职　　务	联络电话
组长		校长	
副组长		书记	
		副校长	

（续表）

职责	姓名	职　　务	联络电话
组员		德育主任	
		年级组长(人数同年级数)	
		心理辅导教师	
		班主任(代表)(人数同年级数)	
		卫生教师	
		总务主任	
		体育教研组长	
		人事干部(或聘请法律顾问)	
		危机事件第一现场人	

（二）明确校园危机工作小组职责

学校危机干预小组每个成员都应清楚自己的工作职责(见表 6-2)。

表 6-2　校园危机干预领导小组成员分工与职责表

小组成员	具体分工与职责	
	危机预防	危机干预
校长	1. 学校危机干预工作小组组长,是学校危机工作总负责人和召集人,负责学校安全防范工作的统筹安排,并根据法律规定和市区教育领导要求具体部署学校危机管理与干预工作 2. 成立心理危机干预工作小组,指导、监督分管领导制定学校危机干预工作计划;检查督促危机小组组员认真履行工作职责;定期召集危机干预小组成员会议,预警和处置校园危机潜在问题,实施整改	1. 负责事件处理总指挥 2. 召开紧急处理会议 3. 指定人员对外发言 4. 确保学校危机干预工作的实施

（续表）

小组成员	具体分工与职责	
	危机预防	危机干预
副校长	1. 是学校危机干预工作小组副组长，危机预防、处置与干预工作的直接领导和指挥人，制定心理危机干预预案 2. 指导学校危机预防和干预工作的实施，对学校教师加强危机干预的宣传与培训，提高教职工的危机预警和应对能力	1. 及时与各成员沟通，协调危机工作小组与社会有关部门、救助单位的联系与沟通（包括家长会、市区心理卫生中心、医院、警察局、其他相关社区机构） 2. 依事件类型及大小决定启动相关组员以进行事件之处理。实施危机干预的评估、奖惩及处理意见等 3. 负责事件处理对外发言之单一窗口 4. 视需要发布新闻稿
德育主任	1. 全面指导学生危机预防和干预工作的实施。负责对学生组织危机预防宣传教育和生命教育，引导学生热爱生命，善待人生 2. 建立校级学生危机预警报告制度，关心特殊学生辅导，预防危机事件发生 3. 组织、安排对家长、教师和学生应对的危机培训和辅导	1. 负责事件现场与善后之各项安全工作 2. 危机发生时对危机事件进行处理、协调、指挥、通报；接待家长及相关人员 3. 搜集证据，保护现场，做好学校危机干预事件资料收集和备案工作
心理辅导教师	1. 对教职工进行危机干预专题培训 2. 对学生进行心理健康教育，增强学生承受压力和挫折的能力 3. 整合德育资源，对学生开展危机教育 4. 建立学生心理健康普查制度，做好学生心理危机早期预警工作 5.对高危个体制定干预方案，进行危机的预防与转化工作	1. 筛选与评估需要接受辅导之相关人士，并协助其危机处置相关资源的转介与运用 2. 进入事发现场，协同处理自杀或自伤学生，并陪伴家属 3. 协助处理班级现场，宣告事实 4. 进行减压团体的辅导 5. 撰写心理危机干预报告

（续表）

小组成员	具体分工与职责	
	危机预防	危机干预
年级组长（班主任）	1. 组织开展多种形式的教育训练活动，加强学生之间的关心与帮助，提高学生危机应对能力 2. 建立年、班级危机预警报告制度，对有可能导致危机发生的不安定因素要及时向学校危机干预小组领导通报 3. 建立学生心理健康信息反馈制度，对近期遭遇重大打击或变化的学生给予特别关注，发现有明显心理异常情况的学生要及时通报	危机发生时，负责搜集危机事件证据、证词、证人等有关方面的信息，整理上报领导小组；负责联系家长和有关家属，抚慰遭受危机事件伤害的学生、家长等
学校医务人员	1. 将学生的健康信息记载清楚，如有需要，将了解到的可能有心理危机的学生及时报告给班主任和学校心理健康教育中心 2. 备好处置各类危机事件的急救预案、急救器材和急救用品	1. 危机发生时负责医务救治工作，提供紧急救护处理 2. 协助相关医疗处置事宜 3. 对于严重的危机事件，要及时寻求医疗帮助（拨打紧急救援电话）、联系医院、进行抢救等；抢救过程中遵循陪同制度、及时报告制度等
总务主任职责	1. 确保校园教育、教学、活动场地和器材的安全，每天落实安全检查，做好校门、校内治安保卫工作 2. 确保学校水电、消防、通道、通信安全畅通，确保燃气、用电、药品、饮水、饮食安全，确保技防设备的安全运行 3. 事先要准备好应对危机处置所需要的器材和设备，放置在固定地方	1. 负责学校内外之联络及相关之总务工作 2. 负责隔离现场。及时参与校园危机事件处理，组织人员保护事发现场，及时组织人员运送伤员，保卫校园安全，做好后勤保障工作 3. 提供事件处理所需之各项支持（如器材、用品等）
体育教研组长		1. 在发生全校性灾难时，组织全体体育教师分头负责年级、班级学生的带领、引导疏散 2. 听从危机领导小组安排，通过广播安定全校师生情绪，负责指挥疏散

（续表）

小组成员	具体分工与职责	
	危机预防	危机干预
危机事件第一现场人		危机工作小组临时成员负有首见报告责任制，报告事件发生具体时间、内容、事件性质、涉及人员、现场情况等；尽可能地进行抢救、运送伤员、搜集证据、保护现场
学校人事或法律顾问		1. 负责学校内外有关事务之申诉、仲裁、救助、赔偿等协调工作 2. 提供相关法律问题咨询
学校家委会	建立校级、年级、班级家长联络通道，保持联络通道畅通	1. 维护家长群管理，禁止小道消息传播，统一宣传口径 2. 监控家长群内家长情绪、言论动向，有情况及时跟学校相关人员沟通
备注	小组每个成员都要熟记自己的工作职责，认真履行自己的职责，严格服从指挥，做好保密工作，随时做好资料的搜集与证据保存工作，包括与相关方面人员联络的重要的电话录音、谈话录音、记录、书信、照片、监控录像等	

为了及时预警和处置危机事件，学校所有人员都负有首见“报告制”的责任和义务，即危机事件第一现场人要报告事件发生的具体时间、内容、性质、涉及人员、现场情况等，并尽可能地进行抢救、运送伤员、搜集证据、保护现场。

四、学生心理危机工作流程

（一）一级预防

主要针对正常学生的心理健康促进。遵循青少年发展的普遍规律，开展体现学段特点的普适性辅导课程与活动。班主任（可联合家长、中学的同伴辅导员）关注学生的日常心理波动情况，提供适时的疏导，预防心理问题的产生。学校各部门协调配合，具体分工如下：

1. 校长室联合分管校长、德育主任、教导主任的职责

营造和谐、温馨的校园氛围，引导全校教师和家长关注学生心理健康与全面发展；引导学生热爱生命，善待人生。加强校园及周边环境的安保，确保校园教育教学活动、活动场地和器材、各项设备的安全实施和运行，每天落实安全检查，做好校门、校内治安保卫工作。

2. 心理教师的职责

通过心理健康教育课程，培养、训练、发展学生积极的心理品质和健康的自我观念，提高其人际沟通能力、情绪管理能力和社会适应能力。培养学生积极向上的宽容心态，珍爱生命，关爱他人，培养学生承受挫折和应对危机的能力，并向全校师生宣传学校心理辅导室和区心理中心的功能、地点及联系方式，启发学生建立寻求心理援助的现代健康意识。

心理教师还可以针对特殊年级、特殊人群、特殊时点（如开学初、考试前后等）开展预防性减压活动，帮助学生解决成长中的各种心理问题，增强心理免疫力和承受挫折的能力，提高学生助人自助的意识和能力。心理教师经常参加班主任例会，与班主任教师定期讨论，为班主任的谈心工作提供咨询与指导，也可以运用危机事件案例资料，组织班主任讨论和反思，帮助班主任了解危机事件发生的原因、采取的措施及利弊、怎样避免此类事件、如何给予家长建议和指导等，提升班主任的危机预警和干预能力。

3. 班主任的职责

班主任在日常工作中有意识地创建安全、和谐、温馨的班级氛围，减少班级内霸凌现象，多关注特殊学生，如单亲、离异、再婚家庭；家长忙于工作疏于管理孩子；学生学业压力大，考试成绩退步明显；独来独往性格孤僻，或失恋情感受挫等。班主任要能敏锐地观察学生心理波动情况，能够发现潜在的危机，对近期遭遇重大打击或变化的学生给予特别关注，及时谈心疏导，必要时转介到心理室。

班主任要加强家庭教育指导，引导家长关注学生心理健康与全面发展。

指导家长关心孩子的心理健康，了解常见校园危机类型及对孩子的影响，增强家长帮助孩子的意识。指导家长观察孩子的情绪和行为变化，懂得有效沟通的方法技巧，倾听孩子的困惑和需求，给孩子以引导，消除或缓解孩子不良情绪和过激行为，为孩子的健康成长提供最有效的支持。指导家长增进家庭的良好沟通和互动，增强家长的主动求助意识。

（二）二级预防

主要针对的是高危学生的预防性干预。由班主任转介到心理室（或进一步转介到区中心）的学生，经过科学的心理评估后，进行个别或团体的辅导，预防心理障碍的产生。学校心理老师（或区中心）也可根据情况，发起有明确预防主题的团体辅导小组，直接招募有需要的同学参与（入组前进行基本情况访谈），开展相关预防工作。学校各部门协调配合，具体分工如下：

1. 校长室联合德育处、教导处、未保办的负责人的职责

定期举行校级心理危机工作小组会议，建立校级学生危机预警报告制度，关心高危学生辅导工作，预防危机事件发生。组织、安排对家长、教师和学生应对危机的培训和辅导。与社区沟通重点学生（孤儿或留守儿童、吸毒服刑人员子女、精神病人子女、残疾人子女、特困户子女、家暴家庭子女）的信息，为其健康成长营造良好的校园环境。

2. 心理教师的职责

心理教师对心理问题高危学生提供初步评估，建立科学的心理档案，平时多关注行为异常或近期情绪、行为变化较大的学生，如有心理障碍而表现出明显的行为异常的学生，有暴力倾向或伤害他人倾向的学生，突发事件导致有自伤企图或行为的学生等。学校心理教师在对学生的危机进行风险评估后，可以根据实际情况提出干预措施，制定干预方案，给予危机学生及时的心理辅导，进行危机的预防与转化工作。也可以请有关专家指导，并做好咨询记录，对有需要的学生进行及时的转介服务，必要时通知校心理危机工作小组做好应对预案。

3. 班主任

在心理老师的指导下，对有需要的心理问题高危学生（含转介到区中心的学生）提供支持性的班级环境。班主任可以通过与学生面谈、学生周记或作业、上课或班会讨论、与家长谈话等渠道了解学生情绪、行为、认知上的变化。发现有伤害性事件倾向时，及时请心理老师进行风险评估，需要时可联系家长告知学生的状况，共同合作协助学生接受相关辅导或医疗介入。

（三）三级预防

主要针对的是障碍学生的医教协同服务，以及伤害性事件的应急处置和善后工作。学校心理老师或区心理中心评估出有医教协同干预需求的学生，转介到专业医疗机构。在其就医及康复期间，学校提供全方位的支持随访服务，预防伤害性事件的发生。当伤害性事件突发时，做好科学的应急处置和善后工作，预防该起事件引发其他相关人员的心理危机。学校各部门协调配合，具体分工如下：

1. 校长室联合德育处、教导处、卫生室、未保办、总务处的负责人

学校与区县心理健康教育中心、校内外医疗机构建立紧密联系，对有严重心理障碍和心理疾病的学生，或有明显的自杀征兆、自伤行为的学生，学校做好劝说家长同意带孩子就医的工作，防止治疗脱落，提升就医的依从性。学校根据转诊单上的医嘱，对有需要的学生制定和实施三级预防方案。学校可以适当做教育教学方案的调整，如休学，校内提供心理支持服务、个性化的家庭教育指导、个性化的校内安保措施等。

2. 心理教师的职责

学校心理教师在确认学生的心理危机后，应立即向当事学生说明当前的心理危机状况，重申超越保密原则的原因和条件，告知可能执行的预警措施及目的。在保证学生人身安全的前提下，第一时间将学生的心理危机情况通报至学校心理危机干预领导小组，启动个体心理危机应对预案，提醒学生所在班级班主任协助做好学生在校的安全监护。学校心理教师对有严重

心理障碍或心理疾病的学生及时转介，并做好后续跟踪服务，及时了解危机学生的心理状态，确定应对措施，对所有心理危机干预工作做好相应的档案记录，留存危机干预全过程的详细材料，并保密保存。

3. 班主任的职责

根据学校危机事件处理相关方案，为有需要的障碍学生提供适切的班级环境与个性化的家长教育指导。伤害性事件突发时，根据学校心理危机干预预案，负责搜集伤害性事件的证据、证词、证人等相关方面的信息，整理上报学校危机干预领导小组；联络家长和有关家属，抚慰遭受危机事件伤害的学生和家长。伤害性事件发生后，协助心理老师做好班内学生的情绪评估与疏导。

第二节　学生心理危机的预防与识别

青少年心智尚在发育过程中，思维易偏执，情绪易冲动，做事冲动易爆发危机事件。班主任要对学生的危机警示信号时刻保持敏感，识别可能出现的危机行为，做好守门人。当发现学生出现危险言行时，应及时通报学校心理危机领导小组，启动必要的评估、预防和干预工作。

【案例】

小C是一名初二学生，父母离异后各自又组建新的家庭，一直跟随爷爷奶奶生活，性格内向孤僻，很少参加班级的集体活动，班里要好的朋友也不多，只有从小一起长大的莉莉跟她关系要好，是她的闺蜜，她有什么心事都会告诉莉莉。最近一段时间，莉莉感觉小C比以前更内向了，总是心事重重的，有什么心事也不愿意告诉自己。一次课间休息，莉莉拉着小C一块出去，无意间发现小C的左手腕上有好几道细长的伤疤，有的才刚刚结痂。莉莉问小C伤疤是怎么回事，小C眼眶微红，支吾着说没什么，就甩开手走了。莉莉看着小C远离的背影，孤单、无助，想起最近一段时间的变化，心中有一种不好的预感。莉莉把小C的事情告诉了班主任王老师。

小C的家庭情况复杂，王老师在初二刚接班时就了解到了，平时就非常关注小C，王老师也发现小C最近一段情绪上的变化，在每周的日记中，小C说自己是个多余的人，就算离开这个世界也没有人会伤心的。现在听了莉莉报告的情况后，王老师更加重视了。王老师联系了学校的心理老师，把小C的情况告知，并预约了心理咨询时间。这天下班后，王老师来到小C的爷爷奶奶家进行家访，了解到这段时间爷爷年纪大了生病住院，奶奶一个人要照顾病人，又要照顾孩子，忙不过来，想让爸爸把小C接走。但是小C的爸爸平时工作很忙，经常出差，再婚后又生了一对双胞胎儿子，根本就没有心思管小C的事情。王老师又电话联系了小C的爸爸，把小C这段时间的情绪变化和手腕上的伤告诉了家长，希望家长平时多关注孩子，留心孩子的情绪变化，提前预防孩子做极端的事情，保证孩子的生命安全。

随后，王老师又安排班级几位性格开朗外向的女生主动跟小C交往，邀请她一块参加集体活动，老师在课堂上也有意识地请小C发言，并及时肯定她的努力。在每周一次的班会课上，王老师组织了一次“优点大轰炸”的活动，请每位同学先在卡片上画出自画像，然后卡片在小组内顺时针旋转，小组成员每次拿到卡片至少要给对方写上两个优点，如果有具体事例更好。

经过一段时间的努力，小C的情绪逐渐稳定，性格也比以前开朗起来，班级活动也愿意参加了，好朋友也越来越多了。王老师从莉莉那里了解到，小C的爸爸最近经常回家关心她的生活和学习，并请了护工照顾生病住院的爷爷。学校心理老师告诉王老师，小C目前的危机程度处于低级，自杀风险较低，现在正在用系列的沙盘治疗帮助小C自我成长。看到小C的变化，王老师欣慰地笑了。

相信各位班主任老师在看到案例中小C的变化后，都会露出欣慰的笑容。班主任老师在学校每天跟孩子接触的时间最长、次数最多，是除了家长外最了解学生身心变化的人，可能某些方面甚至比家长还要了解他们的孩子。因此，在学校的学习生活中，班主任是学生身心健康的第一守门人。有时候，班主任一句关心的话语，一个温暖的眼神，一处细节的留心，可能就温暖了一个孩子冰冷破碎的心，挽救了一个年轻鲜活的生命。

有句话叫“处处留心皆学问”，在处理青少年危机事件时，应该叫“处处留心皆生命”呀！因为在大多数情况下，如果不是走投无路，生无可恋了，没有哪一个人愿意随便舍弃自己的生命。有些青少年拿刀在自己身上划出一道道血淋淋的伤口，那是因为他想用身体上的伤痛缓解心中的痛。有很多人可能无法理解孩子为什么要伤害自己，其实如果你在了解他的成长经历，了解他的内心世界后，你会觉得他这么做也是生活所迫、被逼无奈才会选择用伤害自己的方式缓解内心的痛苦，是没有办法的办法，也就可以理解他现在的行为。

在事情发生之前一定要小心、小心、再小心，谨慎、谨慎、再谨慎，这是多次处理危机事件留下的宝贵经验。因为青少年在遭遇危机事件的时候，言行举止上都会有所表露，生活在身边的人如果细心、留心的话，一定会发现某些蛛丝马迹。

一、心理危机诱发因素

心理危机的诱发因素有很多，中小学生易受到个人、家庭、学校等危险性因素的影响而发生心理危机。

（一）个人因素

1. 性格孤僻内向，与他人缺乏正常的情感交流。如平时学习生活中独来独往，从不与人沟通、交流；不参加集体活动等。

2. 自尊心强，追求完美，自我要求高，性格偏执，嫉妒心重。如每次考试都要必须是第一名，不能接受别人比自己成绩好；对成绩比自己好的学生有报复心理或行为等。

3. 性格暴躁易怒，容易冲动。如经常因一点小事跟别人发生冲突；情绪容易失控，摔、砸东西发泄心中愤怒；有伤害自己或他人的危险行为等。

4. 情绪低落抑郁两周以上者，或已经确诊精神类障碍，如抑郁症、焦虑症、双向障碍等，但不愿意服药，不接受治疗，回避、隐瞒病情；有幻听、幻想、被害妄想等。

5. 有品行障碍的人，如经常说谎；不服从师长管教，有言语、肢体上的冲突；推崇暴力，虐待小动物等。

6. 过去有过自伤、自残、自杀行为的青少年属于高危人群，班主任老师要尤其关注。尤其是发现学生身上有莫名的伤痕，班主任要细心观察，并跟家长取得联系，侧面了解伤痕的原因。

（二）家庭因素

家庭暴力、父母离异或再婚、家庭氛围紧张等都是高危险性因素，这样的家庭使学生的社会支持系统丧失或者缺乏。

（三）学校因素

每年的开学季、重要考试前后、春季都是学生容易爆发心理危机的关键时间，班主任在这些特殊时间要关注学生心理变化，尤其要多关注班级重点学生的行为表现。

二、青少年心理危机的言行预警

（一）言语方面

1. 有意或无意地透露出危险念头，直接说出绝望、告别的话。

例如：

“没有人在意我的死活，我不在这个世界了，也不会有人想念我！”

“如果我不在了，谁会是你的同桌？”

“我打算结束这一切。”

“希望你下辈子不再做我的妈妈，我肯定会让你失望的。”

……

2. 情绪低落，经常落泪，间接发出有关绝望、无助的言论。

例如：

“现在的生活我早已厌倦，已经无法继续了。”

“活得太累了，我想解脱。”

“很快你就不用再记挂我了。”

“没人帮得了我，一切都结束就好了。”

……

3. 在作文或日记中表达出无价值感。

例如：

“我是个累赘。”

“如果家里没有我，说不定会更好。”

“如果我死了，谁又会在乎呢？”

……

(二) 行为方面

1. 行为上的明显变化

例如：原本爱吃东西的吃货一下子什么都不想吃了，再好吃的东西也无法提起兴趣；每天喜欢睡懒觉的人，最近辗转反侧，怎么也睡不着，早上早早就醒了，睁着眼不想起床；活泼外向、走路一阵风的学生最近变得沉默寡言，经常唉声叹气；或者原来一向沉稳安静的学生变得活跃；胆小谨慎的人变得爱冒险；爱干净的人变得邋里邋遢、懒于梳洗等。

2. 在学习方面的表现有明显变化

例如：学习成绩大幅滑落；平时上课听讲专心、积极发言的学生，最近上课总是走神，被点名后不知道提问的问题是什么；上课时无精打采，打瞌睡；平时作业干净、认真的学生，最近一段时间不能按时作完成作业，说不出任何理由；以前性格温和，很少跟同学发生矛盾冲突的学生，最近脾气暴躁，一点小事都能大发脾气，主动挑衅，动手打人，甚至伤人；人际冲突激增等。

3. 对过去在乎的事情失去兴趣

例如：就像案例中的小C样，与好朋友不再来往，甚至断交；以前天天都要玩的游戏，突然不感兴趣，不想再玩了；喜欢一个人发呆，心事重重，好朋友询问也不吭声，不愿意表露等。

4. 处理财产

【案例】

有个初一的女生在教师节的时候给每一位任课教师都准备了一个自制的卡片，并写上一段情深意切、感恩的话，随后还把自己心爱的学习用品分送给她的好朋友，当时大家都没有在意，结果在国庆节的时候传来噩耗，女生选择跳楼结束自己的生命。有些人则会在自杀前交代安排事务或立下遗嘱；归还或交接物品等。

5. 滥用酒精、药物

例如：增加镇静剂或安眠药的服用量；抽烟、酗酒等。

6. 通过网络等方式搜集有关自杀的信息，考虑自杀的方法

例如：在网上搜索自杀方式，或者加入一些自杀群，参与讨论自杀方式，或者提问哪种自杀方式更舒服；悄悄储藏自杀药物；购买绳子、刀片等自杀工具等。

7. 不顾危险，尝试做一些冒险行为

例如：站在高楼、窗台等危险地方；没有保护措施攀爬高处；过马路故意不看来往车辆，故意闯红灯等。

三、不同年龄层次青少年的典型反应

(一) 小学生(6—11岁)

【案例】

浙江杭州一名小学生昊昊被发现吊在楼顶晾衣线上，被送医院抢救无效死亡。昊昊的母亲回忆说，儿子1米3的小身材吊在1米6的晾衣线上，

脖子上缠的是床单。经过警方调查，已经排除昊昊死亡有他杀的可能性，基本断定为自杀行为。昊昊父母告诉记者，有同班同学作证，昊昊在下午学校课堂上，因无法完成听写任务而遭到教师体罚、扔书包、辱骂“滚回老家读书”等行为。校长承认，昊昊的班主任、语文老师的确有惩罚昊昊的不恰当行为，老师让班级同学将昊昊的书包放到了走廊里。

【案例】

2014 年 4 月 19 日，海南琼海市一个仅 9 岁的小学生自杀，调查才发现是由于女孩的母亲带她哥哥外出看病，她希望随行遭拒而上吊身亡，一时赌气竟然拿生命来泄愤。

从上面的案例中可以看出，小学生遭遇危机事件有以下几个方面表现：小学生的应对能力和心理素质虽然比学龄前儿童有所增长，有了一定应对意外情况的能力，但面对挫折或重大危机事件的应对能力还很欠缺，冲动行为、退化行为几乎是这个年龄层的典型反应。

除此以外，遭遇危机事件时小学生的情绪变化非常明显，暴躁易怒，会出现一些攻击行为，家长和老师从孩子的行为表现就可以清晰判断。有些胆子小的孩子则会有退化行为，变得黏人，哭闹增多，逃避上学；晚上会出现入睡困难、做噩梦、怕黑等情况；有时会做出与弟弟妹妹竞争父母注意力的行为。在课堂上则表现为不专心听讲、走神，不能按时完成作业，成绩退步明显等。

（二）初中生（12—15 岁）

【案例】

某初中男生，因其爸爸为了制止他玩手机，将他的手机从高楼扔下，让人没想到的是，这名孩子竟然尾随着手机一起跳下楼，当场身亡。孩子父亲悔恨不已，跪地号啕大哭。

【案例】

小红（化名）原是一名活泼开朗、成绩优异的初二女孩，是父母、老师眼中的好孩子。但一件事情彻底改变了她——父母离异！随着父母的一次次争吵，小红变得忧郁寡言，成绩也一落千丈。父母正式离婚更是给小红带来了沉重的打击，她开始厌恶现实生活，更慢慢迷上了网络虚拟世界。一次偶然机会，小红接触到一款名叫“死亡游戏”的网络游戏并认识了一些“朋友”。从此，小红深受其影响且不能自拔，渐渐产生了轻生的想法。她的想法得到了那些素未谋面的网络“朋友”的一致赞成，并相约集体自杀。如获“知音”的小红便开始写遗书、订毒药、选路线等，准备应约自杀。8 月 31 日清晨，准备好一切的小红，分别给母亲、养父、婆婆、挚友等留下了遗书，便离开了住处。中午时分，小红的母亲回家时发现了遗书，不禁大惊失色，开始疯狂寻找爱女。几番寻找无果后，其母亲将最后一丝希望投向了公安机关，警方紧急行动，成功拯救了这位迷途少女。

初中生处于青春期前期，同伴之间的相互影响在这个年龄层特别明显，这个年龄阶段的孩子逆反心理特别严重，反抗父母权威，加上情绪冲动易怒，常常会在失去理智的情况下做出极端行为。

除家庭问题导致危机事件外，还有以下几个方面原因：

1. 学校问题（例如：打架、退缩、失去兴趣、寻求注意的行为等）

2. 生理问题（例如：头痛、不明原因的痛、皮肤发疹、排泄问题等）

3. 失去与同伴社交活动的兴趣

（三）高中生（16—18 岁）

【案例】

男生小高（化名）今年 16 岁，独子，父母是城里的个体户。由于父母对其期望值过高，希望孩子考名牌大学。孩子压力非常大，曾多次向同学和好友表示“不想活了”。4 月 15 日，小高在日记中写道：“我本打算今天就结束生命，但这次考试考了全班第一名，老师又安排我当了组长，于是我又将自杀时间延后。”16 日下午，小高向老师请了病假，晚上从楼上跳了下来。警方称，从尸检结果看，小高胃内有大量酒精，系从高处摔下，造成失血性休克死亡，系自杀。

【案例】

2017年4月17日，一名17岁的男孩，当着母亲的面，从车上冲下来，翻过护栏，毫不犹豫地纵身一跃，跳桥身亡。他自杀的导火索也很简单，当天在学校，男孩跟同学发生了矛盾，母亲在车上一直数落他，孩子因为无法承受，选择跳桥自杀。

高中生相较于初中生来说心智更成熟，应对危机的能力有一定提高，大部分高中生的活动与兴趣都集中在年龄相仿的同伴身上，因此特别容易因同伴人际关系冲突，或失去家长的支持和依靠而悲伤、难过。很多家长望子成龙，对孩子的高考成绩寄予厚望，高考压力是套在高中生头上的一个紧箍咒。随着我们国家对高考进行改革，高考压力有所缓解，但高中生的学业压力也不能忽视。

高中生遭遇困境时的典型反应有：

1. 食欲与睡眠失调
2. 月经失调与月经困难
3. 烦躁或减低活动、冷漠
4. 对异性的兴趣降低
5. 不负责或犯法的行为
6. 对父母控制、想要解放的反抗减少
7. 注意力不集中
8. 疑病症（反复担心自己有病痛，但医学检查各项指标没有异常）

四、特别提醒

（一）“好学生型”思维盲点

在家长和老师眼中，好学生听话乖巧、学习成绩好，容易忽略其心理问题。好学生一般自制力强、追求完美、自我要求高，从小受到的鼓励、表扬多，经历挫折少，心理弹性较脆弱，好学生的思维盲点容易被老师和家长忽略。

【案例】

前几年,美国常春藤名校康奈尔大学的一名中国留学生田某,在期末考试周疑似在公寓自杀身亡。田同学离世的消息让同学、朋友、家人都很震惊！作为一个留学生“学霸”,田同学白天顶着无数人羡慕的眼光,夜晚却煎熬在生命继续还是结束的选择里。近年来,类似的案例在国内也屡见不鲜,新闻中经常看到“××学校优等生因考试退步自杀”“××学校学霸因压力太大抑郁”,等等,这样的事情总是让人痛心疾首!

一个个人人羡慕的“好学生”,为什么会发生这样的事情?是什么让一个“尖子生”宁可自杀也不去找父母谈谈呢?是什么让一个“尖子生”能够如此绝望选择轻生?是什么让一个“尖子生”放弃优越的一切去解脱?

变成问题生的“好学生”往往是能力与位置不相称,老师抓得紧,家长给压力,自己就喘不过气。对于这样的孩子,大家尽量少说“坚持就是胜利”“努力才有回报”这类鼓励的话,因为这些话不仅不会让他们感受到鼓励,反而会加重对孩子的伤害。

“好学生型”问题生在出事之前,教育起来并不算困难,关键是要发现苗头,尽早识别,预防其崩溃。推荐的方法是,让他们休息一段时间,停止给孩子施加压力,他们就会逐渐好转。老师要做的就是让学生放轻松,同时开导学生家长。家长要做的就是解放孩子的压力,发现孩子的问题严重时,可以考虑给孩子换个新环境。

“好学生型”常有以下几个方面言行表现:

1. 我一想到将来考不取重点大学,心里很担心

2. 我与名人比较,他们太伟大了,而我太渺小了

3. 我常常感到自己很自卑,别的同学比我强

4. 我没有什么优点

5. 我从来没有失败过,我害怕失败,我认为失败是耻辱

6. 我做什么事都要有100%的成功

（二）班主任给家长的建议

家长日常生活中跟孩子的接触密切，对孩子的生活习惯和行为习惯更了解，更容易发现孩子的异常。班主任应建议父母做个有心人，留意孩子在生活中的预警信号。

1. 注意孩子情绪低落和行为退缩的征兆

2. 当孩子处于困境当中，要向孩子表达出你的关切

3. 如果孩子失去所爱的人或宠物，应该关心他的感受

4. 当孩子的自尊心受到严重威胁与挑战时，要给予支持和宽慰

5. 在临近开学、考试前后等时间节点上，以及生活学习中有突发事件发生时，家长要特别关注孩子的情绪反应，恰当鼓励，不要态度生硬、粗暴指责

6. 家长先要处理好自己的情绪，再与孩子沟通

7. 认真看待孩子的口头自杀威胁

8. 当孩子处于危机的时候，要温暖鼓励、陪伴孩子

9. 家长如果对孩子的状况觉得顾虑，要积极寻求专业人员的协助

10. 如果孩子的问题比较严重，建议家长与孩子共同接受心理咨询的专业帮助

五、班主任预防性辅导

预防性辅导旨在增强学生积极应对压力、正向化解问题的能力，是预防心理危机发生与恶化的重要手段。班主任是班级的管理者，也是学生身心健康的第一守护人。班主任可以从以下几个方面做好预防性辅导工作：

（一）做好班集体建设

1. 营造积极向上的班级氛围

班主任老师可以根据学生年龄特点，努力营造平等、团结、和谐、进取的班级氛围，减少班级霸凌现象的产生。可以从以下几方面实施：制订并执行

班级公约、班规；布置温馨教室环境，建立“图书角”“卫生角”等；让学生参与班级管理，培养学生的组织能力和责任心，使每位学生都有成功的机会和成就感。

2. 培养一支班干部队伍

班干部时时刻刻跟学生们生活在一起，彼此熟悉了解，是班主任进行班级管理的得力助手。因为随着年龄的增长，青少年在遇到困难或危机时，第一求助对象不是老师和家长，往往是身边的小伙伴或闺蜜，有些青少年为了保护隐私，甚至会向网络上的陌生人求助，而对身边人保密。因此在危机事件的预防和识别方面，班干部是班主任老师的哨兵和眼睛。

3. 养成写心情日记的习惯

心情日记或者周记是班主任跟学生进行日常交流谈心，了解学生心情动态的有效途径。为了保护隐私，多数青少年不愿意把自己的事情告诉别人，但是在日记中往往会真情流露，细心的老师可以从学生文字的字里行间敏感地把握学生情绪的变化，及时发现问题，把危机消灭在萌芽状态。另外，写日记也是一种整理心情的渠道，文字在笔尖流淌，情绪也得到了宣泄、倾诉，这对青少年的情绪调节也有一定的效果。

(二) 利用班会宣传普及心理知识

在班会课上，班主任围绕着特定的主题对学生进行思想、品德、心理教育，与在其他场合、其他形式的教育形式相比，它更能促进正确的班集体舆论形成，推进学生自我教育、自我管理；在学生中实现更广泛的思想交流，达到撞击后的相容；能较好地利用学生从众心理同时，还有利于学生口头表达能力、思辨能力、组织能力，以及创造性思维的发展。因此，具有更高的教育效率。显然，充分利用好每周的班会课，开好主题班会，不仅重要，而且可减少班主任工作量，减轻班主任负担，达到事半功倍的效果。

1. 提高学生自我认识

自我探索是每个人需要终身面对的问题，在人生的每个阶段，我们都需要进行自我探索，进而认识自我。在游戏活动中，个人可以通过人际互动了解自己，也可以通过其他人对自己的描述或反馈对自己的认识进行辨析、修正和强化。小学生常用的游戏活动有：优点大轰炸、像我的物品、我的三个愿望等；初中生常用的游戏活动有：垂钓想法、价值拍卖会、我理想中的生活；高中生常用的游戏活动有：生命鱼骨线、10 年后的我、理想与现实等。

2. 培养学生创新型思维，学会用积极的眼光看待问题

问题型思维的人，在遭遇危机事件时，往往看到的是问题和麻烦，有时会深陷其中无法自拔；而创新型思维的人在遭遇危机时，看到的则是资源和可能的方向。班主任可以在班会课上利用辩论会、演讲比赛、知识竞赛等形式普及积极心理学知识，引导学生换个角度思考，学会用不同视角看待同一事物，培养学生的创新型思维。在遭遇危机事件时，学生能够用不同视角去分析、探索解决问题的方法进行自救，就不至于深陷泥潭无法自拔，甚至走上绝路。

3. 加强学习指导，减轻学业压力

学业压力一直是压在青少年头上的一座大山，良好的学习习惯有助于学生学习事半功倍，取得良好效果，减轻压力。所谓学习习惯是在学习过程中经过反复练习形成并发展的自动化的学习行为方式，无论是好的或是坏的习惯，一旦形成就不容易改变。当代教育家叶圣陶曾说过："什么是教育？一句话，就是要养成良好的学习习惯。"因此班主任可以利用班会有意识、有计划地对学生的学习习惯、学习兴趣、学习能力进行培养。小学生常用绘本、儿歌、游戏活动等形式培养学生的学习习惯和学习兴趣；中学生则侧重学习能力的培养，如时间管理的能力、有效的记笔记方法、应对考试焦虑的技巧等。

4. 珍爱生命，懂得感恩

生命教育和感恩教育是学校德育活动的重点内容，班主任对这些内容都不陌生。虽然我们国家已经开放了二胎政策，但大多数学生依然是独生

子女，近几年“二胎现象”导致的家庭问题、亲子冲突也在不断上升。因此生命教育、感恩教育应该被重视起来，除了传统的教育方式外，给班主任推荐一个方法：“内观的人生三问”，即别人为我做了什么？我给别人添了什么麻烦？我为别人回报了什么？班主任可以在班会课上采用书面或者口头的形式进行讨论，然后再交流分享，在大家分享的过程中让学生从中有所领悟和启发。

第三节　学生心理危机的干预

一、危机干预的基本模式

常用的危机干预模式是由贝尔金等提出的三种基本的危机干预模式。

（一）平衡模式（equilibrium model）

平衡模式认为危机是一种心理失衡状态，危机干预的目的和策略是使个体恢复到原来的心理平衡状态。平衡指个人情绪是稳定的、受到控制的，心理活动是灵活的。不平衡则是指一种不稳定的、失去控制和心理活动受限制的情绪状态。当个体用以往的方式不能解决目前的问题时，便会出现心理或情绪的失衡。危机干预应该使危机个体的负性情绪得到宣泄，从而恢复到危机前的状态。在危机刚刚出现时，个体措手不及不知道如何解决问题，此时危机干预者的主要任务是使其情绪得到稳定，之后再进行干预使其获得应付危机的能力。只有当个体自己觉得情绪稳定时，并持续一周左右才能继续进行后续干预，在此之前不宜分析个体产生危机的深层原因。平衡模式适用于危机的早期干预。

（二）认知模式（cognitive model）

认知模式源于埃利斯的理性情绪疗法和贝克等人的认知疗法，适合于危机稳定后的干预。认知模式认为，心理危机的形成不是事件本身引起的，而是个体对应激事件的主观判断，人们对危机事件错误的、歪曲的思维是干预的重要对象。通过校正错误的思维方式，帮助危机个体克服非理性思维与自我否定，提高自我控制的能力，获得恢复平衡的信心。因此，危机干预者要通过角色训练等技术使危机个体变得积极主动，调动自我潜能恢复心理平衡。这一模式适用于危机趋于稳定后的危机个体。

（三）心理社会转变模式（psychosocial transition model）

心理社会转变模式认为人是先天遗传和后天学习以及环境交互作用的产物，危机的产生也是由心理、社会、环境因素引起的，危机应对和干预应从这三个方面寻求方法，要求从系统的角度综合考虑各种内外部困难，帮助个体选择新的应对方式，善用各种社会支持与环境资源，重新获得对自己生活的自主控制。这一模式同样适用于已经趋于稳定的个体。

二、危机干预的基本步骤

尽管人类会遇到错综复杂、各式各样的危机，但仍可使用相对直接和有效的干预方法来处理危机。贯穿于整个危机干预过程有六步：确定问题；保证危机学生安全；倾听，给予心理支持；提出并验证可变通的应对方式；制订计划；得到承诺。危机干预"六步法"已广泛被专业咨询工作者和一般危机干预工作者所采纳，用于帮助不同类型危机的来访者。

班主任作为学校危机干预小组的成员，应该了解和学习相关技术，在自己的能力范围内也可以适当地采取干预措施。

第一步：确定问题，即从危机学生的角度，确定和理解他们面临的问题。为了帮助学生确定危机问题，班主任可以使用倾听技术，达到共情、理解、真诚、接纳以及尊重的效果。

第二步：保证危机学生安全，在危机干预过程中，班主任应将保证危机学生安全作为首要目标。简单地来说，就是把危机学生的生命危险和心理危机降低到最小的可能，使他们处于尽可能地安全境地。保证危机学生的安全不仅是干预过程的第二步，也必须贯穿于整个干预过程。

第三步:倾听和心理支持,危机干预的第三步是强调与危机学生的沟通与交流,让危机学生知道班主任是能够给予其关心帮助的人。班主任不要去评价危机学生的经历与感受是否值得称赞,或是否心甘情愿的,而是应该提供这样一种机会,让他们相信“这里有一个人确实很关心我!”

第四步:提出并验证可变通的应对方式,这一步侧重于危机学生常会忽略的一面——有许多适当的方法或途径可供危机学生选择。因为多数情况下,危机学生处于思维不灵活的状态,不能恰当地判断什么是最佳的选择,有些处于危机的危机学生甚至认为无路可走了。

在这一步中,有效的工作能帮助危机学生认识到,有许多可变通的应对方式可供选择,其中有些选择比别的选择更为适宜。班主任可以引导危机学生从不同途径思考变通的方式:①变通环境支持。这是提供帮助的最佳资源,让危机学生知道有哪些人现在能关心自己;②变通应付机制,即帮助危机学生发现可以用来战胜目前危机的行动或环境资源;③变通思维方式。鼓励危机学生进行积极的、建设性的思维,改变他们对问题的看法,减轻他们应激与焦虑的水平。如果能从这三方面客观地评价各种可变通的应对方式,班主任就能够给感到绝望和走投无路的危机学生以极大的支持。

值得提醒的是,虽然有许多可变通的方式来应对危机,但只须与危机学生讨论其中的几种。因为处于危机之中的学生不需要太多的选择,他们需要的是当下能处理其境遇的适当选择。

第五步:制订计划。危机干预的第五步班主任可以与危机学生共同制订行动步骤来矫正其情绪的失衡状态。计划包括:①确定有另外的个人、组织团体和有关机构能够提供及时的支持;②确定危机学生现在能够采用的、积极的应付机制,确定危机学生能够理解和把握的行动步骤。根据危机学生的应付能力,计划应注重切实可行和系统地帮助危机学生解决问题,可以包括危机学生与班主任的共同配合,如使用放松技术。

计划的制订应该与危机学生合作,让其感到这是他自己的计划,这一点很重要。制订计划的关键在于让危机学生感到没有剥夺他们的权利、独立性和自尊。有些危机学生可能并不会反对帮助者决定他们应该做什么，但此时这些危机学生往往过分地关注于自己的危机而忽略自己的能力，他们甚至会认为将计划强加给他们是应该的。让受情绪困扰的危机学生接受一个善意强加给他们的计划往往很容易。因此在计划制订过程中的主要问题是危机学生的控制性和自主性，让危机学生将计划付诸实施的目的是恢复他们的自制能力和保证他们不依赖于支持者。

第六步：得到承诺。同样，控制性和自主性问题也存在于得到恰当的保证这一过程中。如果制订计划这一步完成得较好的话，则保证这一步就比较容易。多数情况下，保证这一步比较简单，让危机学生复述一下计划。例如："现在我们已经商讨了你计划要做什么，请跟我讲一下你将采取哪些行动，以保证你不会大发脾气，避免危机的升级。"在这一步中，班主任要明确，在实施计划时是否达成同意合作的协议。

三、危机干预六步法的操作要点

危机干预六步法是危机干预的常规方法，但在具体的情况中还是需要班主任灵活掌握和随机应变。班主任应该努力把握以下一些操作要点。

（一）个体差异

班主任应该充分认识到危机学生之间存在个体差异，无论是危机境遇和个人心理特征都存在其特殊性，所以班主任在着手实施干预时不能千篇一律、墨守成规。不能以刻板的方法、先入为主的方法束缚自己的思维及行为，应做到具体情况具体对待。

（二）评价自我

班主任应该十分了解自己，客观地评估自己的价值观、局限性、身心状态和应对处理学生危机的能力。只有清晰地评价自我才能冷静地判断哪些情况下危机学生已经超出了自己的能力范围，才能选择在最佳时机将学生转介。

(三) 保证安全

保证危机学生的身心安全是危机干预的重要前提,班主任应该估计到危机干预中可能存在的各种隐含危险,除了危机学生的安全之外,在伦理、法律、职业、方法等方面也都必须考虑周到,同时还包括班主任的自身安全。

(四) 提供支持

虽然对于危机学生来说能够提供支持和帮助的资源并不单一,但无可非议,班主任是他们最为重要的支持力量。对于处在非常孤独渴望求助的学生,班主任的心理援助就是他们的希望。班主任能够通过关怀、体贴、共情、提高信心等策略使危机学生获得安全感,让学生感受到有力的依靠,当再度出现绝望的危险状态时能主动求助,避免出现不测的、难以挽回的后果。作为班主任,在危机干预的过程中可以尝试成为如下角色:

1. 倾听者:抛开教导者的角色。

2. 支持者:同感、支持并引导思考,少用否定性言语。

3. 辅导者:了解悲伤历程与反应,恰当的晤谈与辅导。

4. 转介者:寻求专业机构的协助。

(五) 明确问题

危机学生处在危机状态时存在的实际问题会很多,也很复杂。班主任要进行有效的干预,必须明确聚焦学生的关键问题。多半危机学生会把构成自己危机的状态归咎于某些客观的环境,某个社会生活事件,某些相关的人,往往以为只要环境、他人有了改变,自己就能从危机中得到解脱。其实这些想法不切实际。所以班主任需要和危机学生一起讨论什么是需要解决、能够解决、首先解决的当前问题。有些学生处在危机中思维受到局限,显得固执、刻板和专一,班主任不能强求危机学生很快接受聚焦问题,只能循循善诱地进行引导,保持良好的合作关系,尽可能地运用技巧来影响学生的思考模式,使他们走出认知的误区。

（六）变通应对

应对危机的方法是多种多样的，然而在危机学生看来往往是走投无路，因为他们所认定的方法行之不通，处处绝境，十分茫然，无所适从。班主任可以引导危机学生绕开他们定势的思维轨迹，运用变通的方法产生"柳暗花明又一村"的效果，变通的方法或许不能一下子解决所有存在的问题，但稍稍取得的成效能够作为正性强化物来强化危机学生的信心，可使他们从完全悲观的状态走向能够、愿意配合调整的实际行动。

（七）发挥优势

在危机干预中不可忽视危机学生自身的长处和优势，这是一个潜在的能力。虽然处在危机状态下的学生可能已失去这些拥有的能量，但是班主任只要意识到学生存在潜能，能用心地去挖掘学生的潜能，这样求助学生原本固有的优势就能得到新的发挥，产生一定的功能和效果。

（八）关注需要

危机学生有很多需要，有的是当前的，有的是长远的，有的是物质的，有的是精神的，所以班主任应该关注他们的各种需要。能够读懂学生的真正需要，就能想方设法去争取到达满足的可能。很多危机学生往往存在"极端化"的认知曲解，他们把能够获得的需要看得过分艰难，从而放弃所有的需要，走向绝望的境地。班主任能够引导他们走出绝境，关键之处就是尽可能满足他们的合理需要，让他们体会到支持的力度，让他们看到存在的希望。

（九）适时转介

危机干预的一个重要方面是适时转介，因为当危机学生的问题，处境和状态都已越出班主任进行干预解决的实际承受程度及能力范围，班主任就应该果断地做出转介学校心理室或者医院的决定。但是在转介之前应该与危机学生商议，说明转介的必要及意向，使他们不会误认为是忽视他的危机和困难，也不是用"踢皮球"的方式回避应对困难。

四、丧失与哀伤辅导

（一）丧失的定义

丧失乃人生命中不可避免和分割的一部分，丧失挚爱的亲友固然带来沉重的打击与伤痛，但生命中许多转变所引起的损失也不容忽略。人过去所经历的损失，往往影响着今日面对丧失时的反应。

一个人在出生与死亡之间所失去或破灭的东西多不胜数，失去的可以是人、有生命的动植物，或者任何无生命甚至无形却又灌注了情感的事物，好像一张发黄的旧照片、一件花了大半天才造好的小手工艺品、一间伴着我们一起成长的老房子、一个跟自己情同手足的老同学、一个梦想、一次机会、一段关系、一份工作、一个身份角色、名誉头衔、社会地位，以至于个人尊严、权利与自由等。

人所经历的各种丧失概括为既简单又全面的三类：(1)成长性丧失——源于生命规律和人在生活中作出的选择取舍；(2)创伤性丧失——源于生命中一些不可预测性和突发性的事件；(3)预期性丧失——源于人的预期，并没有真正发生，也不一定真正出现。

（二）哀伤的定义

哀伤(bereavement)指任何人在被迫经历意外事件，失去所钟爱或所依恋的对象(主要指亲人)时所面临的境况，这境况是一个状态，也是一个过程，即丧亲者在丧失发生之后，其所经历的一系列调适过程。其中包括了悲伤(grief)和哀悼(mourning)。

悲伤(grief)是哀伤的一部分，主要指面对依恋的对象损失或丧失(loss)时出现的内在生理、心理反应，后者包括情感、认知行为等部分。

哀悼(mourning)是哀伤的另一部分，为悲伤的公开表现，是悲伤的社会样貌(face)，主要是指一个人在面对损失或丧失(loss)时，因身心的反应而带来的外在社交、行为表现，其表现方式与社会、文化和习俗有很大的关系。

广义的哀伤——任何丧失带来的哀伤；狭义的哀伤——因死亡带来的哀伤。

哀伤是一段个人成长与医治的历程，压抑与逃避无助于它的消失，放下本能的防卫，让自己经历这个过程中的种种甘苦反而有助于将哀伤的力量升华。

(三) 哀伤辅导的理论

哀伤理论基于理论建构的需要，分类众多：

1. 精神分析理论

弗洛伊德：悲伤过程假设——焦点在于强调察觉对逝者的连结，主观切断生者与丧失客体情感连结的重要性。如果有内在干扰，如矛盾或愧疚支配，则难以转移，并延迟、夸大或病态悲伤，这种复杂的悲伤反应需要特别关注和处理。

爱的客体对象失去，正常的结果是尊重现实获得机会，哀悼工作完成之后自我(ego)才会获得自由且不再受限(这个执行现实命令的过程，其本质是妥协)。

2. 依恋理论

英国精神病学家Bowlby提出，保留弗洛伊德解释潜意识过程的应用，并着重于幼童与母亲或重要他人所建立的依附与连结关系。人类婴儿生来就具有寻求并维持与重要他人亲密关系的行为，目的在于保护个体免遭身心伤害、减缓痛苦。这种亲密的连结稍后会扩展至其他重要他人，而且会活跃在人的整个生命历程中。

3. 心理社会过渡论

丧失引发哀伤是一项心理社会过渡，说明死亡是一个重大的生命事件，它引发丧亲者觉察到内心对“恒常”世界的期待和假设，以及对外在“失常”真实世界之间的差异与矛盾。

哀伤是一个人在面对丧失时的身心反应，哀伤辅导为丧失提供一个哀伤过程。

（四）哀伤辅导的原则和程序

1. 帮助当事人界定并表达情感。
2. 帮助当事人在失去逝者的情况下活下去。
3. 将感情从逝者身上转移(爱、安全)。
4. 允许时间去哀伤。
5. 阐明正常的哀伤行为。
6. 持续的支持。
7. 检查防卫和适应方式。
8. 界定病态行为并转介。

（五）哀伤心理辅导的基本过程

1. 澄清丧失的有关事实。
2. 建立良好的辅导关系，提供表达哀伤的环境。
3. 表达因丧失导致的各种情绪感受。
4. 对丧失寻找情感平衡。
5. 探讨如何适应丧失后的社会环境。
6. 对自我的重新探索，建立新的自我。

（六）青少年的哀伤辅导

1. 青少年经验哀伤的特征

青少年经验哀伤的方式有别于成年人，哀伤需要在青少年的成长背景、他们对死亡的理解及家庭的动力下去理解。

表 6-3　7—19 岁青少年成长期的哀伤

年龄组别	哀伤的特征
小学阶段 （7—11 岁）	掌握某些感受，并能有限度地觉知自身的行为对他人带来的影响。 需要关怀的关系，以获取信任、支持及联系。 明白死亡是终极的、普及性的、不可逆转及平常的。
青少年阶段 （12—19 岁）	更能掌握较复杂的情绪，但常因其他充满冲突的成长任务而压抑自己的情绪独自挣扎。 需要情感上的联系和指引，以明白他们所面对的复杂发展阶段，并在各发展层面上得到支持。 明白死亡是终极的、普遍的，不可逆转及平常的。

青少年处理哀伤时，大多会保存逝者遗物、常常提及和想起逝者、感到逝者同在或梦见逝者、在想象中与逝者保持互动的关系。青少年也许会以比较哲学的方式去重新联系失去的亲人，他们会寻求生命的本质、自身生存的意义，他们甚至会表现得更加独立，好像再不需要其他人似的，以免经历另一次被遗弃的感觉或哀痛。

2. 家庭动力的作用

哀伤不单是个人的事情，也是整个家庭系统的事情。在亚洲文化中，我们发现个人能否良好地处理哀伤会直接受到其他家庭成员的影响。成员关系紧密的家庭往往会一起哀痛，若家庭中的男主人或女主人能公开哀悼，其他家庭成员会比较能公开他们的哀痛。可是，若一个家庭陷入冲突的模式，家庭成员或许会表达不合时宜的愤怒或逃避交往。在一个不沟通、不表达的家庭里，一切在表面上都会很平静，但哀痛会在潜藏下表达，以致身心疲惫，精神崩溃。

3. 对应不同形式死亡的特别关注

因灾难性事件而出现的突然死亡及丧失会引发出过度的症状表现。较年长的青少年会经历片段闪现、梦魇、强烈的情绪及急剧的生理症状。舒缓症状、正常化及增强适应技巧都是帮助青少年处理哀痛的策略，年纪愈小的丧亲者愈需要陪伴。同时,身体检查及关注也是不容忽略的。

对大部分青少年,他们需要知道死亡为何及如何发生。假若他们的好奇心及能控制的探索未被满足,他们会产生冲动的行为。因此与青少年建立一个建设性及彼此共鸣的对话是很重要的,家长式或不尊重的响应只会使他们更加趋向以行动而非感受或反思去处理事情。

当然也有一些需要转介和关注的,如有学业明显退步、情绪非常沮丧低落以及从各种社会关系中退缩等表现。

4. 班主任哀伤辅导的建议

【应该做的事情】

① 以同理心去聆听。

② 选用适当的语言。

③ 允许他们情绪的表达,特别是愤怒、内疚等。

④ 公开地谈论死亡,将死亡视为成长的一个阶段。

⑤ 随着兴趣的增长展开问答对话。

⑥ 比平时更多陪伴他们。

⑦ 按照他们的需要,给予足够的空间。

⑧ 帮助他们恢复正常的生活规律。

⑨ 当周年纪念或假日来临时,留意他们的日常举动。

⑩ 提供实时及方便的途径,让他们在任何时间只要有需要都能找到一个可靠的成年人。

【不应该做的事情】

① 告诉他们一些你自己都不相信的事物。

② 告知他们逝者去度假了。

③ 给予简化的答案。

④ 在他们面前说逝者的坏话。

⑤ 中断他们的提问。

⑥ 隐藏你自己的情绪(可以让它自然流露)。

⑦ 依赖他们作为你唯一的支持。

⑧ 假设所有痛苦的过程都是一样。

⑨ 告知他们什么是对或错的哀悼方式。

⑩ 太过忙碌以致不能有足够时间给他们。

在哀伤辅导中,陪伴比学习任何特别的技巧更加重要。班主任可以通过用心去聆听,用眼去观察学生的语言、情绪及行为表达,以尊重、敏锐及耐性去与他们同行,进而达到有效的陪伴。

5. 哀伤辅导的技巧

① 表达

班主任可以请学生写一封致逝者的信,在信中与逝者进行心灵对话,帮助学生打开心门,面对深层次的思维和情绪(详见范文)。也可以请学生画一幅画或创作一个艺术品,通过非语言的方式表达、宣泄情绪;还可以采用烧化遗物、放飞气球等仪式,完成与逝者的告别。

【范文】

亲爱的____________

我们已相隔和离别有________(时间)。

每当我想和你沟通时,我感觉________________________________

当我想起你时,我记得________________________________

最后一次见面,我记得________________________________

这些回忆让我感觉________________________________

你的死对我最大的改变是________________________________

我没有期待的是________________________________

最大的惊讶是________________________________

没有你的生活,最大的困难是________________________________

失去你,我觉得自己好像失去了________________________________

如果你还活着，我希望自己可以________________

如果你还活着，我希望你可以________________

我一直希望你可以对我说________________

虽然我们分离了，我们却有共同的________________

我希望你现在________________

② 同感

班主任需要放下个人主观的参照标准，尝试设身处地从学生的参照标准来看事物。有效同感的作用能让学生感到被尊重、被了解和接纳，从而有足够安全感进行更深入的自我探讨。[①]

---

① 参见邓明昱：《灾害危机干预与心理急救手册》，国际中华科学技术出版社2010年版。

第七章　班主任自身心理健康维护

随着社会的飞速发展，教师职业越来越受到关注，在很多人眼中，教师职业稳定，受人尊敬，这是“太阳底下最光辉的职业”。有人说“教师是蜡烛”，而我们更希望教师是“明灯”，点亮自己，照明学生。作为班主任，不仅需要维护学生心理健康，更需要维护自身心理健康。

第一节　班主任工作压力与生活满意度

关于学生心理健康状况的研究很多，关于教师自身心理健康状况的研究却不多，我们在实践工作中发现，相对于一般学科教师而言，班主任的工作压力、身心健康问题都相对更大，为了了解教师的压力状况和生活满意度，我们参照国际上常用的生活满意度量表(LSR)与压力问卷编制了一份含有 42 个题目的“教师压力与生活满意度调查问卷”，问卷分为基本情况、压力指数、生活满意度三部分，下面让我们从典型案例和调查结果来了解班主任心理健康状况吧。

一、被调查教师基本情况

在浦东新区 26 所抽样学校(包括幼儿园、小学、中学、职校、大中专和特殊教育学校)发放调查问卷后，共回收有效问卷 1 721 份，表 7-1、表 7-2、表

7-3 和表 7-4 是被调查教师基本情况：

表 7-1 浦东新区被调查教师性别比例情况

被调查教师性别	男	女	合　计
人数	577	1 144	1 721

表 7-2 浦东新区被调查教师年龄分布情况

被调查教师年龄	25 岁以下	26—35 岁	36—40 岁	40—50 岁	51 岁以上	合计
人数	110	640	386	439	146	1 721

表 7-3 浦东新区被调查教师职称分布情况

被调查教师职称情况	初级	中级	高级	正高级	合计
人数	439	993	283	6	1 721

表 7-4 浦东新区被调查教师班主任与非班主任分布情况

被调查教师身份	班主任	非班主任	合　计
人数	736	985	1 721

二、压力普遍较大

压力，顾名思义就是一种压抑、压迫的状态。[①]如果用压力指数表明一个人所受压力的程度，压力指数过高，通常说明所承受的压力相当大，往往过于敏感，很容易紧张，日积月累下来的负面情绪很多，如果得不到及时宣泄，容易产生这样或者那样的心理疾病，严重的甚至影响身心健康。根据我们的调查，浦东新区教师的平均压力指数偏高，有 22.14％的教师属于高压力人群，需要寻求心理医生的专业指导，46.86％的教师压力较大，需要注意自身心理调节，见图 7-1。班主任的压力明显高于一般任课教师，见图 7-2，尤其是高压力教师中班主任明显多于非班主任。26—35 岁教师的压力最大，见图 7-3，通常该年龄段教师在学校承担了大量的班主任、公开课与教育

① 薛莹：《微笑面对生活》，《华章：初中读写》2012 年第 9 期。

改革重任，在生活中处于恋爱、成家生子、照顾幼儿的亘任中，所以教育教学与生活中的压力都是最大的。

中级职称教师的压力明显大于其他职称级别教师的压力，见图 7-4。在教育教学上，中级职称的教师往往日益成熟，是学校挑重任的重要力量，教师自身专业发展需求高，职称评定等政策也无形中给中级职称教师提出了更高的要求。

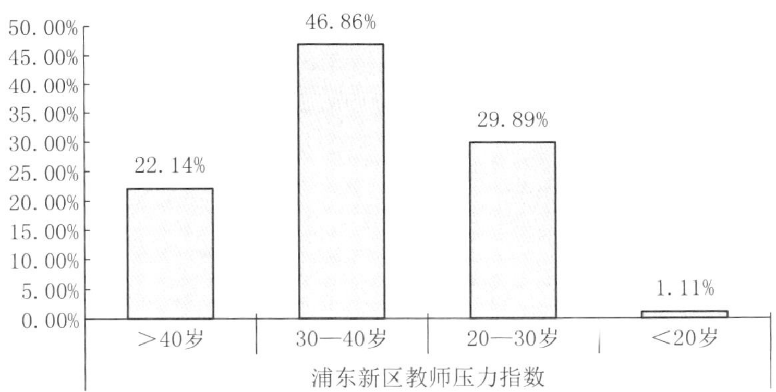

图 7-1　浦东新区教师压力指数

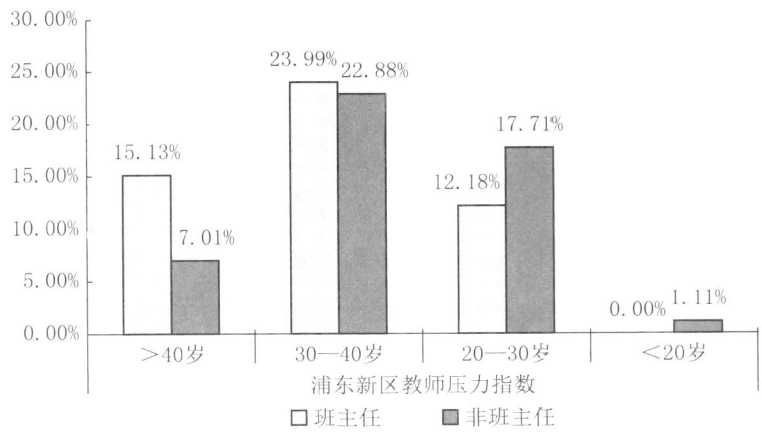

图 7-2　浦东新区教师中班主任与非班主任的压力指数比较

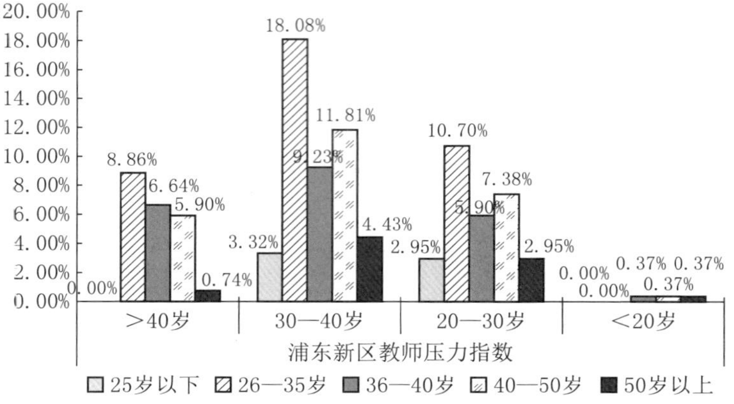

图 7-3　不同年龄段教师的压力指数对比

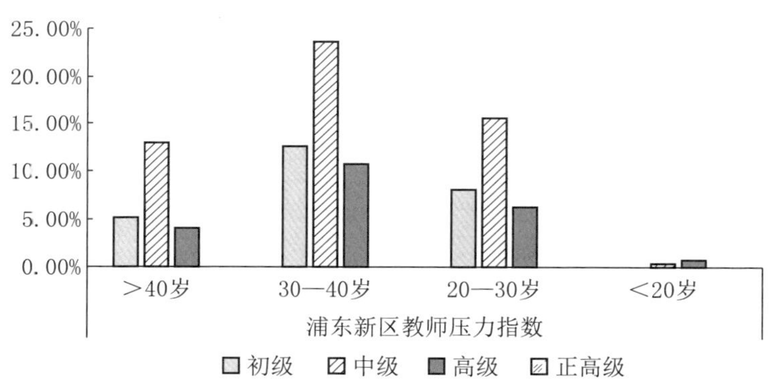

图 7-4　不同职称教师的压力指数比较

三、工作忙碌易焦虑

数学教师小李最近特别烦，工作第六年的她，第一年教高三，并且还担任一个班的班主任，事事要求完美的她每天要花大量的时间备课，每次上课前还坚持听老教师的课学习，然后改进自己的教学设计，小李夜里经常睡不着觉，觉得自己很焦虑；学生的作业她认真批改，并且每一个都坚持面批，不订正完不放学生回家，对有些不认真的学生小李很担心；而小李自己的女儿刚刚一岁多，每天当她回家的时候女儿都睡着了，因此家人一直埋怨她，对于家人的唠叨小李很烦躁。想不到上周竟然有几位家长投诉她，说她布置了太多作业，还一直让学生晚回家，学生现在一见到数学就紧张，说她为了班级成绩、为了奖金不顾学生的身体，小李觉得很委屈；在调查过程中，班级其他任课教师也说学生为了完成她这个班主任的作业都没有时间做其他功课，导致这个班就数学好，其他学科都不好，小李觉得自己特别焦虑而心累。

虽然教师工作有寒暑假被很多人看重，并作为选择教师职业的重要原因，但通过数学老师小李的生活，我们可以发现教师工作并不轻松。从调查结果看，有 42.99%的教师感到每天下班后觉得疲惫不堪，身心不舒服；还有 30.98%的教师觉得虽然有点累，但通常还是很满足的，真正感到工作很轻松的只有 6.01%的教师，见图 7-5。在如此超负荷的工作强度下，教师的业余时间中做家务、备课、陪孩子又成为最重要的三项活动，见图 7-6，阅读、看

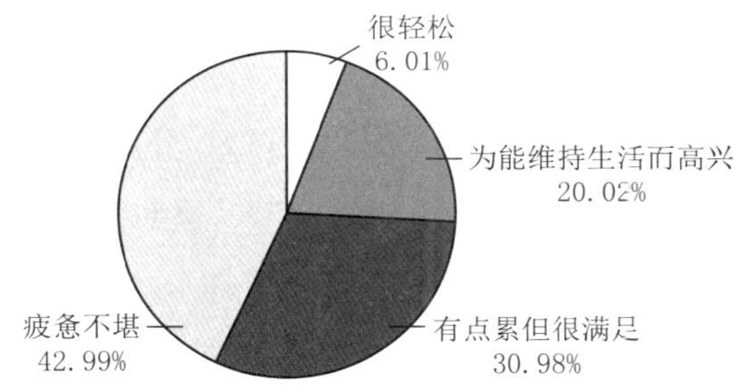

图 7-5　浦东新区教师每天工作后的感受

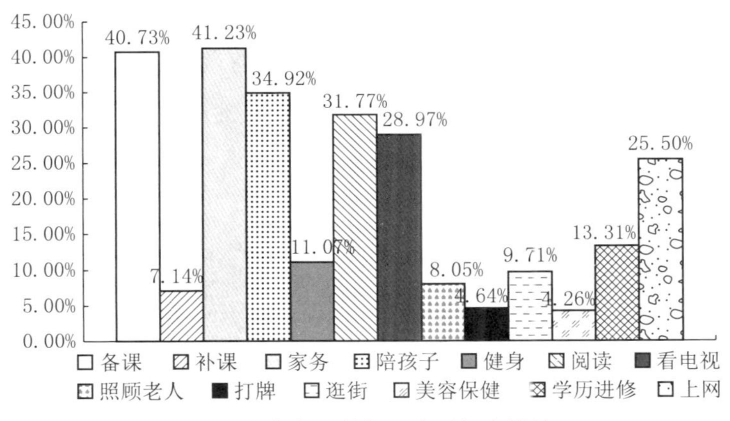

图 7-6　浦东新区教师业余时间安排情况

电视、上网也占用了很多时间,很多教师阅读、看电视、上网也是为了上课做准备。班主任每天沉浸在忙碌工作中,重复机械的琐事更容易让人产生焦躁情绪而影响身心健康。

四、生活满意度普遍不足

生活满意度是个人生活的综合认知判断,主要是个体生活一个总体的概括认识和评价①。作为一个认知因素,常被看成是主观幸福感的关键指标②。目前,国内外学者一致认为:生活满意度是个人依照自己选择的标准对自己大部分时间或持续一定时期生活状况的总体性认知评估③,它是衡量人们生活质量的重要参数④。

社会上很多人觉得教师职业挺好的,工作轻松福利好,社会地位高,还有让人羡慕的寒暑假,但教师本人的生活满意度如何呢?根据我们的调查,浦东新区被调查教师生活满意度平均得分 36.80 分,满意度属于中等水平,其中满意度分数超过 50 分的教师只有 2.95%,满意度达到 40—50 分的教师只有 36.90%,49.08%的教师生活满意度处于 30—40 之间,还有 10.70%的教师生活满意度很低,还有 0.37%的教师生活满意度极低,见图 7-7。可见目前浦东新区教师的生活满意度远不如社会上很多人所以为的那样理想,总体而言,班主任生活满意度不足。

班主任与非班主任相比,非班主任的生活满意度高于班主任的生活满意度。与前面的压力指数对应,班主任的压力相对较大,其生活满意度相对较低,见图 7-8。

---

① 李儒林、张进辅、梁新刚:《影响主观幸福感的相关因素理论》,《中国心理卫生杂志》2003 年第 11 期。

② Diener, Suh, Lucas, Smith, "Subjective well-being: Three decades of progress, Psychological Bulletin", Psychological Bulletin, Vol.125, No.2, 1999. pp.276—302.

③ 陈文莉:《大学生心理健康与生活事件关系研究》,《健康心理学杂志》1999 年第 2 期。

④ 蒋秀英:《高职高专生生活满意度相关因素研究》,中南大学硕士学位论文,2011 年;樊富珉、李伟:《大学生心理压力及应对方式:在清华大学的调查》,《青年研究》2000 年第 6 期。

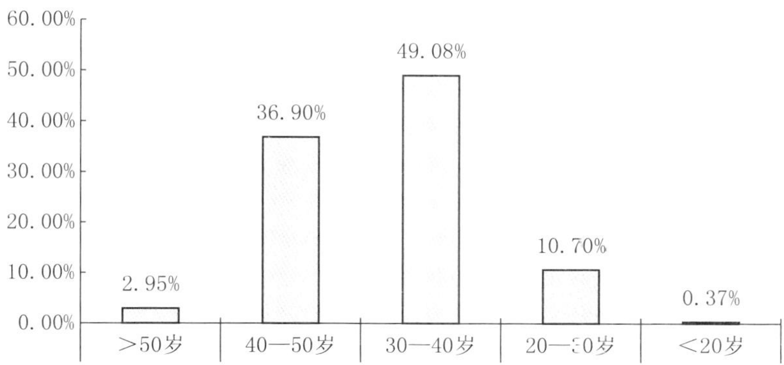

图 7-7　浦东新区教师生活满意度情况

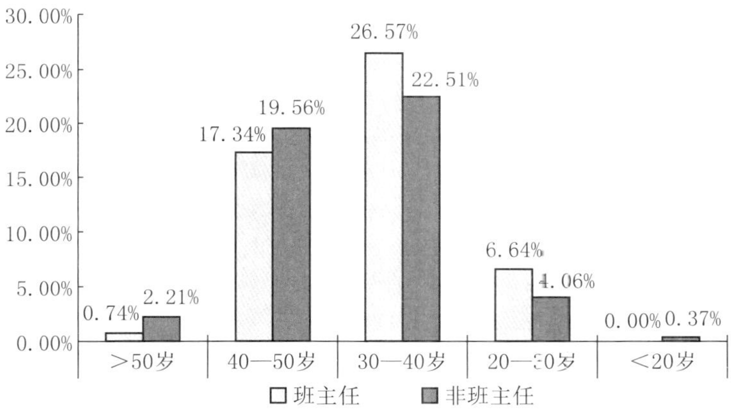

图 7-8　浦东新区教师中班主任与非班主任的生活满意度比较

【附录】教师心理压力自测

这是一个简易的心理压力自测评估，你可以问问自己，根据自己在过去12 个月内的经历和感觉来回答这些问题。

1. 你是否在嘈杂的环境中工作或者生活？

2. 你是否有时候很难集中注意力？

3. 你是否经常有失眠的困扰？

4. 你是否对工作不满意或觉得责任太重？

5. 你是否为计划进展不顺利而恼火?

6. 你是否和某些人包括亲人经常争吵?

7. 你是否常对家人或者小孩没有耐心?

8. 你是否常无法安静下来,并且容易感到紧张?

9. 你是否常有头疼或者胃病?

10. 你是否经常忘记了东西放在哪里?

11. 你是否有家人健康状况不良?

12. 你是否常考虑到家庭的经济状况?

13. 你是否觉得做什么事情都提不起兴趣?

14. 你是否有暴饮暴食或过度抽烟的倾向?

15. 你是否常觉得没有可以倾诉的地方?

这些问题中,如果你只有2—3道题回答“是”表明你所感受到的心理压力程度不高;如果你有4—8道回答“是”,则表明你的心理压力较大,这时如果能够了解引起自己心理压力的根源是十分重要的。如果这些题目中有8道以上你都回答了“是”,那则表明你目前正承受着较大的生活压力,这时,你就要冷静下来好好想想如何减压了。

第二节 班主任压力源分析

当今世界,每个人都会有压力。学生有学业压力、人际交往压力、亲子关系压力,年轻人有就业压力、养家糊口的压力,中年人有子女教育、职位升迁的压力,老年人有健康与养老的压力等。不同职业的工作压力也会不同,被称为“人类灵魂工程师”的教师,尤其是班主任,自然也会感受到各种压力。从前面的调查研究可见,班主任的压力大于一般任课教师,要想缓解班主任压力,维护班主任心理健康水平,我们有必要对班主任的压力源进行分析,下面仅从班主任自身专业发展需求、班级管理能力、家庭生活影响、时间管理和情绪管理几方面做分析。

一、自身专业发展需努力

对班主任来说,其身份首先是一名教师,教育教学能力是立足之本,而在教师职业生涯中,教师教育教学能力发展、职称评定、评价考核等都是促进教师专业发展的重要内容,当然也就是班主任专业发展的重要内容。

首先,在教育教学能力发展方面。关于教师专业发展的阶段,不同专家看法不同,有人认为教师专业发展分为新手型、熟手型和专家型三阶段,我们认为教师专业发展可以分为:见习教师、职初教师、特色教师、专家教师四个阶段。通常教师入职以后,首先经过一年左右的见习期,在见习期,新教师要参加上级教育主管部门统一组织的见习教师专项化培训,这个培训一般历时一年时间,需要跟着带教导师进行教育教学的学习、实践,学习何如适应当今教育教学,通过有导师指导的实践学习如何成为一名具有职业道德的合格的人民教师;在职初教师阶段,教师能独当一面,独立设计教案,独立组织课堂教学,能当班主任独立带班,在教育教学实践过程中,职初教师能不断反思,不断改进,并提高工作效率,这个阶段一般需要 2—4 年;其后,教师不仅能适应教育教学,而且能根据自身特长与教育教学需要,在自己喜欢也擅长的领域逐渐形成独特的教育教学风格,形成教育教学特色,有些老师可能一辈子也就是个合格教师,而一些教师却能在一定范围内成为一名有专长的特色教师,譬如有的老师擅长微课设计,有的老师擅长科技教育,有的老师擅长组织活动,有的老师擅长课题研究,有的老师擅长指导学生,在这个领域,教师有专长,并得到一定的认可,教师本人也会很有成就感;随着教育教学实践和探索,特色教师的辐射影响程度越来越大,有些老师可能逐渐发展成为这个领域的专家,成为专家型教师。这个发展过程需要教师个体不断付出努力,有动力更有压力。

其次，在职称评定方面。职称评审的过程也是促进教师专业发展的过程，从见习教师到二级教师，再从二级教师到一级教师，从一级教师再到高级教师，从高级教师再到正高级教师，每一级职称评定的过程都有一定的标准和条件：例如教学水平、公开课、论文或课题研究，包括班主任年限都是职称评审时必须具备的基础条件，还会存在名额限制与激烈竞争，对教师来说，也是充满压力的。

再次，在评价考核方面。为了培养合格的国家未来人才，也是为了促进学校教育教学的发展，近些年基础教育进行了大量的改革，配套颁布了相关文件。这些给教师的教育理念、教学内容、教学方法、师生关系带来很大的冲击，社会期待越来越大；学生和家长的要求越来越多；学校的日常教学工作要求也越来越高。从教育部到地方各级教育行政部门，通过督导、检查、评审、评优、展示等方式不断规范教育、评选先进、宣传辐射。每一次检查都是为了规范，每一次考核都为了促进，每一次评比都是为了激励，在给教师带来了更多工作动力的同时，也给教师的日常教育教学增加了不少工作量和工作压力。

二、班级管理能力要求高

对班主任来说，最大的压力源莫过于班级管理的要求。小学教师管理班级的责任有目共睹，除了上课，班主任基本都是坐在所任教班级教室中，对学生的餐饮、行为、学习等进行全程关注与管理；面对青春期的学生，初中教师的班级管理责任同样重要，学生半大不大、半懂不懂，情绪起伏大，困扰多，班主任还要引导学生正确的人生观、价值观和世界观的形成；高中班主任面对自我意识逐渐形成的高中生，不仅有学习引导的重任，更有理想信念和成人准备的指导重任。

现代学校的思想教育要求越来越高，根据教育部《国家中长期改革和发展纲要》(2010—2020 年)，要求建立学生发展指导制度，要加强学生理想、心理、学业多方面的指导。学生发展指导最重要的责任人首先是班主任，他们承载着学生全面发展的教育职责，需要协调任课教师和学生之间的关系，需要协调家长和学校之间的联系。例如：在班级管理中如何了解学生，如何与学生沟通？如何与家长沟通？如何与任课教师沟通？如何组织班级活动？如何增强班级凝聚力？如何指导学生选课？学生不肯交作业怎么办？学生恋爱了怎么办？如何指导学生进行时间管理？如何指导学生填报志愿？学生有心理问题怎么办？学生不愿意上学怎么办？这些"怎么办"其实都是现今班级管理对班主任提出的新要求，也必然要求班主任能有能力处理应对，特别是当学生个性化越来越明显，未来发展要求越来越高时，在这种大趋势下，班主任必须尊重个性、尊重差异，促进每一个学生的长足发展。可以说班主任肩上的责任巨大，因此压力也很大。

三、自身家庭生活得兼顾

根据心理学家舒伯的生涯彩虹图，人的一生生涯发展始终需要考虑不同的角色身份，一个班主任的角色是多重的，在学校是教师，是班主任，在家里，是父母的孩子，是孩子的父母，需要持家，维持家庭的稳固，在社会上是社会公民，是休闲者，每个班主任都有自己的社会生活圈。

对班主任而言，通常上有老下有小，还要处理夫妻关系，一切安好的前提是这个家庭需要花时间去维持和经营。但是很多事情不是以人的意志为转移的，夫妻关系是家庭稳固的基石，而夫妻关系的持久需要双方共同的努力，彼此价值观、生活习惯、沟通情况都会影响其稳固程度，而夫妻之间需要彼此理解，彼此认同，更需要时间去相处和交流。子女的教育问题是很多家庭的最重要事件，一旦孩子入了小学，家庭学业指导的任务更重，由谁来承担，有没有家庭教育观念冲突等都是影响家庭氛围的因素，儿童往往体弱多病，因此有时候孩子一生病，一家人都忙翻天。父母年迈，固然住在一起可以相互帮忙照看，但是如果有矛盾冲突住在一起可能困扰更多，如果父母生病，且不说经济上的压力，照顾职责就会让所有人的生活规律都打破，从而精力憔悴，筋疲力尽。

四、时间管理策略待提高

每个人的时间都是一样多的，每天 24 个小时，如果需要完成的事情多了，那么必然会忙碌不堪，要么降低效率，要么加班加点，废寝忘食，时间长了，对班主任的身心健康会产生严重的影响。

下面让我们看看张老师的日程安排表吧。

时间（某个周四）	要完成的事	备　　注
6:00	早饭	
6:20	晾衣服	
6:40	送孩子上学	
7:10	学生早自习	
7:45	上课 2 节	
10:00	接待家长一人	
12:30	学校教研组开会	
13:20	主题班会展示	
14:30	找学生谈话	
15:30	完成学校要求的教学论文修改、打印和上交工作	
16:30	带领班级学生进行跳长绳训练	
17:00	接女儿放学	女儿已经在学校等了 40 分钟了
17:30	到家做饭	
19:00	辅导孩子作业	
20:00—23:00	批改两个班的作业	

看着张老师普通的一天生活，有没有觉得她根本就没有空余时间呢？有时候作为班主任需要应对的意外事件可能更多，譬如危机干预等，那时就

会完全打破作息时间规律，让班主任疲于应付。

因此，作为班主任，时间管理能力一定要强，缺乏条理、缺乏策略必然会手忙脚乱，长期伴随着高水平的压力体验必然陷入情感、态度和行为的衰竭状态，出现所谓"职业倦怠"现象，班主任的工作积极性必然受影响，而工作的投入程度以及效率也必然大受影响。

五、日常情绪状态需调整

情绪是我们生活的晴雨表，遇到生活事件，每个人都会有自己的情绪反应和行为反应，也会有不同的影响，长期担任班主任，可能使他们持续处于高压力、高强度的应激状态，更容易滋生焦虑、急躁、烦躁、压抑、担心等情绪反应。有些班主任平时个性就不那么乐观，遇到事情容易悲观失望，压抑苦闷可能是常态，由于教师工作的特点，一般工作都是以学年为一个周期安排的，中途很难换人，因此，很多班主任虽然情绪上有诸多困扰但只能忍着，殊不知这样对身心健康是非常不利的，有些教师因为长期焦虑而肠胃不适，有些教师因长期烦恼而早生华发或者严重脱发，有些教师因为焦虑而失眠，有些教师因长期生气而肝部不适或者心脏不适，更有个别教师因为压抑苦闷而生抑郁症，严重的甚至猝死或自杀。班主任的日常情绪状态会影响班主任的身心健康水平，也会影响日常教育教学效果，甚至影响师生关系与班级学生的健康成长，因此，更需要班主任能及时识别自身与学生的情绪，能适切表达情绪并能及时调整情绪。

第三节　班主任心理调适

在学生的心理健康得到普遍关注的今天，我们不能不看到，班主任的工作很繁琐，压力很大，生活满意度较低，心理状况也不容乐观，因此，班主任的心理健康也应该得到足够的关注。

那么谁应该来关注班主任的心理健康呢？首先应该是班主任本人，有两个原因：为了工作，班主任应该关注自己的心理健康，这样才能培养出心理健康的学生；为了生活，班主任更应该关注自己的心理健康，这样才能找到自己人生的幸福。

那么怎样做一个幸福的班主任，怎样做一个心理健康的班主任呢？这里有两个故事。

一个过去的故事：北宋时有个石曼卿，人称石学士，一次出游马夫疏忽，马受惊跃起，石学士被摔下马来，随从慌忙将他扶起，想他一定要大骂马夫了，没想到石学士爬起来却哈哈笑道，亏得我是石学士，要是瓦学士，岂不摔个粉碎？

一个现在的故事：两个人遭遇同样一场车祸，同样的失去一条腿，同住在一间病房，同样有各自的亲友前来照看，可是，两个同样遭遇的人感受却截然不同。一个说：虽说命保住了，可是一条腿没了，真倒霉，真是老天不长眼啊？于是，他的心仿佛掉进了地狱。一个说：虽说一条腿没了，可命却保住了，真庆幸，真是谢天谢地呀！于是他的心仿佛来到了天堂。

什么叫心理健康，故事给了我们最好的答案。天堂在哪里？地狱又在哪里？在每一个人的心里。其实，一切都是心所造就的，境由心生，地狱和天堂就在一念间。心理健康就是任何时候都能安顿好自己的心，都能让自己的心走过，从地狱走向天堂①。

一、全面认识自己

“认识你自己”是刻在希腊德尔菲神殿上的一句格言，苏格拉底也常告诉人们要“认识自己”，因为认识自己是人生的起点。

---

① 傅佩荣：《心灵的旅程》，东方出版社 2012 年版。

心理学对人类自我认识的研究使我们从普遍的角度认识到人类的认知，情绪、行为的共性规律，但每个个体又是独特的，作为每一个独特的个体来讲，认识自己并非易事。

（一）自我形象的构成

自我形象来源于自我意识。简单地说就是一个人对自己的认识，包括三个方面的内容：

1. 个体对生理状态的认识和评价

指对自己身高、体重、容貌、身材、性别等认识以及对生理病痛、渴饱饥饿、劳累疲乏的感受等。如果一个人对生理自我不能接纳，嫌自己个子矮、不漂亮、身材差，就会讨厌自己，表现出自卑，缺乏自信。

2. 个体对自身心理状态的认识和评价

指对自己知识、能力、情绪、爱好、性格、气质等的认识和体验。如果一个人对自己的心理自我评价低，嫌自己能力差、智商不高、情绪起伏太大、自制力差、性格不成熟，就会否定自己。

3. 个体对自己与周围关系的认识与评价

指对自己在群体中的地位、作用以及自己和他人相互关系的认识、评价和体验。如果一个人认为自己不善于交流和沟通，周围的人不接纳自己，没有知心朋友，就会感到很孤独、寂寞。

自我形象影响着心理健康，许多心理健康的标准，其中1/3以上都是关于自我意识的：自我接纳；自我认识；自信心与自制能力；清晰的洞察；勇敢，失败时不会一蹶不振，具有复原力；关爱他人；热爱生命；人生有意义等。艾里克森指出，人们必须首先去爱和尊重自己，才能真正地爱其他人。马斯洛指出，一个有稳固基础的自我形象是迈向自我实现的先决条件。偏低的自我形象往往隐含在许多精神病症里，例如情绪抑郁、人际关系问题和滥用药物等。可见，心理健康的人必然对自己有客观认知，能够接纳自我、自尊自爱、自我觉察力强。

(二) 认识自我的渠道

比较法、反省法、观察自己在人群中的表现、思考理想中的你是什么样的、心理测验、求教别人、介绍自己时的自我描述、写下自己性格特点的形容词等。

1. 直接照一照镜子,看看自己的精神状态,对自己的气质风度加以分析。你是不是喜欢自己的长相和气质,是不是接纳和认同自己的形象,什么是自己较为满意的地方和优点,什么是自己的不足之处?请用笔记录在纸上。

2. 让别人为自己拍一张彩照,放得大些,然后对照片中的你进行客观的分析和评价。观察一下自己的姿态、动作和站位、服装的色彩、眼神和表情是否自然?从照片中试图判断自己的心态,是积极的还是消极的,是自我肯定的,还是自我否定的。请用笔记录在纸上。

3. 想象一下自己马上去见一个陌生人(一个从未谋面的新朋友,或是求职面试的主考官),届时你将把自己介绍给对方,这时你会做出怎样的自我描述,有哪些特点是你最想介绍给别人了解的,有哪些脾性是你希望掩饰的,你将最先向别人诉说自己的什么情况?最后说的又是什么?请用笔记录在纸上。

4. 写下20个能体现自己性格特点的形容词,看看是褒义词还是贬义词?有什么特色?在哪些方面是突出的?形容词有没有性别色彩?和你自己的性别角色是否相符?将形容词归归类。请将分析结果记录在纸上。

5. 以"我是……的人"这样的句型完成20句有关自己的陈述句,分析一下这20个句子中你最先提到的是什么?身份、地位还是性格、外貌?为什么你最先想到的内容是这样的?请将分析结果记录在纸上。

6. 想想自己的过去、现在和将来,在纸上画3个圆圈分别代表自己的过去、现在和未来,这些圆圈是否连贯?这些圆圈是否圆满?心理学家认为,如果圆圈是连贯的,这表明你自己对自己的看法是完整的。而哪个圆最大,则表明你对那个圆所代表的时期倾注了自己最多的感情。比如过去的哪个圆最大，说明你对过去很是怀念，渴望能回到过去的美好时光。如果是未来的那个圆最大，则暗示你对未来寄予了很深的希望，希望明天会更好。把分析结果记录在纸上以供自己参考。

7. 考察一下自己在人群中的表现，在人群中自己处于什么样的位置？属于怎样一类人？比如，听课或参加会议时你会坐在怎样的位置，靠前排的显眼处呢？还是后排不为人注意的角落呢？在交友方面，在你认识的人当中，有多少人成为你的朋友呢？你为什么选择他们做你的朋友，是志趣相投，还是性格互补？从中可以分析一下自己的个性特征是怎样的，并把结果记录下来。

8. 写出自己理想中完美者的个性特征，如果有崇拜偶像的话，可以写出自己崇拜偶像的名字和特点。以他们为参照，考查一下自己为什么会有这样的理想形象或崇拜偶像，并把结果记录在纸上。

如果你耐心地按照这些方式试一试，则能让你更全面充分地了解自己，用一句心理学的话来说，便是完善你的自我意识。下面请你动动手，完成以上认识自己的小练习，并和他人进行交流分享自己的体会。

（三）接纳一个平凡的自己

案例：评职称的困惑

李老师，女，45岁，第二次申报中级教师，再次被否决，最近心情非常抑郁。

该教师出生于西北一个贫困的家庭，在她很小的时候，父母因经常吵架而分居了。她说自己从小就很内向，不爱说话、不爱交往、朋友少。认为自己条件差，人也笨，所以别人看不起自己。为了改变自己的命运，中专毕业的她独自一人来到上海，在某一中专教务处负责学校文印室的工作。她觉得自己不能一辈子做后勤工作，必须成为一名教师，而且是一名优秀的教师，成为让人尊敬的人。

她很喜欢读书，一天当中除了工作时间外，大部分时间用来看书学习。没几年，她考出了大专、本科，考出了教师资格证，正式成为学校的一名专业教师。但是她在教师职称评审道路上走得非常不顺利，初级职称评审努力了好几年没评到，在此期间还和学校领导起了很大的冲突，说学校对她有偏见，看不起她。评到初级后，过了好几年，中级职称又连续两次被否决，这对她打击很大。

她觉得自己是一个上进的人，是一个能用全部的感情去工作、学习和生活的人，因为只有这样才不浪费宝贵的生命。她要求自己在退休之前一定要评到高级职称，所以她不会做对个人进步意义不大的事，更讨厌无所事事，觉得和同事聊天、逛街都是浪费时间，不利于自己进步。她想到四十多岁的自己连中级都评不到，如何在退休前评到高级？她的心无法宁静下来，时时感到很困惑、很抑郁。

这位老师的抑郁情绪来自哪里呢？造成这个老师目前状态的关键，是她的自我认识出现了问题。当然，这不能排除家庭早期生活对她的影响，这种影响表现在：一方面，与其他教师相比，她不是专业出身，处处感到自卑，认为别人看不起她；另一方面，她对自我期望很高，要在退休前评到高级，成为受人尊敬的人。

其实这也不是这个老师的错，许多人都会这样，有时候觉得自己了不起，什么都好，有时候会自我贬低，觉得自己很差劲，一切都很不好。自我意识的矛盾状态使人们难以接受自己，于是，陷入更为消极的思维、情绪，最后导致抑郁的状态。要帮助自己告别痛苦，关键是要从心灵深处接纳现实的自我。

首先，要调整消极的思维。比如：情绪性推理，感觉自己笨，所以自己是很笨；固执的期望，一定要在退休前评到高级职称；以偏概全的认知，评职称失败，认定自己就是失败等。这些都是消极的思维，要适时地积极加以调整。

其次，要形成积极的自我评价，换一个角度看问题。比如，和那些工作不稳定的人、大学毕业后为工作发愁的人相比，自己就是很幸运的，把对自己的否定评价改为肯定评价，自信会重新回到心中。

再次，多发现自己的可取之处。一旦发现自己也有很多优点和长处，就会看到生活的希望，自信重新回到心中，人际关系就会得到改善，心理压力就会缓解。何必让高级职称成为自己的负担？把自己和大家看成一样的平常人，做事在人，成事在天，努力去争取，不留遗憾就可以了，幸福和美好其实在平常的生活里。

(四) 悦纳自我与超越自我

怎样才能悦纳自我和超越自我呢？

首先要无条件地接受自己的一切，好的和坏的、成功的和失败的，接纳自己的缺点和限制，欣赏自己的优点和长处。

其次要肯定自己，看到自己的价值，有自豪感、愉快感和满足感，同时要接纳自己的不完善和失败，这也是自信的表现，是完善自我的起点。

最后要接受自己的独特性，建立实际的目标，不提过高的要求，不为讨好他人喜欢而去做事，积极思考，定期反省个人的自我成长，多对自己的成就作出鼓励和奖赏。

要记住别人是否喜欢那其实都是自己内心的投射而已。最重要的是自我接纳，尤其是接纳自己的阴暗面，接纳一个完整的自己，尝试无条件地接纳与关爱自己，就会感到喜悦与自爱！

要知道，一个好的自我形象是能创造自信心的。行动上可以从开始赞美你外表的某一部分，再慢慢地学会如何去喜欢自己的其他部分。当你开始喜欢你的身体时，你的自我形象便会提升，你的自信心也会增强，而这又会反映在你的外表上，形成良性循环。

二、寻找适宜的宣泄途径

我们说压力是客观存在的,个人或多或少都有生活压力,无论是什么职业,教师也不例外,所以,既然不可避免,有时就要与压力和平共处。面对工作压力,班主任要用积极的认知去看待它,我们可以采用适宜的宣泄途径积极化解压力。

【案例】能早点退休多好啊

朱老师是一位中年女教师,在一所初中教语文,担任班主任。

最近,她对工作越来越提不起兴趣,全身有气无力,晚上有些失眠。每天早上醒来,一想到没完没了的事情在等着自己去做,就顿时感到一阵沮丧,累的好像没有休息一样。但是,她还是硬撑着起了床,匆匆忙忙做了早饭。等全家吃完早饭后,她就赶快把儿子送到学校,然后赶紧挤公交车再去上班。最近她食欲不振,吃的不太多,这多少给她省了一些时间。在拥挤的公交车上,感到自己真的很累。

来到办公室,看到办公桌上一堆堆的作业等着她批,最近期中考试的试卷在办公桌上还没来得及分析,她所教班的成绩排名全年级倒数第二,以前可是一直名列前茅的呀。想到这些,她看到同事都没心思打招呼,感到特别烦躁。走进教室,看到自己班的学生,她就产生一种焦虑,有几个捣蛋分子不知又会搞出什么动静。昨天班级中有一个女生在周记中写生活没意思,不如死了算了,这着实把她吓了一跳,今天该马上处理这件事,然后上午四节课,下午参加教研组活动和约谈一位家长。

朱老师工作了十多年,在工作中取得了一些成绩,可是她觉得越来越不能胜任,对工作有一种退缩感,各种教学检查和评估让她无所适从。就算遇到在常人看来无所谓的小事,她也会因此生气,变得易怒。以往能够很快解决的问题,现在要花很长时间才能理出头绪。

当她把学校和家里的事情做完,拖着几乎散架的身体躺在床上的时候，知道这一晚她又要失眠了。她感觉自己活的好累，沮丧地自言自语道：能早点退休多好啊。但回过头一想，这是不可能的，自己还要熬上十来年呢。

朱老师怎样进行心理调节呢？

1. 可以适度放松。学习放松的一些方法，比如，呼吸放松、静坐放松、肌肉放松、瑜伽放松。当感到压力时，及时的短暂放松往往比一小时睡眠效果好。

2. 学会倾诉，想哭就哭。班主任工作非常繁重，当工作中遇到这样或那样的烦恼和压力时，试着与同事和家人讲一讲、说一说，吐露心中的烦恼，宣泄自己的不满，畅谈人生几何……唠叨之后，不管问题是否解决，自己则会感到轻松许多。

3. 转移法。做一些自己感兴趣的事情转移烦恼，比如：和家人一起看场电影、一块散步，外出旅游。家里的事你恼火就赶快上班，班里的事使你生气就暂且往外走，离开令你烦恼的情景，心情就不会不可收拾。这说起容易做起来不那么简单，常有人明知转移一下好，却要死守阵地，不肯躲开半步，似乎非要到最后胜利方可收场，结果却事与愿违。

4. 宣泄法。负面情绪高涨之下，可以用适当的方式发泄出来。按情况做一个适合自己的发泄物，如果平时没有准备，就狠狠揍枕头或者摔不会坏的东西，这既有益于健康又不会造成可怕的后果。

5. 适当锻炼。锻炼也许是个老办法，正是因为老办法，才是一个长期有效的办法。每天坚持进行适度的锻炼，能够换来舒畅而平稳的心情，如游泳、做操散步、洗热水澡、听音乐、唱歌等，效果都不错。

6. 自我减压。可以试着看泡沫剧，或在夜幕下反复思忖，或拿起笔记下心中感受，这些都能达到释放压力的目的。

朱老师可以先情绪导向，选择适合自己的宣泄方法，让自己的负面情绪降温。然后在心态平静的时候从问题导向，探讨解决问题的方法。

三、学会时间管理

有些人总觉得时间不够用，常穷于应付他人的要求而没有多余的时间从事自己喜欢的活动；而有些人则虚度光阴，导致该完成的事情没法如期完成，也增加了原本可以避免的压力。这些，都可能是缺乏有效时间管理而导致的。

每个人同样都有一天 24 小时，但有些人就是没有时间或时间不够用，有些人虽然很忙，但还是有时间喝杯咖啡、听听音乐、与朋友聚聚餐，如此之大的差异关键还在于是否善用时间。怎样才能更有效地安排时间呢？

1. 反省自己的时间管理

想一想你一天通常是怎么过的？先将你一天所做的事情详细列成一张生活记录，回顾一下从起床到睡觉做了哪些事情，每件事情花了多少时间？例如你花了 6 小时上课，3 小时与朋友聊天，4 小时上网，2 小时看电视，1 小时打电话，再扣掉吃饭睡觉洗澡，似乎也没有时间可以看书了。从这张生活记录中可以清楚看出事情与时间应用的情形。仔细回顾一下自己的生活，也许你会发现常常花太多的时间在一些琐事上，结果正事就来不及完成。花太多的时间做白日梦、闲逛或杞人忧天；或者每天都在做计划，结果到头来还是没有按计划执行。

2. 聚焦未来人生，树立合理目标

清楚自己的生活目标吗？生活目标是实际生活的指南，只有弄清自己的目标，列出长期计划和短期计划，订出适当完成的期限，让生活变得充实而有序。可用目标管理的 SMART 法则检视自己目标的合理性。

SMART 法则

——S 代表具体（Specific），就是要用具体的语言清楚地说明要达成目标的行为标准。

——M 代表可度量（Measurable），就是指目标应该是明确的、可量化的，作为衡量是否达成目标的依据。

——A 代表可实现(Attainable)，是指目标经过努力能够实现的。

——R 代表相关性(Relevant)，是指目标的设定要和自身的实际紧密相关。

——T 代表有时限(Time-bound)，是指完成目标有明确的期限。

小练习：自己制定三个目标，并按重要程度排序。

3. 根据目标罗列自己想做的事情，让生活过得充实有意义

不妨列出一个心愿清单，让自己明确近期、远期想做的事，并付诸行动。

4. 判断轻重缓急，合理分配时间

可以利用艾森豪威尔的时间管理法则，把工作、学习任务按照重要和紧急两个不同的维度进行了划分，基本上可以分为既重要又紧急、重要但不紧急、紧急但不重要、既不紧急也不重要这四类。在时间管理上，可以按以下次序完成任务。

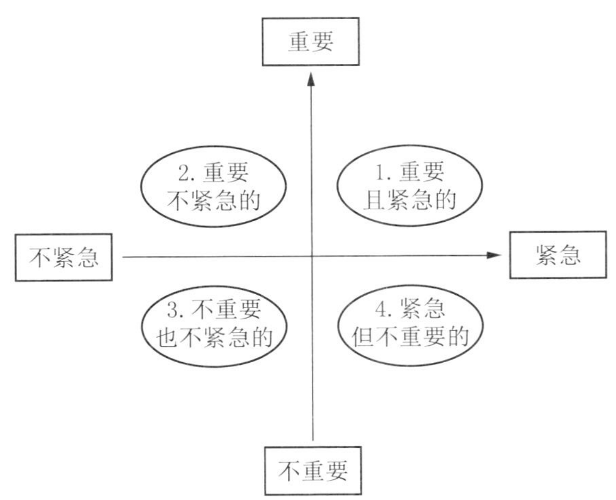

图 7-9　艾森豪威尔时间管理法则

① 重要且紧急的事情必须首先处理、优先解决。

② 重要不紧急的事情安排时间有序完成。

③ 不重要紧急的事情在完成一、二象限事情的基础上完成。

④ 不重要不紧急的事情有闲暇时间再完成。

小练习：列出自己一星期的时间安排计划。

5. 辅助使用小工具

如台历、便利贴、手账本，或者时间管理 App 小程序，如日历、番茄 TO DO、备忘录、子弹日记等更好的管理。

小练习：下载一个自己喜欢的时间管理 App 小程序，并学会使用。

四、学会承受压力

在一份小调查中，很多班主任描述了自己目前存在的压力：

● 尊师重教的风气为什么在衰败？

● 学生的思想过于成熟，教师束手无策。

● 工作中事情太复杂，很多事情要完成，班主任工作、教学任务。

● 工作、家庭都得关照，很累。

● 教学任务重，除此之外，学校还安排了许多与教学不相干的任务，觉得事情太多，忙不过来。

● 学生的成绩为什么提不起来，我每天这么卖力教？

● 上课总有几个捣乱的，我很头痛。

● 学生人数较多，人员很杂，班级里教学活动开展起来很累，全校没有人愿意教这个班，真心不想踏进这个班。

● 生活中收入过低无法面对家人。

● 孩子读初二，本不属于“牛娃”，但她非常希望自己能像他们这样学习，心理压力很大。

● 有两孩子工作怎么来得及做？

● 孩子身体健康，但学习成绩不好。

● 家庭中小孩子面临上小学怎样辅导他，让他有一个很好的过渡，更快更好地适应小学生活。

- 小升初择校。
- 青春期的孩子不听话。

……

这期中既有来自工作的压力，也有来自家庭和生活的压力。面对这些实实在在的压力，我们应该怎么办？

1. 正确认识压力

压力是客观存在的，无论是什么职业，教师也不例外，所以，既然不可避免，有时就要和压力和平共处。越抱怨越心烦。适度的压力未必是坏事，适度的压力可以让人的身心保持适度的唤醒状态，提高工作和学习效率。

2. 认识到压力的大小感受是主观的，取决于个体的信念和看法

两位有同样工作环境的教师，虽然可能面临相同的压力，但对压力的主观感受却未必相同。对于一个选择消极认知的教师来讲，压力带来的是灾难和痛苦，而对于一个积极看待压力的老师来讲，会把它看作自我成长的契机。所以面对工作压力，要用积极的认知去看待它，要正确认识压力、拥抱压力。

3. 改善环境，减少不必要的压力源

任何情景或刺激都可能构成压力源，所以避免压力过大的方式之一就是需要懂得量力而为，也就是不要让自己绷得太紧。不要凡事都揽在自己身上，又不好意思拒绝别人，结果是事情越做越多，压力也越来越大。其实很多事情是可以有所取舍的，我们必须懂得照顾自己，学会说“不”，减少压力事件。要做到这一点，首先要自我肯定，适度表达，以满足自己的愿望，也比较清楚自己的界限，能拒绝别人而不会承担过多压力。反之，无法自我肯定的人，常常需要别人肯定，也比较容易受别人左右，拒绝别人怕得罪人，又怕麻烦别人，因此，遭遇困难时也承受着更大的压力。

五、学会享受过程

（一）开放自己，享受人际交往的乐趣

在和他人的交往中体会互相理解和支持的快乐。社会支持是他人提供的一种资源，告知某人他是被爱、被关心、被尊重的，他生活在一个彼此联系，并且互相帮助的社会网络中。除了情感支持以外，他人还可以提供有形的支持（如金钱、运输、住房）和信息支持（建议、个人化反馈、和咨询等）。许多研究都表明，当人们有他人可以去依靠时，他们能够更好地处理工作压力、事业、婚姻困扰、严重疾病、其他各种灾难。家人、亲友、同学、师长，甚至专业的医师、辅导人员，均能给予力量。社会支援较少的人，对压力应对之道比较差，孤立的人表现的不适宜行为永远比喜欢与别人相处的人多。所以班主任一定要使自己时刻成为社会支持网络的一部分，千万不要让自己同社会孤立起来。

那么如何建立社会支持就需要开放自己、自我袒露，才可建立亲密关系，否则常常都是泛泛之交，真的遇到事情时，才发现竟然没有人可以诉苦。另外，一个人要培养乐观、幽默、坦诚的特质，使人乐于亲近。

（二）培养健康的生活方式

包括均衡的饮食、充分的休息、适度的运动、注重休闲生活，适当应用休假来调剂身心、培养轻松认真的生活态度。

- 每天至少安排一段轻松时间
- 学习倾听别人的谈话而不打断他们
- 阅读需要集中心思的书籍和文章，而不要尝试速读
- 吃美味食物时，要慢慢品尝
- 在家里准备一个安静的地方，作为休息或静思之所
- 安排一些未经刻意规划的休闲假期
- 除了工作和学校外，至少在某一领域内能集中精神充实自己

- 避免和急躁的人打交道
- 不要喝太多的咖啡或酒类，以果汁或白开水来代替
- 散步时不要只闻花香，试着和孩童做做朋友，或和小猫咪玩会儿
- 每周有 2—3 次健身活动
- 每天至少微笑 5 分钟

如果觉得自己生活满意度不高，不妨从这些做法中选取几条在生活实践中进行尝试，也许你可以调整自己的生活节奏，时常感受到生活中点滴的幸福，慢慢修炼成为一个幸福的班主任。

参考文献

[1] Diener, Suh, Lucas, Smith, "Subjective well-being: Three decades of progress, Psychological Bulletin", *Psychological Bulletin*, Vol.125, No.2, 1999.

[2] 陈福国主编:《学校心理咨询专业理论与技术》,华东师范大学出版社 2017 年版。

[3] 陈文莉:《大学生心理健康与生活事件关系研究》,《健康心理学杂志》1999 年第 2 期。

[4] 陈亚:《职业生涯教育理念下的高中班级管理研究》,《新课程》2016 年第 2 期。

[5] 迟毓凯:《学生管理的心理学智慧》,华东师范大学出版社 2012 年版。

[6] 樊富珉、李伟:《大学生心理压力及应对方式:在清华大学的调查》,《青年研究》2000 年第 6 期。

[7] 傅佩荣:《心灵的旅程》,东方出版社 2012 年版。

[8] 华伟:《职业生涯规划:高中班主任的新任务》,《班主任之友》2009 年第 4 期。

[9] 蒋雯琼等:《班主任工作实用指南》,华东师范大学出版社 2017 年版。

[10] 蒋秀英:《高职高专生生活满意度相关因素研究》,中南大学硕士学位论文,2011 年。

[11] 李儒林、张进辅、梁新刚:《影响主观幸福感的相关因素理论》,《中国心理卫生杂志》2003 年第 11 期。

[12] 廖静瑜主编:《怎样开展学校心理健康教育活动》,上海科技教育出版社 2016 年版。

[13] 刘静、李金瑞:《教师家庭教育指导实务》,上海社会科学院出版社 2018 年版。

[14] 刘靖文:《高中生涯教育的实践与反思:家校合作与互动》,《中小学心理健康教育》2017 年第 36 期。

[15] 卢骄杰、卢晓宇:《在语文学科中渗透生涯教育》,《中小学心理健康教育》2020年第16期。

[16] 马志国:《做一个心理健康的教师——教师心理咨询的48个典型案例》,教育科学出版社2013年版。

[17] 邱美华、董华欣:《生涯发展与辅导》,台北心理出版社1997年版。

[18]《上海市教育委员会关于加强中小学生涯教育的指导意见》,上海市教育委员会文件沪教委德〔2018〕8号。

[19] 沈之菲:《生涯心理辅导》,上海教育出版社2000年版。

[20] 沈之菲主编:《开启未来之路:中小学生涯教育实施指南》,华东师范大学出版社2019年版。

[21] 宋飞:《生涯绘本课程的探索》,《北京教育(普教版)》2014年第12期。

[22] 宋明虎:《高中班级管理职业生涯规划的方法》,《杂文月刊:学术版》2015年第2期。

[23] 王洪明:《班主任于班级辅导》,华东师范大学出版社2018年版。

[24] 王艺容、李惠君:《高中生涯规划主题班会课程设计与实施》,《江苏教育》2018年第88期。

[25] 吴增强:《班主任心理辅导实务》,华东师范大学出版社2009年版。

[26] 吴增强:《青少年心理辅导:助人成长的艺术》,华东师范大学出版社2013年版。

[27] 吴增强、沈之菲、冯永熙:《学校心理辅导通论》,上海科技教育出版社2004年版。

[28] 吴增强:《学习心理辅导》,上海教育出版社2000年版。

[29] 薛莹:《微笑面对生活》,《华章:初中读写》2012年第9期。

[30] 郑淑杰、孙静:《教师心理健康》,北京大学出版社2014年版。

[31] 周晋阳:《初中教学中渗透职业生涯教育的基本原则》,《基础教育论坛》2017年第34期。

[32] 周晋阳:《初中文科教学中渗透职业生涯教育的方法》,《新课程研究》(上旬刊)2017年第12期。

图书在版编目(CIP)数据

班主任心理辅导 ：点亮学生心里的一盏灯 / 吴增强，吴俊琳主编 .— 上海 ：上海社会科学院出版社，2021
ISBN 978-7-5520-3740-1

Ⅰ. ①班… Ⅱ. ①吴… ②吴… Ⅲ. ①中小学—班主任—教育心理辅导—研究 Ⅳ. ①G635.16 ②G479

中国版本图书馆 CIP 数据核字(2021)第 237889 号

班主任心理辅导
——点亮学生心里的一盏灯

主　　编：吴增强　吴俊琳
责任编辑：董汉玲
封面设计：裘幼华
出版发行：上海社会科学院出版社
上海顺昌路 622 号　邮编 200025
电话总机 021-63315947　销售热线 021-53063735
http://www.sassp.cn　E-mail:sassp@sassp.cn
照　　排：南京理工出版信息技术有限公司
印　　刷：上海万卷印刷股份有限公司
开　　本：710 毫米×1010 毫米　1/16
印　　张：19.5
插　　页：2
字　　数：260 千
版　　次：2021 年 12 月第 1 版　2024 年 6 月第 2 次印刷

ISBN 978-7-5520-3740-1/G・1139　定价：88.00 元